PARA CONHECER E AMAR NOSSA SENHORA

Pe. EUGÊNIO ANTÔNIO BISINOTO, C.Ss.R.

PARA CONHECER E AMAR NOSSA SENHORA

– Formação Mariana –

EDITORA SANTUÁRIO
Aparecida-SP

Coordenação editorial: Elizabeth dos Santos Reis
Revisão: Ana Lúcia de Castro Leite
Leila C. Dinis Fernandes
Diagramação: Simone A. Ramos de Godoy
Projeto Gráfico e Capa: Marco Antônio Santos Reis

Dados Internacionais de Catalogação na Publicação (CIP)
(Câmara Brasileira do Livro, SP, Brasil)

Bisinoto, Eugênio Antônio
Para conhecer e amar Nossa Senhora: formação Mariana / Eugênio Antônio Bisinoto. – Aparecida, SP: Editora Santuário, 2005.

Bibliografia.
ISBN 85-7200-982-5

1. Maria, Virgem, Santa – Culto 2. Maria, Virgem, Santa – Maternidade 3. Maria, Virgem, Santa – Teologia 4. Maria, Virgem, Santa – Virgindade 5. Maria, Virgem, Santa – Títulos 6. Tradição (Teologia) I. Título.

05-1692 CDD 232.91

Índices para catálogo sistemático:

1. Maria, Mãe de Jesus: Teologia dogmática cristã 232.91
2. Mariologia: Teologia dogmática cristã 232.91
3. Nossa Senhora: Culto: Teologia dogmática cristã 232.91

Sistema CTcP

Composição, impressão e acabamento:
EDITORA SANTUÁRIO - Rua Padre Claro Monteiro, 342
Fone: (12) 3104-2000 — 12570-000 — Aparecida-SP.

Ano: 2010 2009 2008 2007 2006 2005
Edição: **10 9 8 7 6 5 4 3 2**

DEDICATÓRIA

À Congregação do Santíssimo Redentor, que me propiciou a formação mariana;

a minha família Bizzinotto, que me legou a devoção mariana;

ao Santuário Nacional de Nossa Senhora da Conceição Aparecida e à Academia Marial de Aparecida, que me possibilitaram os meios para o estudo mariológico;

à Arquidiocese de Aparecida e à Paróquia de Nossa Senhora da Conceição Aparecida, que nutriram e sustentaram meu amor pela Mãe de Jesus;

à Editora Santuário, ao Jornal Santuário e à Radio Aparecida, pelos quais pude difundir a espiritualidade mariana;

ao Pe. Antônio César Moreira Miguel, C.Ss.R., Diretor da Rádio Aparecida, que muito me incentivou a escrever sobre a Mãe de Deus, ao Pe. Afonso Paschotte, C.Ss.R., que se imortalizou na formação das novas gerações missionárias, e ao Ir. Carlos (Antônio Silvestrini), C.Ss.R., que foi exemplo vivo de devoção mariana.

SUMÁRIO

PALAVRAS INICIAIS

Em comunicação, as primeiras palavras ou imagens e as últimas são tidas como aquelas que marcam o receptor. Tanto isso é estratégico que, num discurso, o orador trata de fazer, logo de início, o que os romanos chamavam de "captatio benevolentiae" – ganhar a simpatia – para que ele próprio seja aceito e aquilo que tem a dizer. No cinema acontece o mesmo. Dizem os cineastas que as primeiras imagens e cenas e as últimas dão o tom da mensagem a ser passada no filme.

Aceito esse princípio, estou com a tarefa agradável que me deu o autor, padre Eugênio Bisinoto, de dizer ao leitor que ele está ganhando um excelente presente ao mesmo tempo instrutivo e de valor emotivo sem comparação. Conhecer mais e mais a Mãe do Céu, sentir sua presença carinhosa e constante, ter muito mais que falar Dela aos irmãos é o mínimo que a leitura pode proporcionar. Não é por acaso que o título do livro é "Para conhecer e amar Nossa Senhora".

Basta olhar de saída o sumário que resume o conteúdo apresentado – hábito que o leitor deve manter sempre que abre um livro, permita-me dizer –, para perceber a riqueza de doutrina e de orações colocadas à inteligência e ao coração de quem ama a Mãe querida. A primeira forma que veio à cabeça de qualificar o trabalho do autor foi dizer que a obra é um "manual" para se conhecer e gostar de Nossa Senhora. Depois, hesitei por que a palavra manual pode passar a idéia de um curso, coisa nem sempre tida como agradável pelas pessoas. Nesse caso, pode parecer que a leitura vira uma tarefa e ninguém gosta de assumir mais tarefas do que já tem.

De outra parte, quem é prático e gosta da leitura que não só conforta o espírito como oferece material a ser utilizado em aulas, palestras ou coisas similares tem aqui excelente compêndio. Além de ser completo e bem fundamentado, é popular e muito útil.

Por fim, mais do que me sentir lisonjeado com o convite para introduzir o prezado leitor a esta obra, quero ressaltar o esforço do padre Eugênio em colocar por escrito o que tem falado sobre a Mãe do Céu. Aliás, insisti com ele, há alguns anos, para que isso acontecesse. Sei que quanto mais oferecermos em termos de teologia, de conhecimento, de reflexão e de oração aos irmãos tanto mais o Reino dos Céus estará acontecendo. Afinal, é para que esse Reino aconteça que proclamamos e vivemos nossa fé.

E se não é pedir muito, quando for rezar com este livro, inclua-me em suas intenções. Por exemplo, ao dizer: "Santa Maria, Mãe de Deus, rogai por nós pecadores..." saiba que estarei entre eles. Amém.

Padre César Moreira
Missionário redentorista, filho devotado da Mãe Aparecida

APRESENTAÇÃO

O Concílio Vaticano II (1962-1965) foi um marco na renovação da vida e missão da Igreja no mundo atual. Renovou também a mariologia e o culto mariano.

Antes do Concílio, a mariologia aparecia separada do resto da teologia, ressaltando as glórias e os privilégios da Virgem Santíssima. Seu método era mais baseado na especulação, formulada a partir de deduções lógicas.

Fiel ao legado da Igreja e sensível às interpelações da cultura hodierna, o Concílio adotou o enfoque histórico-salvífico, situando a compreensão da figura de Maria no horizonte maior da história da salvação. Orientou para que sua figura fosse ser contemplada em sua relação com Jesus Cristo e com a Igreja.

O Concílio favoreceu para que a mariologia fosse integrada no conjunto da teologia, com perspectiva mais bíblica e existencial. A Bíblia é fonte do tratado a respeito de Maria. A tradição da Igreja é considerada.

O Concílio também indicou a dimensão antropológica. Sublinhou o lado humano da Mãe de Jesus, mostrando-a como mulher livre e de fé, pessoa consciente e responsável, que cooperou ativamente no projeto salvífico de Cristo.

Seu objetivo foi mais pastoral. Na mariologia, a preocupação maior do Concílio foi renovar a vida de fé e não criar novos dogmas marianos. Orientou para que a piedade mariana fosse mais autêntica, evitando exageros e desvios.

O Concílio optou por não fazer um documento autônomo a respeito de Maria, mas integrou sua figura na Constituição Dogmática "Lumen Gentium" (LG), que fala sobre a Igreja. O Capítulo VIII, que conclui a Constituição, focaliza a pessoa e a missão da Mãe de Deus.

O Capitulo VIII é curto, mas denso. Busca inserir a figura de Maria no arco completo da história da salvação, especialmente no mistério de Cristo e da Igreja. De rico conteúdo bíblico e teológico, renova a compreensão dos cristãos a respeito da Mãe de Jesus.

Ao elaborar tal texto, a intenção do Concílio não foi desenvolver uma doutrina completa sobre Maria, mas propor uma exposição sintética e essencial a respeito dela, apresentando, inclusive, os deveres dos cristãos para com ela, em particular no âmbito do culto. A Mãe de Jesus está situada na economia da salvação (LG, n. 52-54).

De acordo com o Concílio, Maria está no coração do mistério de Cristo e da Igreja, pois Deus quis que Jesus, Cabeça da Igreja, nascesse de suas entranhas. Prenunciada no Antigo Testamento, ela é apresentada, dentro do Novo Testamento, como aquela que aceitou ser cooperadora do projeto divino de salvação, e como a perene associada de todo o trajeto de Jesus Cristo. Por isso, é venerada como a Mãe dos cristãos, na ordem da graça, experimentando a Igreja sua intercessão fraterna (LG, n. 55-62).

O documento do Concílio mostra que a Mãe de Jesus é o tipo de Igreja e o exemplar dos cristãos, levando-se em conta todo o mistério da salvação que nela realizou e sua vida evangélica. É modelo de fé, esperança e caridade (LG, n. 63-65).

Para o Concílio, os cristãos devem realizar um culto especial a Maria, embora essencialmente distinto da adoração que se presta a Deus. As formas de piedade aprovadas pela Igreja fazem com que, enquanto se honra a Mãe de Deus, se honre seu Filho. A verdadeira devoção mariana procede dos dados da autêntica fé sobre a Virgem Maria e leva a seu amor e imitação. Nela a Igreja vê sempre seu sinal de esperança e conforto (LG, n. 66-68).

O Concílio não deixou de insistir na necessidade e importância do estudo mariano, dando aos cristãos orientações oportunas e seguras. De forma clara, recomendou aos teólogos e pregadores que evitem, em suas reflexões, todo falso exagero e toda mesquinhez de espírito. Recolham os dados de sua mariologia das fontes autênticas (Sagrada Escritura, Santos Padres, Doutores, Liturgia e Magistério). Cultivem também uma sensibilidade ecumênica, evitando palavras ou fatos equívocos que induzam os outros em erro acerca da doutrina e culto da Mãe de Jesus (LG, n. 67).

De fato, hoje, diante dos desafios culturais e religiosos em que estão mergulhados os cristãos, é necessário, urgente e oportuno o estudo mariano. A formação atual e sempre mais aprofundada acerca da figura da Mãe de Jesus é uma exigência imprescindível da vida cristã.

Os cristãos precisam conhecer mais e melhor a Virgem Maria, para venerá-la e amá-la com ardor e piedade. Seu conhecimento pode ser adquirido e alargado pelo estudo da Bíblia, da tradição e doutrina da Igreja, dos documentos eclesiásticos, da teologia e de outras formas científicas de análise da fé.

O Pe. Eugênio Antônio Bisinoto, missionário redentorista, oferece-nos um roteiro muito prático e útil de estudo, visando à formação mariana do cristão atual. É um subsídio bastante didático, que serve tanto para a leitura pessoal, quanto para a preparação de encontros comunitários.

Fiel às orientações do Concílio Vaticano II, o autor expõe o conteúdo com seriedade, rigor e profundidade, levando em conta os dados da Bíblia, da tradição eclesial e da pesquisa atual. É completo e bem fundamentado. Contém belas, sugestivas e documentadas páginas sobre a figura de Maria e seu culto.

Nota-se que o escritor tem a preocupação de que os cristãos unam sempre o estudo e a devoção, o conhecimento e o amor para com Aquela que nos oferece Jesus Cristo e nos conduz a segui-lo com fé, consciência e perfeição. A mariologia ilumina o culto, como também o culto requer a mariologia.

Felicitamos o Pe. Eugênio e recomendamos a leitura do trabalho desse insigne sacerdote redentorista. É um livro que a Editora, em boa hora, coloca em nossas mãos para que possamos conhecer, amar e imitar a Mãe de Deus na vida cristã.

D. Raymundo Damasceno Assis
Arcebispo Metropolitano de Aparecida

INTRODUZINDO

A figura de Maria, a Mãe de Jesus, está em voga em nossa época. Revistas, pesquisadores, programas de rádio e de TV, Internet, reportagens, livros, exposições, fotógrafos, religiões, livrarias, lojas comerciais, filmes, debates, reportagens e pessoas dos mais diferentes matizes ocupam-se e preocupam-se com temas marianos.

Nossos contemporâneos estão se interessando, cada vez mais, pela Mãe de Deus. Vários estudiosos consideram-na um dos símbolos religiosos mais venerados, ao lado da cruz. Esse interesse é favorecido pelo despertar do fenômeno religioso no mundo moderno e pós-moderno. "A partir da metade do século XIX, o homem ocidental apostou na ciência e na técnica como solução para todos os seus problemas. Apostou na razão humana, a ponto de parecer próximo o fim de toda a religião. E, a partir da segunda metade do século XX, surgiu uma inesperada explosão do sagrado" (Urbano Zilles, escritor e filósofo). A sociedade moderna vive um momento intensamente religioso. De acordo com pesquisas recentes, no Brasil, desde os anos 90, encontramos cerca de 4 mil novos grupos religiosos, que não existiam em 1980.

Os motivos, que originam o interesse por Nossa Senhora, são os mais variados, de acordo com o universo de cada pessoa ou grupo. Vão desde a simples curiosidade e busca de informações até reflexões científicas e práticas de cultos marianos. A cultura atual tem ficado fascinada pela temática mariana, desencadeando diversas reações e expressões.

Figura de Maria na Igreja

A própria Igreja no mundo de hoje tem destacado a figura da Mãe de Jesus, tanto nas celebrações e orações, como nos documentos e reflexões. No projeto de evangelização da Igreja, tanto na preparação para o Grande Jubileu do Ano 2000, como para o Novo Milênio, Maria foi tema transversal, que perpassou e continuando perpassando os diversos anos de trabalho pastoral, como modelo de fé, esperança e caridade.

No projeto rumo ao Novo Milênio, os bispos brasileiros já diziam: "A devoção a Maria Santíssima terá destaque especial tanto na dimensão litúrgico-catequética como na do anúncio evangélico (festas litúrgicas, romarias e festas populares). A Virgem Maria é apresentada como modelo de vida cristã ao longo de todo período, em ligação com os temas catequéticos correspondentes a cada ano" (CNBB. Rumo ao Novo Milênio. Doc. 56, n. 116). Inclusive a CNBB produziu, em 1998, um pequeno subsídio mariano, intitulado "Com Maria, Rumo ao Novo Milênio – A Mãe de Jesus, na devoção, na Bíblia e nos dogmas", para que os cristãos conhecessem e descobrissem a beleza e a riqueza de Maria em suas vidas.

A CNBB tem citado a Mãe de Jesus em seus documentos, com oportunas e úteis orientações para a devoção mariana do povo. No documento 71, "Diretrizes gerais da ação evangelizadora da Igreja no Brasil (2003-2006)", os bispos afirmam: "A veneração de Maria Santíssima, modelo de discípulos e discípulas, e dos santos e santas, seguidores de Jesus, aproxima-nos também de Cristo e mantém aberta no coração das pessoas, especialmente das mais pobres, a procura do Deus verdadeiro, Deus-conosco" (n. 36).

Marcas marianas fortes e profundas

No Brasil, a Igreja trabalha com um povo que teve e tem fortes e profundas marcas marianas. A figura da Mãe de Deus na cultura brasileira constitui uma presença constante, desde a primeira evangelização até hoje. "O Brasil nasceu nos braços da Virgem, porque a primeira viagem e a primeira invocação dessa excelsa Virgem sob os céus constelados da terra do cruzeiro foi a da mãe da esperança" (V. Armas, escritor e historiador). Antes de partir de Portugal em direção às terras brasileiras, no século XV, Pedro Álvares Cabral participou, com o rei e os nobres, da celebração da missa na Igreja de Nossa Senhora de Belém. Em sua frota, trouxe 8 frades franciscanos, liderados pelo Fr. Henrique de Coimbra, 8 capelães e um vigário para celebrar os sacramentos aqui. O próprio Pedro Cabral era um devoto de Nossa Senhora, levando, inclusive, consigo, a imagem de Nossa Senhora da Esperança.

A presença de Nossa Senhora marca, profundamente, a história do Brasil, desde a chegada de Cabral até hoje. "A história do Brasil parece um imenso andor de Nossa Senhora, carregado pelo povo humilde, através dos tempos. O povo não aparece, nem carrega placa de nome no peito. Faz questão é de ficar escondido, atrás do nome de Maria e atrás dos enfeites e das flores, que caem pelo lado do andor até o chão. O que aparece e deve aparecer é o nome e a imagem de Nossa Senhora, aclamada e invocada por milhares de vozes que, lá de debaixo, choram e gritam, sem parar, Ave, Maria! Carregando o andor de Nossa Senhora, o povo carrega pelas ruas a esperança de um dia poder chegar lá onde Nossa Senhora chegou, isto é, gozar da liberdade total dos filhos de Deus. Carregando a imagem de Maria, o povo dá a todos a prova concreta de que, caminhando com Deus, é possível realizar essa esperança" (Fr. Carlos Mesters, biblista brasileiro).

Igrejas dedicadas a Nossa Senhora

O Brasil tem várias igrejas com nomes marianos. Há, aproximadamente, 38 catedrais, 198 dioceses e 13 prelazias dedicadas à Mãe de Deus. Cerca de 3.216 paróquias trazem os mais diversos títulos de Nossa Senhora. A Virgem Maria faz parte integrante da vida eclesial.

Entre os títulos marianos, destaca-se o de Nossa Senhora da Conceição Aparecida. "A devoção a Nossa Senhora da Conceição Aparecida faz parte integrante da religiosidade popular brasileira, sendo seu principal sustentáculo. É a força, a alma de suas grandes expressões e manifestações de fé" (Pe. Júlio J. Brustoloni, escritor e historiador). No Brasil há, aproximadamente, 5 catedrais e 296 paróquias com tal título.

A veneração da Virgem Maria está presente na vida da Igreja, tanto na piedade popular como no culto oficial. É "um fato eclesial relevante e universal. Ela brota da fé e do amor do povo de Deus para com Cristo, Redentor do gênero humano, e da percepção da missão salvífica que Deus confiou a Maria de Nazaré, através da qual a Virgem não é somente Mãe do Senhor e do Salvador, mas também, no plano da graça, a Mãe de todos os homens" (Congregação para o Culto Divino e a Disciplina dos Sacramentos. Diretório sobre Piedade Popular e Liturgia – Princípios e Orientações, n. 183).

Vida mariana

Como membros da Igreja e imbuídos da cultura no Brasil, os cristãos vão, paulatinamente, adquirindo, assimilando e cultivando a vida mariana.

"O culto a Nossa Senhora ocupa um lugar de destaque na Igreja. É como um sinal característico da piedade cristã" (Fr. Wenceslau Scheper, escritor mariano).

A vida mariana resulta do relacionamento consciente, profundo e constante que o cristão faz com Maria, a Mãe de Deus e a Mãe da Igreja. A vida mariana está inserida na lógica e dinâmica da existência cristã.

A vida mariana faz parte integrante da existência cristã. "Se quisermos ser cristãos, devemos ser marianos. A vida cristã é essencialmente mariana, porque é vida em Cristo e em Maria" (Severino Alonso, teólogo). Não se pode prescindir a vida mariana da existência cristã, como se fosse algo secundário e circunstancial.

A vida mariana é marca fundamental da existência cristã. O discípulo de Jesus guarda vínculo vital com Nossa Senhora. "Se almejamos ser cristãos, devemos ser marianos, isto é, devemos reconhecer a relação essencial, vital e providencial que une a Virgem com Jesus, abrindo-nos o caminho que a Ele conduz" (Paulo VI. Discurso na Cerdeña, 24 de abril, 1970).

A vida mariana ajuda a nutrir e a aprofundar a existência cristã. "A devoção a Maria é fonte de vida cristã profunda, é fonte de compromisso com Deus e com os irmãos" (João Paulo II, Discurso em Aparecida, 4 de julho de 1980). Portanto, devemos manter sempre unidas a existência cristã e a vida mariana de maneira indissolúvel e profunda.

Vivência das virtudes

Ao cultivar a vida mariana, o cristão pode sustentar a vivência das virtudes teologais. "A devoção do povo cristão a Maria tem servido como alimento para a fé, a esperança e o amor" (Jesús Espeja, teólogo espiritual).

A vida mariana leva o cristão a se esforçar em viver e aprofundar as virtudes teologais, inspirando-se em Nossa Senhora. "Maria é exemplo da fé, da esperança e da caridade. A Igreja se esforça para alcançar as virtudes de Maria. Baseando-se na fé e na esperança, a vida de Maria foi um serviço constante. Assim, também, a vida da Igreja se inspira na fé e na esperança e consiste num serviço sempre renovado" (J. Comblin, teólogo latino-americano).

Maria é mulher de fé. As Sagradas Escrituras mostram que é a "Bem-aventurada a que acreditou, pois o que foi lhe dito da parte do Senhor será cumprido" (Lc 1,45). Durante sua vida ela creu em Deus e em tudo o que Ele disse e revelou, porque Ele é a própria verdade. Sua fé foi atitude de total confiança em Deus, de plena confiança nele e de compromisso com sua vontade.

A Igreja venera Maria, inspirando-se em sua fé. "Durante toda a sua vida, até a sua última provação, quando Jesus, seu filho, morreu na cruz, sua fé não vacilou. Maria não cessou de crer no 'cumprimento' da Palavra de Deus. Por isso a Igreja venera em Maria a realização mais pura da fé" (Catecismo da Igreja Católica, n. 149).

Da fé de Maria nasce sua esperança. Mulher de fé, é também pessoa de esperança. Ela viveu a esperança, pela qual desejou como sua felicidade o Reino de Deus, que começa na história e se consuma na eternidade. Entendeu as promessas dos profetas e as esperanças do povo de Deus, consignadas pelo Antigo Testamento. Teve a firmeza de aguardar a realização das promessas de Deus e as viveu em seu destino pessoal, sabendo-se integrada na história da salvação. Apoiou-se na força do Espírito Santo, sabendo ser a Virgem da espera pacienciosa, ao não atropelar os planos de Deus. Pelo contrário, aceitou, na fé, seu Filho como o Messias esperado e o apoiou em sua missão, mesmo na morte de cruz.

A Igreja há de seguir sempre os passos de Maria na esperança. Alicerçada na graça de Deus, a Igreja há de manter sempre a esperança cristã, que significa "lúcida obstinação histórica que empreende, insiste, luta, ajunta forças e não volta atrás" (Pe. Juvenal Arduini, filósofo cristão).

Mulher de fé e de esperança, Maria também se caracterizou pela caridade cristã. Soube amar a Deus com todo o seu coração, com toda a sua alma e com todas as suas forças. Por causa de Deus, viveu o amor ao próximo. Ela "amou tanto a todos que doou-se inteiramente a cada um" (Helena Lopez Rios Machado, escritora).

A caridade de Maria desafia a ação da Igreja. Hoje o amor e a justiça são interligados na ação da Igreja que se compromete com a evangelização e a libertação das pessoas, principalmente dos pobres e abandonados. "A presença da Igreja junto aos pobres tem uma face dual, que não pode jamais ser truncada: é presença de justiça e de amor" (Francisco Catão, teólogo latino-americano).

Integrada na existência cristã, a vida mariana dos discípulos de Jesus coloca-os na vivência de um relacionamento vivo com Nossa Senhora, inspirando-se em suas virtudes. Maria é modelo de vida cristã para aqueles que assumem com seriedade seu batismo na Igreja.

Necessidade da formação mariana

Hoje, a formação mariana constitui uma necessidade premente, uma tarefa muito importante e inadiável. É uma dimensão essencial da catequese inicial e continuada. Os cristãos precisam cuidar de sua formação mariana, procurando conhecer e aprofundar os conteúdos da mariologia. O magistério eclesiástico, com a assessoria de teólogos e peritos, tem oferecido cursos e subsídios úteis e muito oportunos sobre Nossa Senhora.

Em nossas reflexões, oferecemos aos leitores um roteiro de estudo que os ajude em sua formação mariana, de tal modo que, conhecendo mais a figura e a missão da Mãe de Jesus, possam adquirir e aprofundar autêntico amor para com Aquela que é modelo de fé, de esperança e de caridade. Para facilitar o estudo, apresentamos os temas de maneira didática e sintética, dividindo-os em grandes blocos com seus respectivos itens.

Nossa preocupação é possibilitar aos cristãos estudar e venerar Nossa Senhora com consciência, convicção e carinho, procurando amar, invocar e imitar Aquela que nos apresenta Jesus Cristo, o Salvador, e nos conduz a segui-lo com ardor, dedicação e seriedade na Igreja de hoje, dentro dos desafios da sociedade contemporânea. Esperamos que a leitura deste roteiro ajude nossos leitores a descobrirem a beleza e a riqueza da espiritualidade mariana.

Pe. Eugênio Antônio Bisinoto, C.Ss.R.

Rafael Sanzio

I ESTUDO MARIANO

1. Mariologia, estudo atual

No contexto atual, os cristãos, que buscam viver seu cristianismo de maneira consciente e responsável, sentem a necessidade de conhecer melhor a figura e a missão de Maria, a Mãe de Jesus Cristo. Por isso, procuram aprofundar seus conhecimentos pelo estudo das Sagradas Escrituras, da Tradição e da doutrina da Igreja, da teologia e de outras formas científicas de análise da fé.

Quando os cristãos desejam compreender bem as verdades da fé, experimentam o dever e a urgência de considerar e refletir sobre a pessoa e o lugar de Maria no projeto de Deus e na vida da Igreja. Com razão buscam aprender a mariologia, disciplina valorosa e importante na caminhada da comunidade cristã.

A formulação da palavra "mariologia" foi feita pelo siciliano Plácido Nigido, que usando o nome de seu irmão Nicolau publicou, em Palermo, no ano de 1602, sua obra mariana. "Mariologia" é um termo grego, que significa "discurso" ou "estudo" de Maria.

A mariologia é a parte da teologia que estuda a figura, o mistério, a missão e o significado de Maria na história da salvação. É "a ciência teológica que investiga, esclarece e aprofunda a presença atuante de Nossa Senhora no mistério de Cristo e da Igreja" (Ir. Aleixo Maria Autran, marista e escritor mariano).

Paulatinamente, os cristãos, que têm sede de compreender melhor os fundamentos de sua fé, vão descobrindo a importância e o valor da mariologia, realizando estudos em seus grupos, comunidades, centros culturais, academias, associações, institutos e faculdades.

O próprio Concílio Vaticano II (1962-1965) incentivou e orientou o estudo da mariologia, expondo bases sólidas e diretrizes seguras.

Na Constituição Dogmática "Lumen Gentium", que trata da Igreja, o Concílio recomendou aos "teólogos e pregadores da palavra divina a que na consideração da singular dignidade da Mãe de Deus se abstenham com diligência tanto de todo o falso exagero quanto da demasiada estreiteza de espírito. Sob a direção do Magistério cultivem o estudo da Sagrada Escritura, dos Santos Padres e Doutores e das liturgias da Igreja para retamente ilustrar os ofícios e privilégios da Bem-aventurada Virgem que sempre levam a Cristo, origem de toda verdade, santidade e piedade" (LG, n. 67).

Ao mesmo tempo que insiste, com diligência e abertura, na atitude de diálogo ecumênico, o Concílio faz saber aos cristãos que "a verdadeira devoção não consiste num estéril e transitório afeto, nem numa certa vã credulidade, mas procede da fé verdadeira pela qual somos levados a reconhecer a excelência da Mãe de Deus, excitados a um amor filial para com nossa Mãe e à imitação das suas virtudes" (LG, n. 67).

Conscientes das orientações do Concílio, os cristãos assumem o estudo da mariologia com solicitude, seriedade, método, perseverança e ternura, esclarecendo e aprofundando seu conhecimento, sua reflexão e sua cultura. De maneira didática, o estudo, que se baseia nas Sagradas Escrituras e considera o contexto atual, abrange a tradição e vida da Igreja, a história da mariologia, a compreensão dos dogmas marianos, a reflexão teológica e cultural, o diálogo ecumênico e inter-religioso, o culto e piedade do povo, a aproximação com as ciências humanas e a missão dos cristãos na Igreja e na sociedade.

O estudo de mariologia ajuda os cristãos a renovarem e a aprofundarem seu culto autêntico para com a Mãe do Salvador. O próprio Papa Paulo VI insistiu na necessidade desta renovação mariana, dizendo que a "veneração dos fiéis pela Mãe de Deus tem revestido, de fato, de formas diversas, de acordo com as circunstâncias de lugar e de tempo, com a distinta sensibilidade dos povos e com suas diferentes tradições culturais. Disso resulta que, sujeitas ao desgaste do tempo, essas formas em que se expressa a piedade se apresentam necessitadas de uma renovação, que permita substituir nelas os elementos caducos, precisam valorizar os perenes e incorporar os novos dados doutrinais adquiridos pela reflexão teológica e propostos pelo magistério eclesiástico" (O Culto da Virgem Maria, n. 24).

É de fundamental importância que o estudo de mariologia seja feito em clima de espiritualidade, inspirando e favorecendo a oração dos cristãos. O teólogo franciscano São Boaventura (1221-1274) já recomendava: "Ninguém creia que basta a leitura sem a unção, a especulação sem o estupor, a pesquisa sem o exultamento, a atividade sem a piedade, a ciência sem a caridade, a inteligência sem a humilde, o estudo sem a graça divina, o perscrutar sem a sabedoria da inteligência divina" (Itinerarium Mentis in Deum, Prologus, 4,53).

2. Maria, Mãe de Jesus

Hoje, mais do que nunca, nós, cristãos, necessitamos conhecer a figura de Nossa Senhora, a Mãe de Jesus. Maria é a Virgem de Nazaré, que viveu há dois mil anos (Lc 1,26-33).

O nome "Maria" origina-se da língua aramaica, "Myriam", que pode ser traduzido por "Senhora", "Princesa" ou "Muito Amada". Na Bíblia, Maria designa o nome de muitas mulheres: Maria, irmã de Moisés e Aarão (Êx 15,20-21), Maria de Betânia, irmã de Marta e de Lázaro (Lc 10,39-42), Maria Madalena (Mc 14,3-9), Maria, mãe de Tiago e de José (Mt 27,56), e Maria, a Mãe de Jesus (Lc 1-2).

Vivendo na sociedade palestinense dominada pelo Império Romano, Maria era filha de Joaquim e Ana, sendo concebida sem a mancha do pecado original. Na Bíblia, a Mãe de Jesus aparece como uma mulher simples do povo, que habitava em Nazaré, um povoado sem renome, da região norte chamada Galiléia (Lc 1,26). Era esposa de José, carpinteiro justo e honrado (Mt 1,18-25). Pessoa de fé, era muito sensível às necessidades dos outros (Lc 1,39-45.56).

Maria foi escolhida pelo Pai do Céu para ser a mãe de seu Filho, Jesus Cristo, que se fez homem e veio ao mundo para nos salvar (Lc 1,30-33; Gl

4,4). Movida pelo Espírito Santo, ela entregou-se totalmente ao projeto de Deus, vivendo sua vocação com amor e fidelidade. Aceitou, livremente, a proposta de Deus, dedicando-se generosamente à obra libertadora do Filho de Deus (Lc 1,26-38).

Maria levou a boa notícia de sua maternidade divina para sua prima Isabel, que a saudou como a "mãe de meu Senhor" e a "Bem-aventurada que acreditou em Deus" (Lc 1,39-45). Respondendo à saudação da parenta, Maria cantou o "Magnificat", que espelha sua alma vazia de si mesma e plena de confiança no Pai do Céu (Lc 1,46-55).

Maria concebeu Jesus em Nazaré da Galiléia (Lc 1,1-37; Mt 1,18-25). Todavia, foi com José a Belém para o recenseamento e lá deu à luz Jesus Cristo (Mt 2,1-8). Localizada em Judá, região sul, Belém se encontrava a 7 km ao sul de Jerusalém, capital do país. Na época própria, Maria e José levaram o menino Jesus para ser apresentado no templo de Jerusalém, cumprindo a lei judaica (Lc 1,21-38). O menino também foi circuncidado. Em Belém Maria e José presenciaram a vinda dos magos do Oriente, que vieram visitar o Salvador (Mt 2,1-12).

Mais tarde, Maria e José fugiram com Jesus para o Egito para escapar da perseguição do rei Herodes (Mt 2,13-18). Ali ficaram certo tempo, retornando a Nazaré quando o rei Herodes morreu (Mt 2,1-23). Em Nazaré, Maria e José cuidaram do menino Jesus e o educaram bem, acompanhando sua formação humana e constituindo com ele uma verdadeira família, cheia de amor e de compreensão (Lc 2,51-52). Eles o levaram ao templo de Jerusalém, em peregrinação para a páscoa judaica, quando ele tinha 12 anos (Lc 2,41-50).

Maria participou da vida de Jesus Cristo, sendo sua mãe e, ao mesmo tempo, sua discípula (Mc 3,31-35). Sabia guardar os mistérios da fé em seu coração (Lc 2,19.51). No início do ministério público de Jesus, Maria esteve com Ele nas bodas de Caná, obtendo dele seu primeiro milagre (Jo 2,1-12). Ela sempre soube ouvir a Palavra de Deus, anunciada por Jesus, e vivenciá-la (Lc 11,27-28).

Mesmo na paixão de Jesus, Maria esteve junto à cruz, em pé, firme, quando o entregou ao Pai e foi dada por seu Filho como Mãe dos Homens, na pessoa de João (Jo 19,25-27).

Maria esteve presente com os apóstolos e os discípulos no cenáculo de Jerusalém, perseverante e em oração, por ocasião de Pentecostes (At 1,12-14). Foi uma presença ativa, consciente e participativa na Igreja dos primeiros cristãos. Tornou-se testemunho, apoio e fonte de orientação e de informação para a comunidade cristã, que anunciava e vivenciava o Evangelho da Salvação na Palestina e em outros lugares.

Depois de cumprir sua missão na terra, Maria foi assunta de corpo e alma ao céu. Está viva e ressuscitada, participando da comunhão dos santos. Junto de Jesus, é capaz de interceder por nós. Por isso, nós podemos dedicar nossa devoção a Mãe de Jesus e rezar a ela com confiança.

3. São José, Esposo de Maria

Hoje, nós, como cristãos que procuramos viver o projeto de Deus com seriedade e convicção, precisamos conhecer a figura de São José, o esposo de Maria, e reconhecer sua importância na história da salvação. A vida dele constitui "uma vida que segue o ritmo de Deus" (Stefano de Fiores, teólogo e escritor).

A vida de José transcorreu na Palestina, terra onde se formou e habitou o povo de Deus. Seu nome no hebraico, "*Iodzet*", significa: "Deus acrescenta ou cumula de bens". De fato, Deus o escolheu para uma missão especial, cumulando-o de graças para que pudesse realizá-la de acordo com sua vontade salvífica.

José teve uma vida simples e marcada pelo trabalho. Era originário de Belém, da estirpe de Davi. Sabemos que Davi fora rei renomado de Israel e vivera mais ou menos mil anos antes do nascimento de Cristo. Todavia, José nunca invocou privilégios, cargos honoríficos, rendas vitalícias e tratamento especial por essa sua descendência real. Era homem humilde e modesto, dedicado a seus afazeres e responsabilidades.

Sua profissão era a de carpinteiro. Trabalhava a madeira, dedicando-se a abater cedros e ciprestes nos bosques e florestas, a reparar os vigamentos das habitações e a construir casas, portas, janelas, mesas, instrumentos agrícolas e outros manufaturados. Essa profissão não era de projeção na sociedade da época. Naquele tempo importante era a profissão de ourives, daquele que mexia com ouro e prata. Mesmo assim, José trabalhava honradamente. Vivia do sustento de seu trabalho profissional.

Dentro do povo de Deus, José foi chamado por Deus para uma missão especial (cf. Mt 1,18-25). Tornou-se esposo de Maria, vivendo o matrimônio de maneira santa e com muito amor e respeito. Soube aceitar Jesus Cristo como Filho de Deus, concebido no seio de Maria por obra do Espírito Santo. Como pai adotivo de Jesus, deu-lhe um nome, fê-lo descendente da linhagem de Davi, esteve a seu lado e colaborou para seu cuidado, proteção e educação.

Jesus, Maria e José formaram a família de Nazaré, chamada a Sagrada Família. Nesse lar precioso e imemorável, José devotou sua vida à esposa, ao filho e à profissão.

Durante sua vida, José sempre foi muito piedoso e homem justo. Por estar plenamente aberto a Deus, aceitou e cumpriu os desígnios divinos com generosidade, disposição firme e empenho total. Era uma pessoa reta, obediente, íntegra, honesta, de fé profunda e inabalável, inteiramente entregue à vontade de Deus. Viveu intensamente as virtudes cristãs, amando, crendo e esperando em Deus com plena confiança e convicção.

José viveu sua completa adesão ao projeto de Deus. Abandonou-se todo ao Senhor da história, acreditando na Palavra de Deus e deixando-se guiar pelas mãos do Criador. O próprio Papa João Paulo II disse: "São José era um homem justo, fiel e dócil à Palavra de Deus. Envolvido de perto no mistério da encarnação, foi-lhe pedido que acreditasse naquilo que humanamente era difícil compreender. Viu desabrochar em Maria uma vida que era de origem divina, e só a fé lhe permitiu não fugir diante do mistério: 'Não temas José' (Mt 1,20). A exortação do anjo faz-nos intuir os temores, embora tão humanamente compreensíveis, tornando-o próximo de nós". Aceitando e concretizando a proposta de Deus, ele foi fiel até o fim.

Ao longo da tradição cristã, o magistério eclesiástico sempre destacou o valor de São José na vida da Igreja e no culto católico. O Papa Pio IX declarou-o Padroeiro da Igreja Católica no mundo todo. O Papa Leão XIII o propôs como advogado dos lares cristãos. Ele também estabeleceu a festa da Sagrada Família.

Pio XII instituiu a festa de São José Operário, celebrada em 1° de maio. João XXIII acrescentou seu nome no Cânon da Missa. No dia 19 de março, a Igreja celebra a solenidade de São José, esposo da Virgem Maria. Essa festa foi estabelecida pelo Papa Sixto IV, em 1479.

São José é muito venerado pelo povo. Encontramos seu nome em diversas ladainhas, como, por exemplo, na ladainha de "Todos os Santos" e na "Dos Agonizantes". Existe um número enorme de grandes santos da Igreja que, em muitas ocasiões, recorreram à ajuda do esposo de Maria. Nós somos convidados a honrá-lo e a imitar suas virtudes, de maneira que possamos ser também homens justos, íntegros e fiéis aos planos de Deus em nossa história concreta.

4. Maria na História da Salvação

A mariologia insere Maria na história da salvação, pois aí ela encontra seu sentido e seu papel específico. A história da salvação constitui o desenvolvimento da ação salvadora de Deus através do tempo. É uma série de fatos bem unidos e concatenados entre si que formam uma linha ininterrupta. O que dá coesão é o projeto de Deus. Cada fato se une ao outro. Nada fica separado.

A salvação dá-se na história humana. Por isso, a história da salvação abrange todos os acontecimentos humanos nos quais Deus quer realizar seu projeto de amor. No "plano de Deus não há duas histórias paralelas, isto é, uma história humana e uma história de salvação. A história humana seria, pois, como um marco, uma 'ocasião' onde cada homem individualmente vai sendo fiel ou infiel à lei de Deus, no caminho da salvação ultraterrena" (Segundo Galilea, teólogo latino-americano).

Para que possamos compreender a figura e a missão de Nossa Senhora, é necessário inseri-la no marco da história da salvação. Ela não é uma personagem isolada, independente dos eventos salvíficos de Deus na história humana. Pelo contrário, pertence ao conjunto da ação salvadora. Na história da salvação Maria adquire sentido pleno.

Em sua missão, Nossa Senhora é parte integrante e essencial da história da salvação. Em 24 de abril de 1970, o Papa Paulo VI afirmava que ela "não é uma circunstância ocasional, secundária, insignificante: ela é parte essencial do mistério da salvação. Cristo, para nós, veio de Maria. Dela o recebemos. É dela que o recebemos, em sua primeiríssima relação conosco. Ele é Homem como nós, é nosso irmão pelo mistério maternal de Maria. Se almejamos ser cristãos, devemos ser marianos, isto é, devemos reconhecer a relação essencial, vital e providencial que une a Virgem com Jesus, abrindo-nos o caminho que a ele conduz".

Maria está intimamente ligada a Jesus Cristo, nosso salvador. No mesmo discurso, Paulo VI perguntava: "Quem é Cristo, como veio entre nós, qual sua missão, sua doutrina, seu ser divino e sua influência nos destinos da humanidade? Como veio Cristo entre nós, veio de si mesmo, veio sem nenhuma relação, sem nenhuma cooperação por parte dos homens? Pôde ser conhecido, compreendido, considerado, prescindindo das relações reais, históricas, existenciais, que necessariamente implicam sua aparição no mundo? Claro que não. O mistério de Cristo está extremado, por desígnio divino, da participação humana. Veio entre nós palmilhando a senda da geração humana. Quis ter uma Mãe, encarnar-se mediante o ministério vital de uma Senhora, da Senhora bendita entre todas".

A salvação humana não é uma conjectura, uma hipótese, mas uma realidade histórica e verdadeira. Nela nós deparamos com Nossa Senhora e sua missão junto ao Cristo. A presença de Maria não é uma suposição ou algo que poderia dispensar. Ao contrário, é um fato real, que marca a história da salvação. Para a teologia cristã séria, não interessa o que Deus poderia ter feito no passado, mas o que fez e como fez. Jesus Cristo não veio ao mundo por si mesmo, sem participação humana. Ele se encarnou, tornou-se pessoa humana real no seio puríssimo de Maria, por ação do Espírito Santo.

Jesus Cristo é o centro da história da salvação, pois é a suprema, decisiva e perfeita intervenção salvadora de Deus. Em sua bondade e sabedoria, Deus realiza nossa salvação através de uma longa história que ainda não acabou. Na Bíblia, o Antigo Testamento descreve a criação e a história do povo de Deus, marcado pela promessa e espera do Reino de Deus. No Novo Testamento Deus realiza tudo o que o povo esperava: manifesta inteiramente seu projeto de salvação através da ação e palavra de Jesus Cristo. Ele próprio é a chegada e concretização do Reino de Deus.

A encarnação de Jesus Cristo dá-se através de Maria. "Chegada a 'plenitude dos tempos' (Gl 4,4), Deus Pai envia ao mundo seu Filho Jesus Cristo, Senhor nosso, Deus verdadeiro 'nascido do Pai antes de todos os séculos', e homem verdadeiro nascido da Virgem Maria por obra do Espírito Santo. O Filho de Deus assume o humano, e no humano o universo todo, que desde a criação é orientado para o homem, restabelece a comunhão entre o Pai e nós" (CNBB. Catequese Renovada, n. 187). Feito filho da mulher Maria de Nazaré, Jesus assume nossa natureza humana para que pudéssemos receber a filiação adotiva (cf. Gl 4,4). Junto de Jesus, Maria cooperou e continua a cooperar em seu projeto de salvação na história.

Piero de Cosimo

II DOGMAS MARIANOS

1. O que são dogmas marianos

Definidos pelo magistério da Igreja de maneira solene, os dogmas são verdades de fé, contidas na Bíblia e na Tradição. "O magistério da Igreja empenha plenamente a autoridade que recebeu de Cristo quando define dogmas, isto é, quando utilizando uma forma que obriga o povo cristão a uma adesão irrevogável de fé, propõe verdades contidas na Revelação divina ou verdades que com estas têm uma conexão necessária" (Catecismo da Igreja Católica, n. 88).

Na Igreja os dogmas são importantes porque ajudam os cristãos a se manterem fiéis na fé genuína do cristianismo. "Os dogmas são como placas que indicam o caminho de nossa fé. Foram criados para ajudar a gente a se manter no rumo do Santuário vivo, que é Jesus" (CNBB. Com Maria, Rumo ao Novo Milênio. p. 81).

Referentes à Virgem Maria, a Igreja propõe quatro dogmas: Maternidade Divina, Virgindade Perpétua, Imaculada Conceição e Assunção. Constituem verdades que os cristãos aceitam, aprofundam e vivenciam na comunidade de fé.

Aos 22 de junho de 431, o Concílio de Éfeso definiu explicitamente a maternidade divina de Nossa Senhora. Assim o Concílio se expressou: "Que seja excomungado quem não professar que Emanuel é verdadeiramente Deus e, portanto, que a Virgem Maria é verdadeiramente Mãe de Deus, pois deu à luz segundo a carne aquele que é o Verbo de Deus".

A intenção do Concílio de Éfeso era a de afirmar a unidade da pessoa de Cristo. Reconhecer Maria como mãe de Deus ("Theotókos") significa, na verdade, professar que Cristo, filho da Virgem Santíssima segundo a geração humana, é Filho de Deus. O povo se alegrou tanto que levou os bispos do Concílio para suas casas e festejaram a proclamação do dogma mariano. A maternidade divina de Nossa Senhora é peça-mestra da teologia marial.

Conferindo as Sagradas Escrituras e os escritos dos Santos Padres, o Concílio de Latrão preconizou como verdade a Virgindade Perpétua de Maria, no ano 649. Durante o Concílio, o Papa Martinho I assim afirmou: "Se alguém não confessa de acordo com os santos Padres, propriamente e segundo a verdade, como Mãe de Deus, a santa, sempre virgem e imaculada Maria, por haver concebido, nos últimos tempos, do Espírito Santo e sem concurso viril gerado incorruptivelmente o mesmo Verbo de Deus, especial e verdadeiramente, permanecendo indestruída, ainda depois do parto, sua virgindade, seja condenado".

Nossa Senhora foi sempre Virgem, isto é, antes do parto, no parto e depois do parto. Os diversos credos e concílios antigos retomaram e afirmaram essa verdade. Santo Inácio de Alexandria, São Justino, Santo Irineu, Santo Epifânio, Santo Efrém, Santo Ambrósio, São Jerônimo e Santo Agostinho foram os exímios defensores da Virgindade de Maria. A Virgindade Perpétua de Maria forma parte da fé cristã.

Em 8 de dezembro de 1854, o Papa Pio IX definiu o terceiro dogma mariano: Imaculada Conceição de Maria. Em sua Bula "Ineffabilis Deus", o Pontífice declarou a doutrina que ensina ter sido Nossa Senhora imune de toda mancha de pecado original, no primeiro instante de sua conceição, por singular graça e privilégio de Deus Onipotente, em vista dos méritos de Cristo Jesus Salvador do gênero humano. Duns Scott (1266-1308) foi o teólogo que argumentou, historicamente, em favor do privilégio mariano, baseando-se na redenção preventiva.

O dogma da Imaculada Conceição nos ensina que, em Maria, começa o processo de renovação e purificação de todo o povo. Ela "é toda de Deus, protótipo do que somos chamados a ser. Em Maria e em nós age a mesma graça de Deus. Se nela Deus pôde realizar seu projeto, poderá realizá-lo em nós também" (Dom Murilo S. R. Krieger, bispo e escritor mariano).

A Assunção de Maria foi o último dogma proclamado pelo Papa Pio XII, a 01 de novembro de 1950. Na Constituição Apostólica "Munificentissimus Deus" o Pontífice afirmou que, depois de terminar o curso terreno de sua vida, ela foi assunta de corpo e alma à glória celeste. Mais de 200 teólogos, em todas as partes da Igreja, demonstraram interesse e entusiasmo pela definição dogmática.

Imaculada e assunta aos céus, Maria é a realização perfeita do projeto de Deus sobre a humanidade. "A Assunção manifesta o destino do corpo santificado pela graça, a criação material participando do corpo ressuscitado de Cristo, e a integridade humana, corpo e alma, reinando após a peregrinação da história" (CNBB. Catequese Renovada, n. 235).

Os dogmas marianos iluminam a vida espiritual dos cristãos. "Os dogmas são luzes no caminho da nossa fé, que o iluminam e o tornam seguro" (Catecismo da Igreja Católica, n. 90).

2. Mãe de Deus

Em seu mistério profundo, Maria é Mãe de Deus. Como vocacionada do Pai, Maria aceitou livremente ser a Mãe de Jesus Cristo, o Filho de Deus que assumiu nossa natureza humana. "Mãe de Deus" aparece na oração da Ave-Maria, na Salve-Rainha e na Ladainha de Nossa Senhora.

A Maternidade divina de Maria é o mais antigo dogma mariano, que foi proclamado oficialmente pela Igreja. Surgiu como reação às pregações de Nestório (380-451), patriarca de Constantinopla. De início pastor zeloso, o patriarca incorreu na heresia que desviava a verdadeira concepção do mistério da encarnação.

Nestório afirmava duas naturezas de Cristo muito unidas, mas constituindo duas pessoas. Por isso, manifestava que Maria é a Mãe do homem Jesus, mas não a Mãe de Deus. Conseqüentemente, Deus tinha habitado num homem, mas não se tinha feito homem. Não existiu verdadeira encarnação. Com isso, a própria redenção do homem caiu por terra. Essa heresia nestoriana causou grave escândalo no meio do povo e do clero, provocando divisões e paixões dentro da Igreja.

O nestorianismo foi combatido por São Cirilo, patriarca da Alexandria, que buscou recuperar a fé ortodoxa. Em 430, o Sínodo de Roma condenou as idéias de Nestório.

Desqualificando o nestorianismo, o Concílio de Éfeso definiu explicitamente que Maria é Mãe de Deus ("Theotókos"), aos 22 de junho de 431. Classificou o nestorianismo como heresia e depôs Nestório de sua sede patriarcal. O povo acolheu com alegria e grande festa os resultados do Concílio.

O objetivo do Concílio de Éfeso era afirmar a unidade da pessoa de Cristo. Maria é Mãe de Jesus Cristo, o Filho de Deus que se encarnou. Toda Mãe é Mãe de uma pessoa. Qual a pessoa que nasceu de Maria? A pessoa que nasceu de Maria é a segunda pessoa da Santíssima Trindade, que dela assumiu a carne humana. Maria não é, porém, a mãe apenas de carne humana, mas de toda a realidade de seu Filho, que tinha uma só Pessoa. Daí dizer que Maria é Mãe de Deus, não enquanto Deus sem mais, mas enquanto Deus feito homem. Portanto, "Theotókos" significa, teologicamente, não genitora da divindade, mas geradora do Verbo encarnado.

Os estudiosos estimam que o título Mãe de Deus ("Theotókos") apareceu pela primeira vez, na literatura cristã, nos escritos de Orígenes de Alexandria († 250). Diversos Padres da Igreja afirmavam a maternidade divina de Maria. São João Damasceno (675-749) explicava tal dogma do seguinte modo: "Nós dizemos que Deus nasceu de Maria, não no sentido de que a divindade do Verbo dependia de Maria, nas no sentido de que o Verbo, o qual, fora antes do tempo, nasceu do Pai, é eterno como o Pai e o Espírito Santo; na plenitude dos tempos viveu em seu seio, para nossa salvação e sem mudança, tornou carne e nasceu dela. A Virgem não gerou simplesmente um homem, mas um verdadeiro Deus, Deus não sem carne, mas feito carne".

A maternidade divina de Maria tem profundas raízes bíblicas. Os evangelhos referem-se, várias vezes, a Nossa Senhora como Mãe de Jesus. Com o título de "Mãe", a Virgem Santíssima é designada 25 vezes no Novo Testamento. De maneira concisa, São Paulo afirma que Jesus Cristo, aquele que foi enviado do Pai, é filho de Maria (Gl 4,4). A fundamentação bíblica encontra-se em todos os evangelistas (Lc 1,35.39-44.56; Mc 6,3; Mt 1,18-25; Jo 6,42).

A maternidade divina de Maria é a base e o princípio fundamental da teologia marial. Está na origem dos demais dogmas marianos. Todas as graças, privilégios e títulos de Maria estão fundamentados nesta verdade mariana. A maternidade divina de Maria é a chave explicativa de seu mistério e missão. Mais do que um privilégio pessoal, a maternidade de Nossa Senhora está a serviço da salvação do povo.

O dogma da maternidade divina nos ensina que Deus, na pessoa de Jesus Cristo, entrou na história humana. "Proclamar Maria Mãe de Deus significa proclamar que, realmente, o Reino de Deus 'já está no meio de nós' (Lc 17,21; Mt 4,17). Deus já está dentro de nossa história e é um dos nossos, tendo assumido tudo, menos o pecado. Maria é aquela que, em nosso nome, colaborou para que isso acontecesse" (Dom Murilo S. R. Krieger, bispo e escritor mariano).

3. Virgem Maria

Maria Santíssima foi virgem, concebendo Jesus por ação do Espírito Santo, sem ter relações sexuais com José, seu esposo. A afirmação da virgindade de Nossa Senhora pertence à fé cristã.

A virgindade de Maria constitui antigo dogma da Igreja, proclamado depois de sua maternidade divina. No Símbolo Apostólico confessamos: "Nasceu da Virgem Maria". O Credo Niceno-constantinopolitano também deixa claro: "se encarnou pelo Espírito Santo, no seio da Virgem Maria". Santo Inácio de Antioquia († 110) atestava: "O Filho de Deus verdadeiramente nasceu de uma virgem" (Aos Esmirnenses 1,1).

Em 451, o Concílio de Calcedônia declarou que Jesus é "nascido de Maria Virgem". Em 553, o Concílio de Constantinopla II declarou: "Encarnou-se da gloriosa Mãe de Deus e sempre Virgem Maria". O Concílio de Latrão preconizou como verdade a Virgindade Perpétua de Maria, no ano 649, expressando-se deste modo:

"Se alguém não confessa segundo os Santos Padres que a santa e sempre virgem e imaculada Maria seja, no sentido próprio e segundo a verdade, Mãe de Deus, enquanto própria e verdadeiramente no final dos séculos concebeu do Espírito Santo sem sêmen e deu à luz sem corrupção, permanecendo mesmo depois do parto sua indissolúvel virgindade, o próprio Deus Verbo nascido do Pai antes de todos os séculos, seja condenado".

Na bula "Cum quorumdam hominum", datada de 7 de agosto de 1555, o Papa Paulo IV afirmou que Nossa Senhora é sempre virgem, isto é, é virgem antes do parto, no parto e depois do parto. O dogma da virgindade perpétua de Maria tem fundamentação bíblica.

Maria foi virgem antes do parto, ou seja, Jesus nasceu de uma concepção operada pelo Espírito Santo no seio da Virgem Maria, e não em conseqüência de relações matrimoniais entre José e sua esposa. A concepção de Jesus aconteceu por pura graça e iniciativa de Deus, envolvendo a resposta humana e a participação de Nossa Senhora. A encarnação do Verbo de Deus constitui uma nova criação, um presente de Deus aos homens.

Os evangelistas Mateus e Lucas dão testemunho claro da concepção virginal de Jesus Cristo (Mt 1,18-25; Lc 1,26-38). De acordo com eles, José não engravida Maria (Mt 1,16.18-25; Lc 1,31.34s; 3,24). Jesus é concebido efetivamente por obra do Espírito Santo (Mt 1,20; Lc 1,35). Como virgem que se torna mãe, Nossa Senhora é a única origem humana de Jesus Cristo (Mt 1,16-25; Lc 1,27.35).

O fato de que Maria tenha permanecido virgem no parto sob o ponto de vista físico e moral constitui um dado de fé, definido pela Igreja. Mas os documentos eclesiásticos nunca entraram em minúcias, nem deram explicações biológicas e ginecológicas do fato. A teologia tem procurado explicitar e aprofundar esse aspecto do dogma mariano. Vários teólogos interpretam o fato como especial milagre de Deus.

Baseando-se na autêntica interpretação da Bíblia e em sua tradição, a Igreja acredita que Maria permaneceu virgem após o parto. Depois do nascimento de Jesus, Nossa Senhora não teve outros filhos, nem consumou seu casamento com José. A Bíblia não diz claramente que ela tenha tido outros filhos. Os chamados "irmãos de Jesus" são, na verdade, seus primos. Na linguagem bíblica, "irmão" é freqüentemente empregado em lugar de primo, sobrinho, parente (cf. Abraão e Ló: Gn 13,8 e Gn 11,27-31).

Por opção livre, Maria permaneceu virgem, consagrando-se a Deus pela castidade. Sua decisão generosa é modelo de doação para nós, cristãos. "Sua virgindade, amor-doação ao Senhor, foi inseparável da fé, pobreza, obediência, e assim tornou-se fecunda pelo Espírito Santo. No mistério da Igreja, essa virgindade reúne duas realidades: Maria é toda de Cristo e toda servidora dos homens. Assim quer ser a Igreja: unida a Cristo e Mãe de todos os homens" (CNBB. Catequese Renovada, n. 234).

A virgindade de Nossa Senhora ajuda-nos a romper com a visão errada de pessoa humana e de sexualidade. "A maternidade virginal de Maria pode ajudar a superar preconceitos machistas e moralistas, que consideram o corpo como pecaminoso, e a mulher, lugar de tentação e desvio. Em Maria, o corpo humano, especialmente o da mulher, tornou-se para sempre espaço onde o Espírito do Altíssimo pousa e faz morada. Todo ser humano, independente de sua condição sexual, tem algo de virgem. Pode tornar-se templo de Deus e espaço aberto das sementes do Reino" (CNBB. Com Maria, rumo ao Novo Milênio, p. 103).

4. Imaculada Conceição

Imaculada Conceição de Maria significa que ela foi preservada do pecado original desde o primeiro instante de sua existência. Nascendo na sociedade palestinense do tempo, pequeno país do Oriente Médio, Nossa Senhora teve como pais São Joaquim e Santa Ana. Ela foi concebida sem a mancha do pecado original.

A maternidade divina de Maria é a base e origem de sua imaculada conceição. A razão de Maria ser preservada do pecado original reside em sua vocação: ser Mãe de Jesus Cristo, o Filho de Deus que assumiu nossa natureza humana para nos salvar. Esse privilégio constitui um serviço à salvação do gênero humano.

O senso comum dos fiéis sempre acreditou na imunidade de Maria do pecado original. A reflexão teológica da Igreja foi aprofundando, aos poucos, essa crença do povo de Deus. Os escritos cristãos do século II testemunhavam a idéia, concebendo Maria como nova Eva, ao lado de Jesus, o novo Adão, na luta contra o mal. O Protoevangelho de Tiago, obra apócrifa antiga, narrava que Nossa Senhora é diferente dos outros seres humanos.

O debate entre os teólogos atravessou os séculos, tendo opositores e defensores da doutrina da Imaculada Conceição. Coube a Duns Scott (1266-1308), teólogo franciscano, avançar no debate teológico, argumentando que Maria foi preservada do pecado original em previsão dos méritos de Jesus Cristo, o salvador universal. Dizia ele: "Convinha que Deus fizesse a exceção; podia fazê-la; portanto, a fez!". Deus concedeu a Maria o privilégio especial, fazendo-a participar da redenção de Jesus de forma antecipada e preventiva.

Aos 8 de dezembro de 1854, o Papa Pio IX, na Bula *"Ineffabilis Deus"*, definiu oficialmente o dogma da Imaculada Conceição. O Papa declarou a "doutrina que sustenta que a beatíssima Virgem Maria, no primeiro instante de sua Conceição, por singular graça e privilégio de Deus onipotente, em vista dos méritos de Jesus Cristo, Salvador do gênero humano, foi preservada imune de toda mancha de pecado original".

Ainda que de maneira implícita, a Igreja encontrou, na Bíblia, os fundamentos dessa doutrina. São Lucas diz que Maria é "cheia de graça" (Lc 1,28), significando que ela está plena do favor de Deus, da graça divina. Se está totalmente possuída por Deus, não há, em sua vida e coração, lugar para o pecado.

Em Lc 1,31 encontramos a expressão "*conceberás em teu seio*". Maria tornou-se, em grau vivo e pleno, o que eram a tenda do Senhor no deserto e o

Santo dos Santos no templo de Jerusalém. Maria veio a ser também, em termos excelentes, aquilo que era a cidade de Jerusalém, o monte Sião do Santo de Israel (Ez 37,23.27). Mais importante do que qualquer santuário inerte é o santuário vivo de Maria. Em conseqüência, Maria devia ser totalmente pura, isenta de qualquer mancha do pecado.

Em Gn 3,15, lemos: "Porei ódio entre ti e a mulher, entre tua descendência e a dela. Essa te ferirá a cabeça, e tu lhe ferirás o calcanhar". A fé cristã interpreta que a mulher é Maria, enquanto a serpente é o demônio, o mal. Maria e seu descendente, Jesus Cristo, são inimigos do demônio. Por ser mãe do Salvador, Nossa Senhora não poderia ficar sob o poder do demônio, mesmo por um breve momento que fosse. O próprio Filho de Deus não poderia nascer de uma mulher sujeita ao mal, ao pecado. Portanto, Maria devia ficar imune ao pecado original.

A Imaculada Conceição de Maria manifesta a nós a face do homem redimido. Os próprios bispos reconhecem que essa verdade "apresenta-nos em Maria o rosto do homem novo redimido por Cristo, no qual Deus recria ainda mais admiravelmente o projeto do paraíso" (Doc. Puebla, n. 298). Nós necessitamos da redenção de Jesus Cristo. Em Nossa Senhora já resplandece a realização perfeita dessa força redentora.

Maria é toda santa. É toda de Deus, protótipo do que somos chamados a ser. "É fonte de santidade para a Igreja: também nós, à medida que crescemos na santidade, santificamos a Igreja. Sua missão a une a nós: precisamos de Cristo para a salvação; Maria é quem nos deu Cristo, o Salvador. Em Maria e em nós atua a mesma graça: se Deus pôde realizar nela seu projeto, também poderá realizá-lo em nós, desde que colaboremos com sua graça, como ela o fez. Maria é a criatura humana em seu estado melhor" (Dom Murilo S. R. Krieger, bispo e escritor mariano).

5. Assunta aos Céus

Maria foi assunta aos céus. Está viva e ressuscitada junto da Santíssima Trindade. Na comunhão dos santos, Nossa Senhora intercede por nós, seus devotos. Após realizar o projeto de Deus com disponibilidade e perseverança, ela foi glorificada de forma total. A Mãe de Jesus já é o que somos chamados a ser após a ressurreição da carne.

A crença na assunção de Nossa Senhora é antiga, remontando ao século IV.

O povo cristão já acreditava no fato. Santo Efrém († 373) afirmava que o corpo virginal de Maria não sofreu corrupção depois da morte. Santo Epifânio († 403) dizia que o fim dela foi prodigioso e que ela possuía o Reino dos Céus ainda com a carne.

No século VI, já acontecia, em Jerusalém, a festa da Dormição (Trânsito) de Nossa Senhora, fixada, por decreto imperial, para 15 de agosto. Pelo ano 600, tal festa era celebrada também em Constantinopla. No Ocidente, a partir do século VII celebrava-se em Roma a mesma festa, patrocinada pelo Papa São Sérgio I (687-701). De Roma, a festa passou para a França e a Inglaterra no século VIII, tomando o título de "Assunção de Santa Maria". Esse título sugeria a ressurreição imediata da Virgem Santíssima e sua glorificação na bem-aventurança celeste.

A partir do século VII, no Oriente, eram numerosos os testemunhos de escritores e teólogos que defendiam a assunção de Nossa Senhora, embora houve pensadores que tinham incertezas sobre seu destino final. Do século X em diante, os orientais consolidaram sua convicção sobre a glorificação corpórea da Virgem Santíssima, amplamente divulgada entre o clero, os teólogos e o povo em geral.

No ocidente, a partir do século XV, o povo católico continuava acreditando na assunção de Nossa Senhora, com o apoio de muitos teólogos. Nos séculos XVIII e XIX foram apresentadas à Santa Sé várias petições em favor da definição do dogma da assunção de Maria. A primeira petição foi do Pe. Cesário Shguanin (1692-1769), teólogo da Ordem dos Servos de Maria. No século XIX destacaram-se as petições do Cardeal Sterkx e de Dom Sanchez em 1849, bem como a da rainha Isabel da Espanha em 1863, dirigidas ao Papa Pio IX.

Por ocasião do Concílio Vaticano I (1870) cerca de 200 bispos pediram ao Papa Pio IX a definição dogmática da assunção de Maria. Mas o assunto não chegou a ser aprofundado, uma vez que o Concílio terminou antes do tempo previsto.

No século XX, centenas de petições em favor da assunção de Maria foram levadas à Santa Sé até o Papa Pio XII (1939-1958). Em 1946, o mesmo Pontífice fez uma consulta aos bispos do mundo inteiro sobre a veracidade e a conveniência de se proclamar mais esse dogma mariano. A posição favorável dos bispos foi quase unânime. Mais de 200 teólogos, em todas as partes da Igreja, demonstraram interesse e entusiasmo pela definição dogmática.

No dia 01 de novembro de 1950, na Constituição Apostólica "Munificentissimus Deus", Pio XII proclamou solenemente o dogma da Assunção de Nossa Senhora. Assim o Papa se expressou: "A Imaculada Mãe de Deus, a sempre virgem Maria, terminado o curso da vida terrestre, foi assunta em corpo e alma à glória celeste". Portanto, a Mãe de Jesus já se encontra no estado em que os justos se encontrarão depois da ressurreição final.

A assunção de Nossa Senhora está radicada na Sagrada Escritura, conforme a interpretação dos Padres da Igreja, teólogos e oradores sacros. A grande Tradição da Igreja faz referências a vários textos bíblicos para fundamentar o dogma mariano (Gn 3,15; Êx 20,12; Is 60,3; Sl 132,8; Ct 3,6; Lc 1,28; Ap 12). Assim, Maria participa da glória de Jesus Cristo, assim como participou de sua vida, paixão e morte.

A assunção de Nossa Senhora recorda-nos o destino de nossa existência. Um dia, nós estaremos com Deus eternamente. Maria é a imagem e início daquilo que a Igreja espera ser. A "Mãe de Jesus, tal como está nos céus já glorificada de corpo e alma, é a imagem e o começo da Igreja como deverá ser consumada no tempo futuro. Assim também brilha aqui na terra como sinal da esperança segura e do conforto para o povo de Deus em peregrinação, até que chegue o dia do Senhor (cf. 2Pd 3,1)" (Concílio Vaticano II. LG, n. 68).

A assunção de Maria aponta-nos para a santificação de nosso corpo. Esse dogma "manifesta o destino do corpo santificado pela graça, a criação material participando do corpo ressuscitado de Cristo, e a integridade humana, corpo e alma, reinando após a peregrinação da história" (CNBB. Catequese Renovada, n. 235).

Arquivo

III MATERNIDADE DE MARIA

1. Mãe de Jesus Cristo

Maria é a Mãe de Jesus Cristo, o Filho de Deus que nasceu em Belém, fazendo-se pessoa humana para nos salvar. O Evangelho de São Lucas deixa isso claro com as palavras do anjo aos pastores: "Eu vos anuncio uma grande alegria, que será também a de todo o povo: hoje, na cidade de Davi, nasceu para vós o Salvador, que é o Cristo Senhor!" (Lc 2,10).

"Jesus" é o nome próprio do filho de Maria. Em hebraico, "Jesus" vem de "Jeshua", que significa "Deus salva". Portanto, esse nome constitui um programa, uma missão: é aquele que salva o ser humano. Jesus protagoniza a história da salvação, em que os homens são salvos dos pecados e de suas conseqüências na vida humana.

O nome "Cristo" foi atribuído a Jesus de Nazaré, tendo em vista que os cristãos reconhecem nele o Messias, o Salvador que foi enviado por Deus, cumprindo as promessas ao povo do Antigo Testamento (cf. Mt 16,16; Mc 8,29). No grego, "Cristo" vem de "Christos", que significa "Ungido". No hebraico, corresponde a Messias, o qual vem de "Mashiah". Portanto, Cristo é o Messias, o Ungido de Deus.

Na Bíblia, o ungido é aquele que recebeu a unção do óleo e está, assim, marcado, consagrado para uma missão particular. O óleo, com o qual a pessoa é ungida, é sinal da força do Espírito Santo, que a investe com sua vitalidade e poder, em vista da missão que ela recebe. No Antigo Testamento os reis, profetas e sacerdotes eram escolhidos e ungidos para desempenharem sua missão em favor do povo de Deus (Lv 14,16; 1Rs 24,7).

No Novo Testamento percebe-se claramente que Jesus de Nazaré é o Cristo, o Messias, o Ungido de Deus, para a missão de salvar. O termo encontra-se 531 vezes no Novo Testamento, das quais 16 estão em Mateus, 7 em Marcos, 12 em Lucas e 19 em João. Os discípulos reconhecem Jesus como o Messias, que é aquele que traz para dentro da história humana o Reino de Deus (Lc 9,18-27).

O próprio Jesus revela sua consciência de que é o Messias e transmite sua identidade às pessoas que o rodeiam. No início de sua vida pública, na sinagoga de Nazaré, Jesus se apresenta como o Messias, que realiza as promessas do Antigo Testamento (Lc 4,14-21). As palavras e ações de Jesus denotam que ele é o Messias, que age sob a força do Espírito Santo para realizar a obra salvadora (Jo 10,22-39; Mt 5,22.28.32.34; Mc 13,6).

Como Messias, Jesus realiza a missão profética, sacerdotal e real. "Cheio de graça e de verdade (Jo 1,14), Cristo foi consagrado para sua missão de Messias para desempenhar sua tríplice função: de profeta (que anuncia a Boa Nova da Salvação), de sacerdote (para oferecer a Deus o sacrifício agradável a Deus), de rei (que reúne os filhos de Deus dispersos pelo pecado e os reconduz ao Pai)" (Veremundo Toth, escritor mariano).

Associada à obra salvadora de Jesus Cristo, Maria assume sua missão de ser sua mãe, com disponibilidade e fé. Dizia Santo Agostinho com muita propriedade: "Maria é mais feliz de aceitar a fé em Cristo, do que conceber a carne de Cristo. Sua ligação materna não teria servido para nada, se ela não tivesse sido feliz de portar o Cristo em seu coração que portá-lo em seu corpo". Nossa Senhora recebeu Cristo em seu coração, assumindo sua missão de ser a Mãe do Salvador.

Em texto antigo, escrito por volta do ano 56, São Paulo considera a maternidade de Maria na história da salvação: "Quando se completou o tempo previsto, Deus enviou seu Filho, nascido de mulher, nascido sujeito à Lei" (Gl 4,4). Nossa Senhora está vinculada à obra salvadora de seu Filho.

Mateus afirma expressamente que Maria é mãe de Jesus Cristo no fim de sua genealogia: "Jacó gerou José, o esposo de Maria, da qual nasceu Jesus, que é chamado o Cristo" (Mt 1,16). E, logo depois, o evangelista mostra que Jesus nasceu de Maria por obra do Espírito Santo, sem a participação biológica de José (Mt 1,18-25). Ela dá à luz a Jesus, aquele que salva o povo de seus pecados (Mt 1,21).

De forma clara, São Lucas chama Maria de "mãe de Jesus" (Lc 2,48; At 1,14). Relata a concepção virginal de Jesus no ventre de Maria por intervenção especial do Espírito Santo (Lc 1,26-38). Trata-a como a "bendita entre as mulheres" (Lc 1,42) e como "a mãe do meu Salvador" (Lc 1,43). A maternidade de Maria junto de Jesus inclui a função educadora (Lc 2,51-52).

Em seu Evangelho, São João destaca a presença de Maria como Mãe de Jesus nas bodas de Caná (Jo 2,1-12) e na cena do Calvário (Jo 19,25-27). Discípula fiel de Jesus, Nossa Senhora colabora em sua missão salvadora. Como devotos, nós reconhecemos em Maria a Mãe de Jesus Cristo e colocamo-nos à disposição da obra de seu Filho.

2. Mãe da Divina Graça

Maria é Mãe da Divina Graça. A Ladainha de Nossa Senhora a invoca com esse título belíssimo e profundo. Historicamente, a invocação "Mãe da Graça" foi atribuída a Nossa Senhora no hinário mariano medieval. O que significa "Mãe da Divina Graça"?

Nossa Senhora é, antes de tudo, Mãe da Divina Graça porque é Mãe de Jesus Cristo, a fonte por excelência da graça divina. São Paulo não só concebeu Jesus como autor da graça, mas com o próprio nome de graça. Diz o seguinte: "A graça de Deus se manifestou para a salvação de todos os homens" (Tt 2,11). Deus enviou seu Filho, a Divina Graça, para salvar o mundo todo (1Tm 2,1-8).

Maria é Mãe da Divina Graça uma vez também que ela mesma estava repleta da graça de Deus. O próprio evangelista São Lucas afirma que Maria é "cheia de graça" (Lc 1,28). Ela estava inundada pela graça divina. Estava envolvida, enriquecida e recriada pela presença e ação de Deus nela. Deus se fixou amorosamente em Maria e agiu gratuitamente em sua personalidade humana. E Maria recebeu a graça de Deus como puro dom, ficando toda dócil à obra do Espírito Santo. Portanto, ela estava toda tomada pela graça de Deus.

A Virgem Santíssima é Mãe da Divina Graça porque se torna agradável a Deus. Na saudação a Maria, o anjo lhe disse: "Não tenhas medo, Maria! Encontraste graça junto a Deus" (1,30). A graça de Deus constitui um dom sobrenatural, dado por Deus, em vista de seu projeto de salvação. Maria foi agraciada por Deus, que lhe ofereceu o dom da maternidade divina e ela acolheu essa graça com muita disposição. Durante toda a sua existência, ela procurou ser agradável a Deus, realizando a vontade divina.

Maria é Mãe da Divina Graça porque também ela ainda, na glória celeste, colabora na salvação de seu Filho. Junto de Jesus e em dependência dele, ela coopera para que a graça divina possa ser gerada em nós e consegue para nós, por seu auxílio e intercessão, os dons e graças de que necessitamos para nossa salvação e nossa vida. Isso porque ela é a Mãe de Jesus e a nossa Mãe, que ouve nossas preces e intercede por nós junto a Jesus.

O próprio Concílio Vaticano II afirma que a "maternidade de Maria, na economia da graça, perdura sem cessar, desde o consentimento que ela prestou na Anunciação e manteve sem vacilar ao pé da cruz, até a consumação final de todos os eleitos. De fato, depois de elevada ao céu, não abandonou essa missão salutar, mas, pela sua múltipla intercessão, continua a obter-nos os dons da salvação eterna. Com seu amor de Mãe, cuida dos irmãos de seu Filho, que ainda peregrinam e se debatem entre perigos e angústias, até que sejam conduzidos à Pátria feliz. Por isso, a Santíssima Virgem é invocada, na Igreja, com os títulos de Advogada, Auxiliadora, Amparo e Medianeira. Mas isto deve entender-se de modo que nada tire nem acrescente à dignidade e à eficácia de Cristo, Mediador único" (Concílio Vaticano II. LG, n. 62).

Toda a obra de Nossa Senhora em favor dos homens é dependente de Jesus e constitui participação em sua mediação salvífica. Assim o Concílio Vaticano II explica: "Nenhuma criatura pode colocar-se no mesmo plano que o Verbo Encarnado e Redentor; mas, assim como o sacerdócio de Cristo é participado de modo diverso pelos ministros sagrados e pelo povo fiel, e assim como a bondade de Deus, única, se difunde realmente em medida diversa pelas suas criaturas, assim também a única mediação do Redentor não exclui, mas suscita nas criaturas uma múltipla cooperação que participa da fonte única. A Igreja não hesita em atribuir a Maria uma função assim subordinada. Pois sempre de novo a experimenta e recomenda-a ao coração dos fiéis para que, apoiados por essa maternal proteção, eles se unam mais intimamente ao Mediador e Salvador" (Concílio Vaticano II. LG, n. 62).

Em sua pregação, Santo Agostinho (354-430) solicitava aos fiéis que confiassem na intercessão maternal de Maria: "Irmãos, confiemos com todo o afeto de nossos corações à intercessão da Bem-aventurada Virgem, para que ela se digne encomendar-nos com sua solícita oração nos céus. Pois não há dúvidas de que pode apresentar suas preces mais que todos os libertados, aquela que mereceu oferecer o preço pelos que haviam de ser libertos". Como devotos, possamos seguir Maria em sua abertura à graça de Deus e contar com sua intercessão eficaz.

3. Mãe Puríssima

Maria é Mãe Puríssima, por ser a mãe do Salvador. Recitado na Ladainha de Nossa Senhora, esse título convém a Mãe de Deus de maneira especialíssima. Ela se torna pura desde o primeiro instante de sua existência, tendo em vista sua missão de conceber e gerar, em seu ventre, o Redentor da humanidade (Lc 1,30-33).

Puro vem de um termo latino, "puru", que significa genuíno, sem mistura, nem alteração. É límpido, claro, transparente, cristalino, sem impurezas ou manchas. É simples, sincero e verdadeiro. Denota inocente, cândido, virginal, honesto e íntegro. Puro é aquilo que não é misturado, mas guarda sem mácula sua substância. Por exemplo, o ouro é puro quando não contém em si outro metal.

Na Bíblia, os homens puros são aqueles que têm o coração puro, refletido numa vida íntegra e honesta. O próprio Jesus sentencia: "Felizes os puros de coração, porque verão a Deus" (Mt 5,8). Biblicamente falando, o coração é o íntimo da pessoa. É a sede dos pensamentos e das decisões do ser humano. Geralmente, corresponde ao que nós, hoje, chamamos de mente, consciência, intenção.

O coração é a consciência do ser humano, o "centro mais secreto e o santuário do homem, no qual se encontra a sós com Deus, cuja voz se faz ouvir na intimidade de seu ser" (Concílio Vaticano II. GS., n. 16). Para ver e experimentar a Deus, o discípulo de Jesus é chamado a ter consciência pura, pensamentos mais íntimos límpidos, decisões retas, afeições sem máculas, de tal modo que sua conduta seja íntegra, honesta e verdadeira.

O coração do discípulo de Jesus não pode estar contaminado por divisões e duplicidade, pecados e vícios, más intenções e malícias, luxúria e imoralidades. Pelo contrário, há de conservar sua vida cristã com sua consciência pura (1Tm 3,9). Fugindo de todas as paixões desordenadas, ele "segue a justiça, a fé, a esperança, a caridade e a paz com aqueles que invocam o Senhor com um coração puro" (2Tm 2,22).

Para praticar a pureza cristã, o discípulo é chamado a se converter cada vez mais, aproximando-se do Senhor. São Tiago faz a seguinte recomendação: "Aproximai-vos de Deus, e Ele se aproximará de vós. Limpai as mãos, ó pecadores, e purificai os corações, homens ambíguos" (Tg 4,8). O discípulo deve estar atento e vigilante, precavendo-se de todo o mal (Pr 14,16) e cuidando-se para não cair no caminho mau e enganoso (Pr 16,25). A oração é meio eficaz de purificação (Mt 26,41).

Maria é perfeita na pureza cristã. Toda a existência de Nossa Senhora era orientada para Deus e por Ele. Ela foi inundada pela graça de Deus, como o próprio anjo disse a ela na cena da anunciação: "O Senhor está contigo" (Lc 1,28). Deus é centro da vida de Maria. Toda a sua história humana e religiosa gravita em torno do Senhor e para Ele. Ela é puríssima por ter recebido, desde o primeiro momento de sua vida, a plenitude da graça e do amor de Deus.

Maria é pura, livre de toda a mancha, de todo o pecado e de todo o vício. É toda santa e toda bela, sem nenhuma imperfeição. Nela não existiu a mancha do pecado original. Deus estava nela e ela vivia para Deus, procurando viver de acordo com o projeto divino. Toda cheia de Deus, não podia ser senão puríssima.

A pureza de Maria resulta de sua união profunda e existencial com Deus. Ao enaltecer a beleza pura de Nossa Senhora como fruto de sua comunhão com o Senhor, Santo Ildefonso (617-667) faz uma prece tocante: "Ó Senhora, serva de teu Filho, Mãe do Criador, rogo-te, peço-te, suplico-te, habite em mim o espírito de teu Senhor, o espírito de teu Filho, o Espírito de meu Redentor, para que digna e verdadeiramente entenda de ti e fale de ti, e de tudo quanto de ti afirme seja digno de ti. Pois és eleita por Deus, por Deus chamada, assumida por Deus, próxima de Deus e aderida a Deus, unida a Deus".

A sociedade de hoje desafia o cristão a viver a pureza cristã, porque apresenta, muitas vezes, propostas de vida que nem sempre estão de acordo com o Evangelho de Jesus e com a ética cristã. Por isso, ele pode se mirar em Nossa Senhora e seguir seus valores e virtudes humanas e morais. O discípulo de Jesus, "no meio da poluição ética hodierna, preserva, confere energias e salva da corrupção os que, magnetizados por um ideal superior ao que sua pureza propõe, intentam seguir suas veredas de luz que conduzem à nobreza e à dignidade moral" (Pe. José Geraldo Vidigal de Carvalho, escritor mariano).

4. Mãe Castíssima

Maria é a Mãe Castíssima. A Ladainha de Nossa Senhora refere-se a esse título, que pode trazer para nós muitas lições de vida. Dedicando-se à obra do Senhor, a Virgem Maria viveu muito bem a castidade em sua condição histórica.

A castidade constitui um valor precioso para a Igreja. É a virtude moral da temperança que modera o desejo de prazer sexual segundo os princípios da justa razão e da fé cristã. Ela "significa a integração da sexualidade na pessoa. Inclui a aprendizagem do domínio pessoal" (Catecismo da Igreja Católica, n. 2395).

A castidade integra a sexualidade da pessoa com todo o seu ser, produzindo a unidade interior de corpo e alma. "A pessoa casta mantém a integridade das forças vitais e de amor depositados nela. Essa integridade garante a unidade da pessoa, e se opõe a todo comportamento que venha a feri-la; não tolera nem a vida dupla nem a linguagem dupla" (Catecismo da Igreja Católica, n. 2338).

Pela castidade, o ser humano tem atitude correta em face da sexualidade. Torna-se maduro, integrando e dominando os impulsos e forças sexuais. "A dignidade do homem exige que ele possa agir de acordo com uma opção consciente e livre, isto é, movido e levado por convicção pessoal e não por força de um impulso interno cego ou debaixo de mera coação externa. O homem consegue essa dignidade quando, libertado de todo cativeiro das paixões, caminha para seu fim pela escolha livre do bem e procura eficazmente os meios aptos com diligente aplicação" (Concílio Vaticano II. GS., n. 469).

A castidade é um bem universal, presente em vários povos e culturas. Os monges budistas abraçam a castidade permanente. A comunidade dos discípulos do filósofo Pitágoras, que viveu na Sicília e no sul da Itália, tinha como ideal o controle dos instintos e a ausência de relações sexuais. Os judeus essênios, que viviam perto do mar Morto, constituíam comunidade onde existia a castidade.

Na Igreja, os cristãos são chamados a levar uma vida casta, cada um de acordo com seu estado de vida próprio. Comprometem-se a viver sua afetividade na conduta casta. Santo Ambrósio já dizia: "Existem três formas da virtude da castidade: a primeira dos esposos, a segunda da viuvez, a terceira da virgindade. Nós não louvamos uma delas excluindo as outras. Nisso a disciplina da Igreja é rica".

Durante sua existência histórica, Maria teve uma vida casta. No documento "O Culto da Virgem Maria", Paulo VI, de saudosa memória, expõe que Nossa Senhora viveu uma santidade exemplar, eivada de virtudes sólidas e evangélicas. Entre essas virtudes, o Papa salienta sua pureza virginal e seu forte e casto amor conjugal (Cf. O Culto da Virgem Maria, n. 57). Pela vivência da castidade, Maria teve atitude correta diante da sexualidade.

Casta, Nossa Senhora integrou bem a sexualidade em sua personalidade, vivendo uma unidade interior entre corpo e alma. Com maturidade humana, teve perfeito domínio sobre seus desejos e impulsos biológicos. Ela era movida por sua opção livre e consciente, e não pelos instintos cegos. Mantinha perfeito equilíbrio psicossomático.

Consagrando todo o seu ser a Deus, Maria viveu em perfeita união com o projeto do Senhor. "Sua perfeita união com os desígnios divinos a fez isenta de todo desejo desregrado. Nela jamais qualquer resquício de torpidade" (Pe. José Geraldo Vidigal de Carvalho, escritor mariano). Maria é a mulher cheia de amor e de virtudes, sem nenhum sinal de impureza, trabalhada pelo Espírito Santo que, com sua ação eficaz, fez dela criatura nova e casta.

A castidade significa não só pureza em relação ao sexo, como também a pureza interior e moral (2Cor 11,2; Sl 11,17). Maria não tinha vida dupla, nem linguagem falsa. Não consentiu pensamentos impuros, nem decisões que fossem contrárias ao projeto de Deus. Não proferiu palavras enganosas, nem quebrou promessas feitas aos outros.

Nossa Senhora é modelo para a sociedade de hoje, em que as pessoas, muitas vezes, deixam-se levar pelos prazeres sexuais e pela duplicidade de vida. É um exemplo a ser imitado por aqueles que buscam a castidade e os valores cristãos. Diante da sociedade corrompida pelo império romano, Santo Ambrósio alertava: "Eis o modelo de virgindade. Tal foi Maria, que fez de sua vida um exemplo para todos. Quem deseja participar da recompensa de Maria, imitelhe o exemplo. Quantas espécies de virtudes brilhando numa só virgem! Pudor modesto, fé inabalável, submissão devota, Virgem no interior da casa, companheira no trabalho, mãe no templo".

5. Mãe Inviolada

Maria é Mãe inviolada. Na Ladainha de Nossa Senhora a expressão latina é "Mater inviolata". Alguns autores traduziram para o português como "Mãe Imaculada". Todavia, a melhor tradução é "Mãe Inviolada". Exprime mais perfeitamente o sentido original desta invocação mariana.

Inviolada significa nunca violada. É íntegra, intacta, ilesa. "Mãe inviolada" significa a virgindade ilesa, não violada de Nossa Senhora. Mesmo concebendo e dando à luz Jesus Cristo, Maria permaneceu virgem e ilesa. Em seu corpo, em sua sexualidade e em sua vida, ela era íntegra.

Por amor de Deus, Maria dedicou toda a sua existência ao projeto do Senhor. Por causa de seu afeto incondicional ao Salvador, ela permaneceu íntegra. Abraçando a "vontade salvífica de Deus com coração pleno, não retida por nenhum pecado, consagrou-se totalmente à pessoa e obra de seu Filho, servindo sob Ele e com Ele, por graça de Deus onipotente, ao mistério da redenção" (Concílio Vaticano II. LG, n. 56).

Mesmo nascendo, Jesus Cristo não violou, mas consagrou sua virgindade. No dia em que nasceu, o Salvador "não lhe violou, mas sagrou a integridade virginal" (Concílio Vaticano II. LG, n. 57).

Em 649, o Concílio de Latrão deixou bem clara a integridade virginal de Nossa Senhora ao promulgar a verdade de sua virgindade perpétua. Dizia o Concílio: A "santa sempre virgem e imaculada Maria seja, no sentido próprio e segundo a verdade, Mãe de Deus, enquanto próprio e verdadeiramente no final dos séculos concebeu do Espírito Santo sem sêmen e deu à luz sem corrupção, permanecendo ilesa, mesmo depois do parto, sua virgindade". Nunca ela foi violada em sua virgindade.

Já na Igreja antiga, Santo Efrém (306-373) enalteceu a inviolabilidade da maternidade virginal de Maria. De forma bem prolixa, assim ele se expressou:

"A Virgem convida-me a cantar o mistério que contemplo com admiração. Filho de Deus, dá-me teu dom admirável, faze que afine minha lira e pinte a imagem toda bela de sua Mãe muito amada.

A Virgem Maria põe no mundo seu filho na virgindade, ela amamenta aquele que nutre as nações, segura em seu casto seio aquele que sustenta o universo. Ela é virgem, ela é mãe, o que ela não é?

Santa de corpo, toda bela de alma, pura de espírito, sincera de inteligência, perfeita de sentimentos, casta, fiel, pura de coração, provada, ela é cheia de todas as virtudes.

Que em Maria se regozije toda a raça das virgens, porque uma entre elas pariu o herói que sustenta toda a criação, aquele que libertou o gênero humano que gemia na servidão".

Na linha dos Padres da Igreja, Santo Agostinho (354-430) defendia a integridade virginal de Maria ao comentar um texto do profeta Ezequiel: "Essa porta ficará fechada; não se abrirá, nenhum homem passará por ela, porque o Senhor Deus de Israel por ela entrou" (Ez 44,2). Assim comentava o bispo de Hipona:

"Que é que significa: 'Há na casa do Senhor uma porta fechada', senão que Maria será para sempre intacta? E o que significa: 'Nenhum homem passará por ela', senão que José não a possuiu? E o que significa: 'Essa porta ficará fechada para sempre', senão que Maria é virgem antes do parto, virgem no parto, virgem depois do parto?".

Os grandes escritores religiosos, ao se referirem a Maria como Mãe inviolada, apreciavam dizer que ela é a Mãe perfeitamente virgem. Santo Antônio (1389-1459), frade dominicano, afirmava em seus escritos: "Mãe de todos nós, em plena virgindade; Mãe que, por primeira, independente de preceito, conselho ou exemplo dos outros, ofertou a Deus o presente de sua virgindade, e, assim, gerou todas as virgens, na medida em que são virgens por imitação de sua virgindade".

A vida virginal de Maria expressou sua consagração total ao Deus que, por amor, a escolheu para a missão de ser a mãe do Salvador. "Deus a consagrou por uma oferta de si mesmo até à realidade de sua carne e ela se consagrou a si mesma doando-se irrestritamente a Deus, mormente, por sua virgindade. Durante toda a sua vida, viveu a si mesma, como seu Filho, numa oblação perfeita e num sacrifício de todo ser pessoal, isto é, num processo de consagração que chegou a seu auge com a entrada gloriosa, em corpo e alma, no céu" (Severino Alonso, teólogo católico). Como devotos, podemos consagrar nossa vida a Deus, de acordo com nossa vocação específica, como fez a Virgem de Nazaré.

6. Maria, Mãe Intemerata

Maria é Mãe intemerata. Esse título, que aparece na Ladainha de Nossa Senhora, significa que ela é pura, intacta, íntegra, incorrupta, sem pecado. Por ser a mãe de Jesus Cristo, Maria é toda santa, isenta de qualquer erro moral. Por isso, a Mãe de Jesus deve ser tratada com respeito, reverência e consideração, e nunca com leviandade e desprezo.

Maria é o santuário intemerato de Deus. "Ora, o templo mais sagrado, mais bonito de Deus era o corpo de Maria que foi escolhido, desde sua concepção, para ser o santuário do Filho de Deus. Como poderia ser profanada a santa habitação de Deus? Era intemerata, intacta, guardando sua virgindade mesmo depois do parto, como ensina a Igreja. O santo seio de Maria devia ser reservado exclusivamente para a morada de Jesus Cristo. Não era conveniente que o tabernáculo de Deus fosse mais tarde habitação de um simples homem. O Senhor não permitiria que o Santuário ocupado por seu Filho, mais tarde, fosse profanado por um pobre pecador" (Veremundo Toth, escritor mariano).

Durante toda a sua vida, Maria foi íntegra e santa. Foi cheia de graça (Lc 1,28). Recebeu a santidade como dom e graça de Deus. Todavia, ela mesma teve papel ativo em sua santificação, pois se empenhou em ser fiel ao projeto de Deus e conformar sua vida à vontade divina. No "Magnificat" reconheceu a grande obra que o Senhor da história fez em sua vida (Lc 1,46-49).

A literatura popular e teológica, que faz parte da tradição da Igreja, destaca a integridade e a santidade da Virgem Maria. As obras apócrifas disseminaram nos relatos marianos várias expressões como "bem-aventurada" e "santa". Do século II, a Carta aos Apóstolos declarou que o Verbo de Deus tomou carne "da santa Virgem". O Livro Armênio da Infância , do século VI, considerou que Maria é a "bem-aventurada e santa virgem".

Dos séculos IV e V, o apócrifo "Transitus Marie" exaltou Maria como "santíssima virgem". O Evangelho Árabe da Infância, dos séculos VI e VII, afirmou-a como "nossa senhora, santa Maria". De acordo com o Evangelho do Pseudo-Mateus, do século VI, a conduta da jovenzinha Maria possuía precoce e alta santidade, superior a qualquer outra pessoa.

Uma das primeiras explicitações da santidade de Nossa Senhora está esculpida na inscrição de Albércio, no século II, mediante o uso do adjetivo "virgem imaculada", o qual alude a sua vida íntegra e ilibada. São Gregório de Nissa (335-395) escreveu no tratado "Da Virgindade": "O ventre da bem-aventurada virgem, tendo servido para um nascimento imaculado, foi proclamado santo no evangelho (Lc 11,27), já que esse nascimento não destruiu a virgindade, e essa não opôs obstáculo a um nascimento tão grande". Relacionando Maria com o mistério de Cristo, Gregório de Nissa (335-395) afirmou no mesmo escrito: "A plenitude da divindade que residia em Cristo brilhou através de Maria, a imaculada".

Os Santos Padres defenderam a santidade de Maria fazendo paralelismo com Eva. No Diálogo com o judeu Trifão, o filósofo cristão Flávio Justino, do século II, demonstrou que a obediência de Nossa Senhora põe fim à desobediência de Eva. Seguindo o mesmo raciocínio, Santo Irineu (130-200) argumentou, na obra "Adversus Haereses", que a desobediente Eva se tornou para si e para todo o gênero humano causa de morte, enquanto Maria obediente foi para si e para todos os homens causa de salvação.

Em seu escrito Sermão, Santo Agostinho (354-430), ao empregar o gênero literário do "interrogatório a Maria", declarou ao perguntar a Virgem de Nazaré: "Quem és tu que, com tanta fé, concebeste para depois seres mãe? Quem te criou será em ti gerado? De onde te veio tão grande bem? És virgem, és santa".

São João Crisóstomo (347-407) testemunhou a vida virtuosa de Nossa Senhora ao comentar o texto de Mateus (12,46-50): "Sem as virtudes, de nada teria servido à mãe de Cristo trazê-lo e pô-lo no mundo da maneira maravilhosa que nós conhecemos". Santo Efrém (306-373), grande compositor de hinos, assim cantou: "Santíssima senhora, mãe de Deus, és a única tão pura de alma e de corpo, que superas toda pureza, toda virgindade, toda castidade; única morada de toda a graça do Espírito, ultrapassas, sem comparação, até os anjos em pureza, em santidade de alma e de corpo".

Os devotos, ao tratarem a Virgem Maria com respeito e carinho, desejam também imitar sua vida pura e íntegra. Contemplam nela o caminho belo e seguro de santidade.

7. Mãe Amável

Maria, a Virgem Santíssima, é mãe amável. A Ladainha de Nossa Senhora a exalta com esse título terno. Ives Gandra da Silva Martins, renomado jurista brasileiro, assim se refere à Mãe de Deus:

"*Amável Mãe, o teu Povo*
Espera conselhos teus,
Pois sabe que tens de novo
Conselhos vindos de Deus".

Nós amamos aqueles que nos propiciaram a primeira experiência de amor verdadeiro. Nossos pais nos ensinaram, desde nossa tenra idade, a saber amar. A família foi nossa primeira escola do amor. Outros ainda contribuíram em nosso desenvolvimento no plano do amor autêntico. Admiramos pessoas que possuem qualidades de bondade, generosidade e ternura. Muitos demonstraram por nós sua caridade. Todos são amáveis, dignos de nosso amor.

Assim é Nossa Senhora, que nos cativa com sua bondade, sua dedicação e sua preocupação por nós. Ela é digna de nosso amor e de nossa devoção. Inúmeras pessoas amam a Mãe de Jesus porque estão certas de que nunca alguém foi desamparado quando recorreu a ela e suplicou sua assistência. Nós temos essa confiança total nela porque experimentamos que ela nos ama, sendo nossa Mãe na ordem da fé. É "nossa Mãe por ter cooperado com seu amor no momento em que do coração trespassado de Cristo nascia a família dos redimidos; por isso, é nossa mãe na ordem da graça" (CNBB. Catequese Renovada, n. 231).

Em seu ser Maria reflete e manifesta a beleza do amor. "A alma da Virgem Maria era ornada com tal beleza espiritual, que agradou ao próprio Deus Criador: 'Não tenhas medo, Maria! Encontraste graça junto de Deus' (Lc 1,30). Maria foi a única criatura que, desde o começo de sua existência, apareceu na terra naquela perfeição e harmonia com que o primeiro homem saiu das mãos do Criador. Seu espírito não era dividido entre querer o bem e fazer o mal, mas sempre fez sua opção consciente pela vontade de Deus. Sua perfeição espiritual era refletida em seu exterior, retratado por sucessivas gerações de artistas cristãos, que nunca se cansaram de expressá-la através de sua arte" (Veremundo Toth, escritor mariano).

Nossa Senhora se revela para nós, cristãos, como modelo de vivência plena do amor. É o mais elevado expoente do amor humano. "Maria Santíssima se fez grande pelo muito que amou a Deus e a seus filhos espirituais. Modelo do verdadeiro amor foi a Mãe de Cristo. Vivenciou sempre a dileção no que ela tem de mais sublime em suas manifestações puras e pessoais" (Pe. José Geraldo Vidigal de Carvalho, escritor mariano).

O amor de Maria adquire tons inteiramente novos, originais e nobres. Sua atitude para com o plano do Pai do Céu significa entrega total, disponibilidade absoluta, generosidade completa, desprendimento sem medidas. Diante da proposta divina, apresentada pelo anjo Gabriel, ela responde de maneira magistral: "Eis a serva do Senhor. Faça-se em mim segundo a tua palavra" (Lc 1,38).

O amor de Maria faz com que acolha o projeto de Deus, presenteando-nos com a presença do Salvador entre nós. Quem poderia ser indiferente diante dessa Mãe tão amável? Nós não podemos ficar insensíveis, mas corresponder ao amor de Nossa Senhora. No início de seu Sermão sobre a dormição da Mãe de Jesus, São João Damasceno (675-749), conhecido como orador de ouro, expressa assim os sentimentos de seu coração: "O que existe de mais suave do que a Mãe de meu Deus? Ela cativou meu espírito, ela reina sobre minha palavra, dia e noite sua imagem me é presente".

Ao longo da história da arte e da cultura, muitos artistas, poetas, escultores, pintores, cantores, músicos, repentistas e arquitetos expressaram, em suas obras, seus sentimentos carinhosos para com a Mãe de Deus. Um deles, o francês Paul Verlaine, lapidou seu amor mariano em uma de suas estrofes: "Eu não quero mais pensar senão em minha Mãe, Sede de Sabedoria, e fonte dos perdões, Mãe da França também, de quem nós esperamos inabalavelmente a honra da Pátria". Homens simples e cultos, famosos e anônimos, leigos e teólogos dedicam seu amor efusivo à Virgem Santíssima, consagrando sua vida e seus talentos a ela com ilimitada confiança filial.

Em texto de singular beleza, "A Virgem ao meio-dia", Paul Claudel, tocado pelo amor de Maria, assim expressou seus sentimentos espirituais: "*Meio-dia. Vejo a Igreja aberta e entro. Mas não é para rezar, ó Mãe, que eu estou aqui dentro. Nada tenho a pedir, nada para dar. Venho somente, Mãe, para te olhar... Olhar-te, chorar de alegria, sabendo apenas isto que sou teu filho e tu estás aqui, Mãe de Jesus Cristo! Ao menos um instante, enquanto tudo pára (meio-dia), estar contigo neste lugar em que estás, ó Maria. Nada dizer, olhar-te simplesmente o rosto, e deixar o coração cantar a seu gosto. Porque tu és bela, porque tu és imaculada, a mulher na graça reintegrada. A criatura em sua honra primeira e na plenitude final, tal como saiu das mãos de Deus em seu esplendor inicial. Porque estás sempre aqui, porque existes, simplesmente por isto, muito, muito obrigado, Mãe de Jesus Cristo*".

8. Mãe Admirável

A Virgem Maria é Mãe Admirável. O povo de Deus admira sua vida, sua missão e seu compromisso de fidelidade incondicional ao projeto de salvação. A Ladainha de Nossa Senhora, já rezada pelos cristãos ao longo da história da Igreja, a aclama com essa invocação tão significativa e maravilhosa.

Antes de tudo, quem é admirável é o próprio Deus em sua ação na criação. O Senhor da história é admirável no universo por suas obras magníficas. Encantado com o cosmo como criação de Deus, o salmista, homem de fé, exulta: "Ó Senhor, nosso Deus, como é admirável o teu nome em toda a terra!" (Sl 8,2).

A admiração por Deus é universal. Sua grandeza é reconhecida por todos, desde os simples até os magistrados. Com perspicácia, o livro da Sabedoria diz do Senhor da história: "Aparecerei admirável na presença dos poderosos e os príncipes manifestarão em seus semblantes a admiração que lhes causo" (Sb 8,11).

Os hagiógrafos, autores sagrados, admiram-se de Deus por sua obra sublime na criação: o ser humano, centro e ponto alto de todo o universo (Gn 1,1-2,25). O salmista fica exultante com o carinho com que Deus cria o ser humano e o trata: "Quando olho para o teu céu, obra de tuas mãos, vejo a lua e as estrelas que criaste: Que coisa é o homem, para dele te lembrares, que é o ser humano, para o visitares? No entanto o fizeste só um pouco menos que um deus, de glória e de honra o coroaste. Tu o colocaste à frente das obras de tuas mãos" (Sl 8,4-7).

Deus é também admirável em seus santos. Quando celebramos "a festa de um santo, estamos louvando a Deus que é admirável em seus santos. Eles fazem parte das maravilhas que Deus operou por Cristo na salvação dos homens. Jesus continua pela força do Espírito Santo a vencer nos santos. Por isso, ao celebrarmos os santos, não estamos em primeiro lugar pedindo sua intercessão, mas nos admiramos pelo que Deus fez neles. Essa admiração se traduz numa oração de ação de graças, isto é, de agradecimento e de louvor" (Fr. Alberto Beckhäuser, liturgista brasileiro).

A tradição da Igreja aplica a Nossa Senhora o título "admirável". Por ser santa e estar mais próxima de Deus a Mãe de Deus é Mãe admirável. "Mirável no Eterno Espaço,/ Teu encanto sem contorno,/ Devolve ao cristão mais lasso/ A vontade de retorno" (Ives Gandra da Silva Martins, jurista brasileiro).

A própria Mãe de Jesus reconhece, com admiração, que Deus fez nela maravilhas. Em seu canto ela diz: "A minha alma engrandece o Senhor, e meu espírito se alegra em Deus, meu salvador, porque Ele olhou para a humildade de sua serva. Todas as gerações, de agora em diante, me chamarão feliz, porque o Todo-Poderoso fez para mim coisas grandiosas" (Lc 1,47-49).

Ao longo da história da Igreja, fundadores de obras religiosas adotaram para si o título de Mãe Admirável. Em plena Reforma Protestante, no século XVI, Pe. Jacob Rhem, presbítero de Ingolstadt, na Baviera, fundou a Congregação "Colloquium Marianum" para a formação religiosa da juventude e escolheu essa invocação mariana. Mais tarde, por razões práticas, transformou o título em "Mãe três vezes Admirável".

No limiar do século XX, Pe. José Kentewich de Schoenstatt, da Baviera, empregou o mesmo título do Pe. Rhem na formação religiosa de seus congregados marianos. Usando o título de Mãe três vezes Admirável, a obra de Schoenstatt foi fundada em 1914, constituindo-se em confederação de comunidades marianas.

Maria é a Mãe Admirável porque foi escolhida para ser a mãe do Salvador, d'Aquele que veio para nos redimir. Ao se tornar a mãe de Jesus Cristo, ela se torna mãe dos redimidos. Dizia Orígenes (186-254): "Maria tem dois filhos: um, homem-Deus, e outro puro homem. De um Maria é mãe corporal; de outro, mãe espiritual".

O povo de Deus reconhece em Maria a Mãe Admirável porque a graça, derramada por seu intermédio, chegou a todas as pessoas. Já ensinava Santo Tomás de Aquino (1224-1274): "A graça de Maria foi de tal maneira abundante que se derramou sobre a humanidade inteira. Que um santo possua bastante graça para alcançar um grande número, não é já grande coisa? Mas possuir tanto que alcance a salvação de todos os homens deste mundo, eis aqui a mais extraordinária das maravilhas. É o caso de Cristo e também da bem-aventurada Virgem; pois em qualquer perigo pode-se obter a salvação pela Virgem gloriosa".

9. Mãe do Bom Conselho

Por sua cooperação na obra salvífica de seu Filho, Jesus Cristo, Maria é chamada, pela tradição da Igreja, de Mãe do Bom Conselho. Por isso, nós, como seus devotos, podemos invocar sua ajuda.

Fazendo parte da piedade cristã, Mãe do Bom Conselho é título citado na Ladainha de Nossa Senhora. Ao se referir a essa invocação, Ives Gandra da Silva Martins, jurista brasileiro, faz a seguinte oração a Nossa Senhora: "Tu és Mãe do bom conselho,/ Da verdade és tu vestida./ Que eu bem seja o teu espelho,/ Senhora da minha vida".

O conselho constitui um dom do Espírito Santo, com valor inestimável no governo de nossos atos e no reto empenho de nossas responsabilidades na comunidade e na sociedade. "É a capacidade de julgar ou discernir o que é mais conveniente fazer ou não em determinadas circunstâncias complexas, nas quais se cruzam ou se colocam de través muitas motivações, diversas prioridades e interesses justificados, mas possivelmente incompatíveis, seja na vida pessoal de cada um, seja na de outros que pedem nossa ajuda ou orientação" (Frei Boaventura Kloppenburg, bispo e escritor brasileiro).

Todos nós, que buscamos ser sérios e responsáveis na realização de nossa vocação humana e cristã, precisamos do dom do conselho. Em nossa vida sentimos a necessidade de saber discernir caminhos e opções, de saber orientar e escutar, de animar a fé e a esperança de pessoas e de comunidades. Necessitamos também de fazer nossa escolha vocacional e profissional na Igreja e na sociedade. Em meio aos turbilhões da história e da vida, é imprescindível marcar uma orientação fundamental para nossa existência. Para tanto, devemos suplicar na oração ao Espírito que nos conceda o conselho.

Com confiança podemos recorrer à intercessão de Nossa Senhora, mulher cheia do Espírito Santo, invocando sua ajuda para alcançarmos o dom do conselho. Essa invocação "Mãe do Bom Conselho" foi popularizada pelo papa Leão XIII. Ele a incluiu na Ladainha de Nossa Senhora.

Um dos renomados santuários marianos, na Igreja Católica, é o de Nossa Senhora do Bom Conselho, em Genezzano, na Itália. Situado a 40 quilômetros de Roma, tal centro de peregrinação remonta ao século V. Quem determinou a construção de um templo com esse título foi o papa Sisto III.

Aberta ao Espírito Santo, Maria soube cultivar o conselho durante sua vida histórica. Piedosa judia, ela meditava a Palavra de Deus na oração e no silêncio. Não ficava indiferente àquilo que Deus lhe falava, mas conservava cuidadosamente tudo em seu coração (Lc 2,19.51). Com a luz do Espírito Santo sabia discernir suas opções e atitudes diante do projeto de salvação.

Outrossim, a Virgem de Nazaré soube aconselhar bem as pessoas no rumo de Deus. Na festa de Caná indicou aos servidores: "Façam tudo o que ele vos mandar" (Jo 2,5). Foi a mulher que apontou Jesus, o Salvador, Aquele a quem todos devem seguir com generosidade e fé. Foi presença ativa, apoio e conselho na comunidade dos primeiros cristãos (At 1,12-14).

Já glorificada, viva na comunhão dos santos, a Virgem Santíssima continua a colaborar na missão salvífica de seu Filho Jesus Cristo e acompanha, com solicitude, os seres humanos em seu trajeto histórico, ajudando-os com seu conselho maternal. Por isso, nós podemos invocar a intercessão da Mãe de Jesus para que possamos fazer nossas melhores escolhas vocacionais e profissionais. Podemos pedir seu auxílio para discernir as acertadas opções num mundo tão complexo como o nosso.

Nós podemos consultar freqüentemente a Mãe de Deus, porque ela nos pode conseguir ser assistidos pelo Espírito Santo no dom do conselho. "Para que se obtenha com segurança a orientação que permite ver bem e optar acertadamente, e também a energia para realizar a melhor escolha, cumpre se invocar sem cessar a Mãe do Bom Conselho, que se faz então presente nas situações mais trágicas que envolvem seus devotos. Ela transfunde prontamente iluminações que impedem os erros e confere graças para agir com acerto total. Então o cristão percebe que se acha espiritualmente iluminado e robustecido, e fica envolto na mais fagueira certeza: junto dele pulsa sempre o coração da celeste Conselheira, que é Mãe amorosa e dedicada" (Pe. José Geraldo Vidigal de Carvalho, escritor mariano).

10. Mãe do Criador

A tradição da Igreja invoca Maria como Mãe do Criador. Ao enunciar os diversos títulos da Mãe de Jesus, a Ladainha de Nossa Senhora também inclui essa invocação. Ives Gandra da Silva Martins, jurista brasileiro, assim comenta em termos poéticos: "Nasceste Mãe do Salvador, / Antes de nasceres mesmo, / Que não sei o que mais pôr / Neste versejar a esmo".

Tal invocação mariana pode causar impacto forte em muitas inteligências, porque poderiam considerá-la um paradoxo, uma contradição. A interrogação delas seria a seguinte: "Se Maria é criatura humana, como ela pode ser, ao mesmo tempo, mãe do Criador?" Como em todos os paradoxos da linguagem humana, nós devemos procurar aqui o sentido oculto e profundo de tal título mariano.

De acordo com a tradição da Igreja, o termo "Criador" aqui não se refere ao Pai do Céu, mas ao Filho de Deus, que se encarnou e assumiu a condição humana no seio da Virgem Maria por obra do Espírito Santo. Nossa Senhora é Mãe do Criador por ser Mãe de Jesus Cristo, o Verbo de Deus. Ser Mãe do Criador é conseqüência de mãe de Jesus Cristo e, por isso, ser mãe de Deus.

Dentro da reflexão teológica, Nosso Senhor Jesus Cristo é, ao mesmo tempo, Deus e homem. Ele une em sua pessoa a natureza divina e a natureza humana. Enquanto Deus, o Verbo, a segunda pessoa da Santíssima Trindade, existe desde toda a eternidade. Todavia, enquanto homem, nasceu, no tempo, de Maria de Nazaré. Ao dar a vida humana ao Verbo de Deus, a Virgem Santíssima oferece ao gênero humano o próprio Filho Deus, por quem e para quem tudo foi criado.

Por ser Mãe de Jesus Cristo, o Filho Deus encarnado, Maria é Mãe do Criador. "Quando invocamos Maria como Mãe do Criador por ser mãe de Jesus, proclamamos ao mesmo tempo que esse Jesus, seu Filho, é nosso Criador também" (Pe. Paschoal Rangel, teólogo e escritor). A própria Bíblia atesta a atuação do Verbo de Deus na criação, porque a criação é obra de toda Trindade.

O evangelista São João afirma que a criação foi feita por meio do Filho de Deus, a Palavra que revela Deus aos homens. Diz São João: "No começo a Palavra já existia: a Palavra estava voltada para Deus e a Palavra era Deus. No começo Ela estavá voltada para Deus. Tudo foi feito por meio dela e, de tudo o que existe, nada foi feito sem ela" (Jo 1,1-3).

O próprio São Paulo assevera que Jesus Cristo é o mediador único e universal entre Deus e o mundo criado; tudo se realiza por meio dele, desde a criação até a salvação e reconciliação de todas as coisas. Diz o apóstolo das nações: "Ele é a imagem do Deus invisível, o Primogênito, anterior a qualquer criatura; porque nele foram criadas todas as coisas, tanto as celestes, como as terrestres, as visíveis como as invisíveis: tronos, soberanias, principados e autoridades. Tudo foi criado por meio dele e para ele. Ele existe antes de todas as coisas, e tudo nele subsiste" (Cl 1,15-16). Ainda declara em outro texto: "Para nós (....) há um só Senhor, Jesus Cristo, por quem tudo existe e por meio do qual também nós existimos" (1Cor 8,6).

Recorrendo às palavras do Salmo 101, em seus versículos 26 e 28, a Carta aos Hebreus diz de Jesus Cristo, o Filho de Deus encarnado: "Tu, Senhor, nas origens fundaste a terra, e os céus são obras de tuas mãos" (Hb 1,10).

Inspirados pela reflexão bíblica, os escritores eclesiásticos procuram ressaltar a beleza e a profundidade do título de Maria como Mãe do Criador. O hino de um autor anônimo do século VII ou VIII recitava: "Quis deitar no presépio / quem foi autor da luz / quem fez os céus / aqui veste os panos da Mãe".

Outro hino de Guy de Bazoches (1140-1203) assim discorria a respeito da Mãe de Jesus: "Nascido de ti / é Criador / o mesmo para ti filho / é genitor / Unigênito do Pai".

A partir dessa invocação, nós, seguidores de Jesus, somos chamados a reverenciar Nossa Senhora com admiração e consciência. "Admiramos a Mãe do Criador porque ela está mais perto daquele cuja obra maravilhosa nós contemplamos, estudamos e cujos recursos sustentam nossa vida. A obra do Filho é orgulho da Mãe. Quem poderia mais amar essa obra da criação do que a própria Mãe do Criador?! Que criatura poderia conhecer melhor o poder criador, manifestado nas maravilhas do mundo racional e irracional, do que a Mãe do autor de tudo?! Por isso nós também, obras dessa criação, suplicamos à Mãe do Criador para nos ensinar a ler com ela esse livro imenso da Criação, para aprendermos a aproveitar as riquezas da natureza para o bem de todos os homens e usar suas potencialidades sem destruir sua beleza e harmonia" (Veremundo Toth, escritor mariano).

11. Mãe do Salvador

A tradição da Igreja invoca Nossa Senhora como Mãe do Salvador. Comentando esse título mariano contido na Ladainha de Nossa Senhora, Ives Gandra da Silva Martins, pensador e jurista brasileiro, pontua poeticamente: "Salvou o mundo, salvou / Teu Filho, Rei do Universo, / a teu lado nada sou, / Que não pecador disperso".

Essa invocação mariana tem raízes profundamente bíblicas. As Sagradas Escrituras referem-se a Maria como Mãe de Jesus Cristo, o Salvador da humanidade.

O Evangelho de São Mateus deixa claro que a vocação especial de Maria, dentro da história da salvação, é ser mãe de Jesus Cristo, daquele que veio ao mundo para salvar os seres humanos. De acordo com esse evangelista, o Anjo do Senhor, dirigindo-se a São José, lhe disse: "José, filho de Davi, não tenha medo de receber Maria como esposa, porque ela concebeu pela ação do Espírito Santo. Ela dará à luz um filho, e você lhe dará o nome de Jesus, pois ele vai salvar seu povo dos pecados" (Mt 1,20-21). O próprio nome de Jesus significa, em sua origem, "Deus salva". Prometido pelo Senhor Deus no Antigo Testamento, Jesus Cristo veio trazer a salvação ao povo (Mt 2,1-23).

Em seu Evangelho, São Lucas narra a vocação materna da Virgem Santíssima. Segundo o evangelista, Maria de Nazaré recebeu de Deus a missão de ser Mãe de seu Filho, Jesus Cristo, que se fez homem e veio ao mundo para salvar não só os judeus, mas todos os seres humanos (Lc 2,11; 3,23-38). Ela aceitou, livremente, a proposta do Senhor, entregando-se, com todo o seu ser, à obra libertadora de seu Filho (Lc 1,26-38).

Lucas ainda mostra que Maria, durante toda a sua vida, assumiu e desenvolveu sua missão com amor e fidelidade. Cheia da graça de Deus, ela, concebendo Jesus Cristo, pelo poder do Espírito Santo, foi mulher de fé, humilde e generosa, que praticou a caridade, sempre forte na esperança e alegre na dedicação ao projeto do Pai (Lc 1,45-55; 1,39-56; 2,25-52).

Já São João associa a missão maternal de Maria à obra redentora de Jesus, daquele que é o enviado do Pai, que revela o amor do Pai que salva a humanidade e a reconduz à vida nova (cf. Jo 1,1-18; 3,1-18). O evangelista apresenta a presença de Maria como Mãe de Jesus no início da obra, nas bodas de Caná (Jo 2,1-12), e na consumação dela, junto à cruz de seu Filho (Jo 19,25-27). Como Mãe de Jesus, ela é também a mãe espiritual do povo que nasce da salvação operada pelo Redentor.

Os Atos dos Apóstolos mostram que a Igreja primitiva comunica e testemunha a necessidade imprescindível da salvação de Jesus Cristo (At 1,1-11; 2,14-36). Esse livro narra a pregação de Pedro, que anuncia diante dos judeus e dos pagãos: "Não há salvação em nenhum outro, pois debaixo da terra não existe outro nome dado aos homens, pelo qual possamos ser salvos" (At 4,12). É, justamente nessa comunidade de salvação que se encontra a presença viva e animadora da Mãe de Jesus (cf. At 1,12-14).

Fiel às Sagradas Escrituras, a própria Tradição apresenta-nos a Virgem de Nazaré como Mãe de Jesus Cristo, Mãe daquele que é o verdadeiro Salvador, autor e fonte de salvação. No século IV, Santo Efrém (306-373), diácono e cantor, alegrava-se com a participação da Mãe do Salvador na obra redentora: "Que em Maria se regozije todo séqüito dos patriarcas. Do mesmo modo que ela recebeu a bênção prometida, ela os tornou perfeitos em seu Filho. Por Ele, com efeito, encontraram-se purificados videntes, justos e sacerdotes. Em vez do fruto amargo colhido por Eva na árvore fatal, Maria deu aos homens um fruto cheio de doçura. E eis que o mundo inteiro se deleita no fruto de Maria".

Em seus escritos, Santo Agostinho (454-430), bispo e escritor eclesiástico, dizia da Mãe do Salvador: "A mãe do gênero humano trouxe para o mundo o castigo; a Mãe de Deus conseguiu para o mundo a salvação. Eva foi autora do pecado; Maria, autora da reparação. Eva nos prejudicou, introduzindo entre nós a morte; Maria nos socorreu, trazendo-nos a vida. Aquela nos feriu; essa nos curou".

Associada a seu Filho Jesus na salvação da humanidade, a missão de Nossa Senhora continua, porque ela é nossa Mãe na ordem da graça. "Enquanto peregrinamos, Maria será a Mãe e a educadora da fé. Ela cuida para que o Evangelho penetre intimamente em nossa vida e nossa cultura, e produza em nós frutos de santidade" (CNBB. Catequese Renovada, n. 232).

Perugino

IV VIRGINDADE DE MARIA

1. Virgem Prudentíssima

Pelo seu modo de ser, Nossa Senhora pode ser qualificada e invocada pela tradição da Igreja como Virgem Prudentíssima. A própria Ladainha de Nossa Senhora traz esse título bonito e sugestivo. Ives Gandra da Silva Martins, jurista brasileiro, esclarece: "A Virgem se fez prudente./ Prudente no tempo-espaço./ E a virtude toda a gente/ Percebeu ser dom escasso".

A prudência constitui uma característica básica da vida cristã. É a virtude "que dispõe a razão prática a discernir em qualquer circunstância nosso verdadeiro bem e a escolher os meios adequados a realizá-lo" (Catecismo da Igreja Católica, n. 1806). Requer madura deliberação, equilíbrio, cuidado necessário, um julgamento sábio, bom senso, análise crítica da realidade, uma correta execução do que se decidiu e uma contínua avaliação.

O cristão prudente sabe discernir entre o bem e o mal, de maneira que deseja e escolhe o primeiro, ao passo que evita e rejeita o segundo. Já dizia Santo Agostinho: "A prudência é o conhecimento do que se deve desejar ou evitar".

Pela prudência, o cristão consegue examinar com ponderação, resolver com bom senso e executar com exatidão o melhor modo de realizar o projeto de Deus no dia-a-dia. "A virtude da prudência vigia nossos pensamentos, para que se dirijam sempre a Deus; orienta nossas intenções, para que elas sejam puras; regula nossos afetos, sentimentos e vontade, para que sejam sempre voltados para o Senhor" (Luciano do Amaral, escritor).

O próprio Jesus Cristo recomenda que os cristãos sejam prudentes (Mt 10,16). É uma das qualidades exigidas de seus discípulos (Lc 14,28.31). Eles devem perseverar na prática da prudência (Mt 24,45-46). Os prudentes são vigilantes e preparados (Mt 25,1-13). Sabem construir suas vidas sobre fundamentos sólidos, alicerçados na Palavra de Deus (Mt 7,24-27).

Seguidora fiel de Jesus Cristo, Maria foi uma mulher prudente. Soube proceder com sabedoria e equilíbrio. Em seu livro "A mais bela flor do Paraíso", o Cardeal Lépicier escreveu sobre Nossa Senhora: "Ela nunca fez coisa alguma com precipitação, falta de consideração ou inconstância, porém se aconselhava primeiro com seu Celeste Esposo, ponderando com sabida lentidão os motivos e as razões de suas ações, julgando com paz e quietação a respeito do procedimento a ter e seguindo pontualmente os ditados da razão e da fé".

Durante sua existência, a Mãe de Jesus soube escolher o verdadeiro bem, como também os meios mais adequados para atingi-lo. Soube examinar com ponderação, resolver com bom senso e executar com exatidão o melhor modo de realizar o projeto de Deus, dentro das diversas circunstâncias históricas. Por isso, foi prudente em seu calar, em seu falar e em seu agir.

Muitas vezes, pela prudência, Nossa Senhora foi eloqüente em seu silêncio. Diante dos eventos salvíficos que estavam acontecendo em sua vida, soube calar, ser discreta e meditá-los com profundidade (Lc 2,19.51). A respeito do silêncio da Mãe do Salvador na cena da anunciação, comentava São Bernardo de Claraval (1091-1153): "Maria se perturbou e não falou, só pensava dentro de si que saudação seria essa. Ter perturbado foi pudor virginal; não ter se confundido, fortaleza; ter se calado e pensado, prudência".

A prudência de Maria transparece em sua linguagem. Nos evangelhos, ela aparece falando, ao todo, apenas sete vezes, mas com impressionante sabedoria e moderação. Os evangelistas registram a Virgem Santíssima falando duas vezes com o anjo Gabriel (Lc 1,34.38), duas vezes com sua prima Isabel

(Lc 1,40.46-55), duas vezes com seu Filho Jesus (Lc 2,48; Jo 2,3), e uma vez com os serventes nas bodas de Caná (Jo 2,5). Suas palavras estão cheias de fé, de amor e de santidade.

A Mãe de Jesus foi também prudente em seu agir, procurando sempre cumprir a vontade do Pai e perseverar em seus desígnios salvíficos, mesmo que isso lhe tenha causado sofrimentos. "Maria teve prudência porque, sendo perturbada, calou; o que ouviu, entendeu; o que resolveu, fez. Maria é admirável em sua decisão de responder seu Fiat ao anjo, em sua caridade de interceder pelo casal de Caná, em seu sacrifício de oferecer seu Filho na cruz" (Veremundo Toth, escritor mariano). Fica, para nós, cristãos, o convite de imitar-lhe os exemplos de prudência no calar, no falar e no agir.

2. Virgem Venerável

O povo se dirige a Nossa Senhora e a reconhece como Virgem Venerável. Como Mãe de Jesus e da Igreja, ela merece toda honra e veneração.

Os fieis invocam e recitam o título da Virgem Venerável na Ladainha de Nossa Senhora. Ives Gandra da Silva Martins, jurista brasileiro, tece o seguinte elogio a ela: "Apesar da juventude, / Tu és venerável Virgem / E Teu canto de alaúde / O peito leva à vertigem".

A veneração a Nossa Senhora consiste na atitude dos cristãos em reconhecê-la como Mãe de Deus, dentro da história da salvação, expressando seu amor filial para a Mãe do povo, invocando sua ajuda e intercessão e imitando suas virtudes, pois ela está glorificada e viva na comunhão dos santos.

Os cristãos podem expressar sua veneração por Nossa Senhora, cultivando um relacionamento confiante e íntimo com ela. "Maria tem um posto especial na comunhão dos santos. Como diz o Concílio Vaticano II, ela ocupa o lugar único, mais perto de Cristo e mais perto de nós. Por isso, podemos rezar para ela, contar com sua intercessão, pedir sua proteção e auxílio e entregar-nos nas suas mãos. Maria é o mais límpido e belo riacho dos santos, em cujas águas podemos nos banhar. A graça que Maria nos dá não vem dela e ela nada segura para si. Tudo vem de Deus e para Deus volta. Qualquer oração a Maria nos coloca em sintonia com Deus mesmo: o Pai, o Filho e o Espírito" (CNBB. Com Maria, Rumo ao Novo Milênio. A Mãe de Jesus, na devoção, na Bíblia e nos dogmas, p. 18).

A veneração que os cristãos prestam a Nossa Senhora lança raízes nas Sagradas Escrituras. São Lucas registra referências positivas e expressivas em relação à Mãe de Jesus. Em seu Evangelho, encontramos a saudação do anjo Gabriel a ela, repetidas tantas vezes pelos cristãos: "Ave, Maria, cheia de graça! O Senhor está contigo" (Lc 1,28). Nas páginas do mesmo evangelista deparamos com a saudação de Isabel, muito recitada: "Bendita és tu entre as mulheres e bendito é o fruto do teu ventre" (Lc 1,42).

No "Magnificat", extraído também do texto de Lucas, aparece o fundamento mais claro da veneração mariana. Em seu cântico, com alegria e fé, Maria profetiza: "Doravante as gerações me chamarão de bem-aventurada" (Lc 1,48). Lucas a felicita porque Deus, rico em bondade e misericórdia, realizou grandes obras em seu favor e de todo povo na história da salvação (cf. Lc 1,48ss).

A veneração à Virgem Maria é, em seu dinamismo espiritual, cristocêntrica, ou seja, centrada na pessoa e missão de Jesus Cristo. O culto que os cristãos prestam a ela se refere a Jesus, pois ela pertence ao mistério de Cristo e sua escolha deve-se à encarnação da Segunda Pessoa da Santíssima Trindade. É em razão do Salvador que a Mãe de Deus é honrada na comunidade cristã.

São Luiz Maria de Montfort (1673-1716), exímio missionário, escreveu o "Tratado da Verdadeira Devoção à Santíssima Virgem", que orientou e orienta muitos cristãos em seu culto marial. Ele destacou a centralidade de Jesus na veneração mariana, dizendo: "Deus não constituiu outro fundamento da nossa salvação, perfeição e glória senão Jesus Cristo. Todo fiel que não estiver unido a Jesus, como o sarmento à cepa da vinha, cairá, e só servirá para ser lançado ao fogo. Fora de Jesus Cristo, tudo é extraído. Se a devoção à Santíssima Virgem afastasse de Jesus Cristo, deveríamos repeli-la como uma ilusão do demônio. Mas, muito pelo contrário, essa devoção é-nos indispensável para encontrar perfeitamente Jesus Cristo, para amar ternamente e servir com fidelidade".

Ao venerar Maria, os discípulos de Jesus também encontram nela a força e socorro para permanecerem fiéis ao projeto de Deus, lutando para superar os perigos e os obstáculos que lhe apresentam em sua caminhada. O Papa Pio IX (1846-1878) recomendava: "Que em todos os perigos, todas as angústias e necessidades, nas suas dúvidas e tormentos, todos se refugiem com inteira confiança a essa doce Mãe da Misericórdia e graça. Pois nunca se deve desesperar sob a guia, os auspícios, o olhar, a proteção daquela que tem por nós um coração de Mãe e que, cuidando ela mesma da nossa salvação, estende sua solicitude sobre o gênero humano".

A veneração mariana tem se estendido até para além dos limites da fé cristã. Outras religiões manifestam apreço pela Mãe de Jesus. No Alcorão, livro sagrado dos mulçumanos, há um trecho que diz: "Os anjos dizem: Ó Maria, Deus te escolheu, te fez pura de toda mancha, e te colocou acima de todas as mulheres do universo".

3. Virgem Louvável

A piedade tradicional da Igreja considera a Mãe de Deus como Virgem Louvável. A Ladainha de Nossa Senhora traz esse encantador e significativo título. De maneira efusiva, Ives Gandra da Silva Martins, jurista brasileiro, dirige-se a Mãe de Jesus e assim se expressa: "Não sei mais como louvar-te, / Minha Mãe e Mãe do Rei, / Faltando-me engenho e arte, / Sinto-me o que dizer não sei".

A invocação "Virgem Louvável" vem do latim: "Virgo Praedicanda". "Praedicanda" provém do termo latino "praedicare", que significa anunciar, pregar, proclamar em alta voz, dizer de público diante de testemunhas, exaltar, celebrar. Assim, o louvor aqui é público, solene e total. Trata-se do louvor pregado e celebrado pelas pessoas em público.

Ao longo da história da Igreja, Nossa Senhora foi louvada, pregada e celebrada pelas diversas gerações cristãs. Nas diversas épocas e culturas, os cristãos têm anunciado e exaltado a pessoa, o nome e a missão de Maria com amor e ardor apostólico.

A Virgem Santíssima é digna de louvor e exaltação dos cristãos por sua participação ativa e decisiva na história da salvação. "Ao perlustrar a história eclesiástica se verifica que ela vem sendo louvada século após século. Mãe de Deus, toda apologia lhe é devida. Sua ação no processo soteriológico a fez credora das loas dos fiéis" (Pe. José Geraldo Vidigal de Carvalho, escritor mariano).

Nas Sagradas Escrituras Nossa Senhora é louvada não só pela sua maternidade divina, mas também por sua fé, pela qual acolhe a Palavra de Deus, revelada por seu Filho Jesus Cristo. Certa vez, uma mulher, do meio da multidão, disse a Jesus: "Feliz o ventre que te carregou, e os seios que te amamentaram". Jesus respondeu: "Mais felizes são aqueles que ouvem a Palavra de Deus e a põem em prática" (Lc 11,17-28). "Longe de ser uma ofensa a sua mãe, as palavras de Jesus revelam o segredo de Maria. Seu principal mérito está em ser uma pessoa de fé, que acolhe a Palavra de Deus e a concretiza. Ser mãe é uma conseqüência de sua fé e uma forma de realização da vontade de Deus" (CNBB. Com Maria, Rumo ao Novo Milênio. A Mãe de Jesus, na devoção, na Bíblia e nos dogmas, p. 46).

Na Igreja antiga, Santo Agostinho (354-430) enalteceu a fé brilhante de Maria ao dizer que ela concebeu Jesus Cristo, o Verbo de Deus encarnado, "primeiramente em espírito e só depois na carne". Já nos tempos atuais, o teólogo dominicano Edward Schillebeeckx, em seu livro "Maria, Mãe da Redenção", ao comentar alguns textos dos evangelhos, argumenta que os evangelistas expressam louvor elevado à fé marcante de Maria, podendo afirmar que ela "é o protótipo da vida cristã de fé".

A Igreja tem anunciado a Mãe de Jesus através de sua vida, liturgia e missão. Seus membros têm cultivado a piedade mariana, dando testemunho do valor de Maria como elemento que favorece a vida eclesial. "O povo fiel reconhece na Igreja a família que tem por mãe a Mãe de Deus. A Igreja confirma seu instinto evangélico segundo o qual Maria é modelo perfeito do cristão, a imagem ideal da Igreja" (Doc. de Puebla, n. 285).

Na liturgia, a Virgem Santíssima é colocada em profunda relação com o mistério de Cristo e da Igreja. "A Igreja celebra primeiramente a obra de Deus no mistério pascal de Cristo, e nele encontra a Mãe associada intimamente ao Filho" (Coleção de Missas de Nossa Senhora. Introdução, n. 10). Ao longo do ano litúrgico, a comunidade cristã promove as celebrações marianas através de solenidades, festas e memórias.

Em sua missão, a Igreja tem apresentado aos homens de todos os tempos e lugares o papel de Maria na história da salvação. A catequese tem procurado educar as pessoas no conhecimento da Mãe de Jesus, mostrando sua figura ímpar na Bíblia, na tradição da Igreja e na religiosidade popular. "Anunciar Maria no contexto da catequese é parte obrigatória da mensagem cristã, e até sua dimensão indispensável" (Maria Xaveria Bertola, professora de mariologia e catequética).

Na Igreja os pregadores têm divulgado o mistério de Maria Santíssima, quer no primeiro anúncio cristão, quer na pastoral ordinária. Para isso, eles devem cultivar "o estudo da Sagrada Escritura, dos Santos Padres e Doutores e das liturgias da Igreja para retamente ilustrar os ofícios e privilégios da Bem-aventurada Virgem que levam a Cristo, origem de toda verdade, santidade e piedade" (Concílio Vaticano II. LG, n. 67).

4. Virgem Poderosa

A tradição da Igreja chama Maria de Virgem Poderosa. A própria Ladainha de Nossa Senhora evoca também tal título. Ives Gandra da Silva Martins, jurista brasileiro, formula sua prece a Mãe de Deus com confiança: "Teu poder é meu poder, / Pois sou também um Teu filho. / Eu quero sempre te ver / P'ra não sair de meu trilho".

"Virgem Poderosa" é um título que nasce da piedade de nosso povo, mas necessita ser bem precisado e esclarecido, para não causar ambigüidades e confusões. O poder de Maria deve estar situado dentro da lógica do poder de Deus.

Deus é o único poderoso, pois seu poder é absoluto e pleno. É onipotente por seu poder e Reino universal. Reconhecendo o poder de Deus, o salmista afirma: "É o Senhor, o valoroso, o onipotente, o Senhor poderoso nas batalhas" (Sl 23,28). Outro Salmo expressa ainda: "Senhor Deus do universo, quem será igual a vós? Ó Senhor, sois poderoso, irradiais fidelidade" (Sl 88,9).

Salvador da humanidade, Jesus Cristo tem o poder divino. O próprio São Paulo declara que Ele é o "único Soberano, o Rei dos reis e o Senhor dos senhores" (1Tm 6,15). É o único mediador entre Deus Pai e os seres humanos (1Tm 2,5-6). Ninguém chega ao Pai do Céu senão por Ele (Jo 14,16). Ele "é o único mediador e somente Ele é o redentor. Somente Ele é Deus; somente Ele foi crucificado, morreu e ressuscitou; somente Ele levou a termo seu sacrifício, retornando ao Pai quarenta dias depois da Páscoa. Não existe, portanto, outra mediação e co-redenção senão em Cristo e por meio dele" (René Laurentin, teólogo).

Já o poder de Maria é relativo e dependente do poder de Deus. Ela é reconhecida como poderosa e onipotente por sua intercessão e oração junto a Jesus Cristo, o Redentor da humanidade. Tendo em vista seu lugar único no mistério de Cristo, ela é chamada como onipotência suplicante: por seu poder amoroso, ela é a Mãe que suplica pelos seres humanos junto a Jesus, seu Filho, quando eles se dirigem a ela e recorrem a sua ajuda benévola. Glorificada e viva no céu, a Mãe de Deus vela por seus filhos na terra, alcançando de Jesus os bens e as graças de que necessitam para sua salvação.

O poder de Maria é expressão de seu serviço de amor maternal, pois ela o usa para o bem de toda a humanidade. "Ela, gloriosa no céu, atua na terra. Participando do domínio do Cristo ressuscitado, 'cuida com amor maternal dos irmãos de seu filho, que ainda peregrinam' (LG 62); seu grande cuidado é esse: que os cristãos 'tenham vida abundante e cheguem à maturidade da plenitude de Cristo'. Maria não vela apenas pela Igreja. Tem um coração tão grande quanto o mundo e intercede ante o Senhor da história por todos os povos. Isto bem registra a fé popular que põe nas mãos de Maria, como rainha e mãe, o destino de nossas nações" (Doc. de Puebla, n. 288-289).

Nós somos chamados a confiar no poder amoroso e maternal de Nossa Senhora. Já dizia São Germano (634-733), patriarca de Constantinopla e grande defensor do culto de Maria: "Eu sei, vós tendes, na qualidade de Mãe do Altíssimo, um poder igual a vosso querer. Por isso, minha confiança em vós não tem limite".

No livro célebre "Glórias de Maria", Santo Afonso Maria de Ligório (1696-1787), bispo e doutor da Igreja, expõe, com muita clareza, sua doutrina acerca do papel de Nossa Senhora junto ao Salvador. Diz o fundador dos Missionários Redentoristas: "Tão grande é a influência de uma mãe que nunca pode tornar-se súdita de seu filho, ainda que seja monarca e tenha domínio sobre todas as pessoas de seu reino... Convindo, portanto, à mãe o mesmo império que ao filho, com razão Jesus, que é onipotente, tornou Maria Todo-Poderosa. Contudo, sempre será verdade que o Filho é onipotente por natureza e a Mãe o é por graça. E isto se verifica porque quanto pede a Mãe, tudo lhe concede o Filho".

O renomado teólogo R. Garrigou-Lagrange (1877-1964) observou: "Com mais forte razão, depois da Assunção, após sua entrada no céu e sua elevação acima dos coros dos anjos, Maria é poderosa pela sua intercessão. O senso cristão de todos os fiéis julga que uma mãe beatificada conhece em seu coração as necessidades espirituais dos filhos que ela deixa na terra e pede pela sua salvação". Por isso, podemos nos entregar inteiramente ao patrocínio de nossa Mãe celestial.

5. Virgem Clemente

A Mãe de Jesus é invocada pelos fiéis como Virgem Clemente. A Ladainha de Nossa Senhora alinha esse bonito e sugestivo título. Ives Gandra, jurista brasileiro, faz uma bela e profunda meditação: "Ser Virgem e ser Clemente / É transpor mares e terra, / Gerando um tom diferente / nas almas em que se encerra".

Na versão latina temos a invocação: "Virgo Clemens", que se traduz por

"Virgem Clemente". O termo "clemens" (no português "clemente") indica aquele que tem disposição para perdoar; é bondoso, misericordioso, benigno, indulgente, benévolo, compassivo, brando e suave. Nossa tradição aplica esse termo a Nossa Senhora, dizendo que ela é clemente, misericordiosa e benigna.

As Sagradas Escrituras declaram que Deus é clemente e misericordioso. No Antigo Testamento, Deus se revela como um Deus cheio de compaixão e bondade, que ama os seres humanos e os perdoa sempre, purificando-os de todos os pecados e iniqüidades (Jr 31,34; 33,8; Ez 36,25). A misericórdia e a clemência são seus atributos, tão bem ressaltados pelo livro do Êxodo (Êx 34,6), como também pela obra de Neemias (Ne 9,7).

No Novo Testamento, Jesus completa e plenifica a revelação do Antigo Testamento, mostrando que Deus é um Pai Bondoso e Misericordioso ("*abba*" no aramaico), que nos ama e nos perdoa (Mt 6,8; 33,9; Lc 15). O Pai do Céu nos enviou Jesus Cristo para nos salvar, nos mostrar seu infinito amor por nós e nos fazer entrar no Reino de Deus (Jo 3,19-17; Ef 2,4). O próprio Jesus fez gestos do amor do Pai, curando as pessoas, perdoando os pecadores, resgatando a dignidade de todos e apontando o caminho da fraternidade e da paz (Mt 9,2; Jo 8,10-11).

Deus é, por natureza, amor (1Jo 4,7-17). Por isso, Ele nos ama, está conosco, olha para nós, cuida de nós, nos perdoa, nos protege e nos ajuda em nossas necessidades com sua misericórdia e sua graça (Mt 6,25-34). Nós podemos fazer nossa oração, dialogando com nosso Pai com toda a confiança, intimidade, simplicidade e ternura (Mt 6,5-15; 7-11).

A misericórdia de Deus reflete na pessoa e nas ações de Maria, daquela que se colocou nas mãos do Pai como serva para realizar, com total disponibilidade, seu projeto de salvação (Lc 1,37). No "Magnificat", a Mãe de Jesus louva a Deus, pois sua misericórdia perdura de geração em geração para aqueles que o temem (Lc 1,50). Reconhece que Deus socorreu seu povo, lembrando sua misericórdia (Lc 1,54).

Experimentando a bondade e o amor de Deus, a Virgem Santíssima é também clemente e misericordiosa. Ela "participa plenamente da misericórdia divina porque tem pena não só dos que choram, sofrem e gemem sob o peso da vida, mas até daqueles que fazem mal a seu filho Jesus. No Calvário, ela não só perdoa os inimigos de Jesus que o levaram à morte, mas até oferece o sacrifício de Jesus ao Pai eterno" (Veremundo Toth, escritor mariano). A oferta que Nossa Senhora faz de seu filho Jesus na cruz é sinal claro de sua ternura para com a humanidade no processo de redenção (cf. Jo 19,25-27).

A tradição considera que a mulher que aparece no livro do Apocalipse, vestida de sol (Ap 12,1), simboliza também Maria, a Mãe do Messias que veio salvar a humanidade do poder do mal. Ao comentar essa passagem bíblica, São Bernardo de Claraval (1091-1153) fez a seguinte reflexão mariana: "Sem dúvida, é ela que se vestiu como de outro sol. Porque assim como aquele nasce igualmente sobre os bons e sobre os maus, assim também essa Senhora não examina os méritos antecedentes, mas apresenta-se compassiva com todos e para com todos é clementíssima; enfim, ela se compadece das necessidades de todos em um amplíssimo afeto".

Inspirados nas considerações sobre a misericórdia e clemência de Nossa Senhora, nós, devotos, somos levados a reafirmar nossa confiança na proteção dela. Já dizia o Papa Leão XIII (1878-1903): "A segurança do recurso que temos em Maria está baseada na grande do ofício de Mediadora da divina graça que exerce continuamente em nosso favor diante do trono de Deus, como gratíssima que é por sua dignidade e por seus méritos, e, por conseqüência, eminentemente superior em poder a todos os anjos e a todos os santos". Somos também chamados a seguir seu exemplo, sendo benignos e compassivos com nossos contemporâneos.

6. Virgem Fiel

A tradição aponta Maria como Virgem Fiel. A Ladainha de Nossa Senhora elenca esse título, que serve para nós como ponto de referência na caminhada cristã. Ives Gandra da Silva Martins, jurista brasileiro, tece um bonito e sugestivo comentário a respeito dessa invocação: "Fidelidade ao Senhor / É ganhar Onipotência, / Sentir de Deus o calor, / Vivendo a mesma freqüência".

Fiel provém de fé. Ser fiel é aquele que tem fé e mantém os compromissos de fé em sua existência humana. A fé é a virtude teologal pela qual cremos em Deus e em tudo o que Ele nos revelou, porque Ele é a própria verdade. Só quem tem fé verdadeira e profunda é capaz de conservar a fidelidade total ao Senhor, não só porque tem temor de Deus, mas, sobretudo, porque confia na graça divina para perseverar durante a vida toda.

Pela fé, o homem não só acredita nas verdades reveladas, mas também se entrega todo ao Deus da história, procurando confiar nele e fazer sempre sua vontade. "Ao Deus que se revela deve-se 'a obediência da fé' (Rm 16,26; cf. Rm 1,5; 2Cor 10,5-6), pela qual o homem livremente se entrega todo a Deus, prestando 'ao Deus revelador um obséquio pleno do intelecto e da vontade' e dando voluntário assentimento à revelação feita por Ele" (Concílio Vaticano II. DV, n. 5). Auxiliado pelo Espírito Santo, o ser humano dá sua adesão profunda e completa a Deus, buscando praticar as obras de que essa fé exige (Tg 2,14-26).

Na Bíblia encontramos modelos vivos de fé, que contribuíram decisivamente na história da salvação. No Antigo Testamento, temos Abraão que viveu muito bem sua fé e perseverou no projeto de Deus (cf. Hb 11,8-19). Ao ser chamado por Deus para formar o povo de Deus, ele respondeu positivamente, confiando inteiramente no Senhor e em suas promessas (cf. Gn 12,1-9). Pela sua fé, Sara, sua mulher, na velhice, concebeu um filho, Isaac, e, assim, Deus realizou o que Ele prometeu (cf. Gn 21,1-7).

O mais belo ato de obediência da fé, na existência de Abraão, transcorreu quando Deus lhe ordenou sacrificar seu filho único, Isaac. Se Deus havia prometido a Abraão uma descendência numerosa, como poderia realizar essa promessa, se ele sacrificasse seu único filho, nascido na velhice? Todavia, Abraão soube acreditar mais uma vez no Senhor e se dispôs a oferecer seu filho em sacrifício, colocando toda a sua segurança em Deus (cf. Gn 22,1-19). "Abraão creu em Deus, e isto lhe foi levado em conta de justiça" (Rm 4,3). Graças a sua fé profunda e forte, ele tornou-se "o pai de todos os que haveriam de crer" (Rm 4,11.18).

No Novo Testamento, Nossa Senhora realizou de modo admirável a fé obediente e fiel. Foi a serva do Senhor, que cumpriu sempre a vontade de Deus em sua peregrinação de fé. Ela foi chamada por Deus para concretizar a obra da salvação, tornando-se mãe do Salvador. A escolha divina não viola, mas respeita a liberdade da criatura. Como filha de Deus, ela deu resposta livre e consciente, aceitando a proposta de Deus e colocando-se a seu inteiro dispor (cf. Lc 16-17). Pela sua fé, deu à humanidade o Redentor.

Mesmo durante toda a sua vida, Maria manteve sua fé obediente, sendo fiel ao projeto do Senhor até o fim. Aceitou a obra de seu Filho Jesus desde Belém até o Calvário, cooperando para a salvação da humanidade. As Sagradas Escrituras louvam sua fé, dizendo nas palavras de Isabel: "Bem-aventurada aquela que acreditou, porque vai acontecer o que o Senhor lhe prometeu" (Lc 1,45). Ela é a bendita entre as mulheres (Lc 1,42), a bem-aventurada por todas as gerações (Lc 1,48).

Santo Irineu (130-200) enalteceu a fé extraordinária de Nossa Senhora, comparando-a com Eva, ao comentar: "Maria, Virgem, provou-se obediente, dizendo: 'Eis a vossa Serva, Senhor; que me seja feito segundo vossa palavra'. Eva mostrou-se desobediente; ela desobedeceu então quando ainda era virgem. O nó formado pela desobediência de Eva não poderia ser desatado senão pela obediência de Maria. O que Eva virgem ligou por sua incredulidade, Maria Virgem desligou-o por sua fé".

Maria é modelo de fidelidade na fé para nós. Num mundo onde encontramos tantas traições e tantos desânimos, nosso olhar deve voltar-se para Nossa Senhora e seguir seu exemplo de perseverança e de confiança total no Senhor da história, procurando realizar o projeto de salvação em nosso dia-a-dia.

Sassoferrato

V FIGURA BELA E VIRTUOSA DE MARIA

1. Espelho de Justiça

A tradição de nossa Igreja refere-se a Maria, a Mãe de Jesus, como espelho de justiça. A Ladainha de Nossa Senhora traz esse título bonito e muito profundo, que retrata um dos aspectos verdadeiros da conduta da Virgem Santíssima.

Nós, seus devotos, podemos invocar Nossa Senhora como espelho de justiça com muita propriedade. Dirigindo-se a ela, Ives Gandra da Silva Martins, jurista brasileiro, declara com ternura: "És espelho da justiça. / Em justo caminho reto, / Tu luta, em outra liça, / Traz à Terra mais afeto".

A justiça constitui valor fundamental da vida humana. Faz parte da exigência da ética, informando e orientando a consciência da pessoa humana. É a virtude moral que "consiste na vontade constante e firme de dar a Deus e ao próximo o que lhes é devido" (Catecismo da Igreja Católica, n. 1836).

A Bíblia considera a justiça como característica básica da aliança de Deus com seu povo. O justo por excelência é Deus (Sl 7,18; Jó 8,3). A literatura sapiencial diz com muita precisão: "É justo o Senhor em seus caminhos, é santo em tudo o que Ele faz" (Sl 144,17). A justiça de Deus é permanente (Sl 118,1-18), misericordiosa (Gn 18,25; Jr 9,23s) e efetiva, manifestando-se em obras (Sl 110,3). Exprime sua fidelidade à aliança (Dt 32,4; Ne 9,8.33; Is 43,6.21).

O povo é justo quando segue e realiza o projeto de Deus (Gn 7,1; 18,23.32; Pr 11,4-10.19; 12,10.28). Fiel à aliança, o justo conforma sua vontade à vontade de Deus, guiando-se pela Palavra d'Ele e corrigindo-se por seus mandamentos e preceitos (Is 33,15s; 58,2; Jr 7,5-7; 22,15ss; Ez 18,5-9; Mq 6,8). Por isso, a justiça se concretiza na retidão e na honestidade, na integridade de costumes e no direito, na partilha e na fraternidade, na verdade e no respeito mútuo, dirigindo a sociedade para a solidariedade e a paz (Sl 15; 23; Dt 1,6-18; 16,18-20; 2Sm 12,1-15; Is 29,15-24).

A Bíblia apresenta as figuras de Henoc, Noé, Abraão e José, esposo de Maria, como homens justos, que viveram de acordo com o projeto de Deus (Gn 5,22; 6,9; 17,2; 22,1ss; Mt 1,19).

Membro eminente do povo de Deus, Maria é espelho de justiça. Nela a justiça brilha e reflete com todo o seu esplendor e transparência. Ela é "espelho da divina perfeição, pois Deus coloca nela a santidade imaculada com as virtudes na medida que a criatura pode receber. Espelho porque nela podemos ver refletida a perfeição divina. É de Maria que se pode dizer: 'Muitas filhas ajuntaram riquezas; tu excedeste a todas' (Pr 31,29)" (Veremundo Toth, escritor mariano).

Entre as figuras bíblicas, Maria aparece como modelo de justiça, pois sempre seguiu o projeto de Deus, colocando-se inteiramente à disposição do Senhor como sua serva (Lc 1,38). Conformou sua vontade à vontade de Deus, sendo a ouvinte e praticante de sua Palavra (Lc 2,19.51; Mc 3,31-35). Soube dar a Deus o que lhe é devido, reconhecendo a grandeza d'Ele e alegrando-se n'Ele (Lc 1,46-47).

A Mãe de Jesus soube praticar a justiça no dia-a-dia, convivendo de forma harmoniosa e pacífica com os outros. Nem a soberba, nem a injustiça marcaram seu comportamento humano. Pelo contrário, sua conduta foi marcada pela integridade e pela retidão, aliada à humildade e à cordialidade. Nunca causou danos injustos ao próximo e à sociedade.

Contemplando a vida justa e santa de Maria, São João Damasceno (675-749), exímio pensador cristão, traça um belo perfil dela: "Ó filha do rei Davi e Mãe de Deus, Rei universal! Ó objeto divino, cuja beleza encontrou o Deus Criador, vós cuja alma está inteiramente sob a ação divina e atenta só a Deus: todos os vossos desejos são aplicados somente para aquilo que merece ser buscado e que é digno do amor; vós não tendes cólera a não ser contra o pecado e seu autor. Vosso coração nutre-se das palavras de Deus: elas vos fecundarão, como a oliveira fértil na casa de Deus, como a árvore plantada à margem das águas vivas do Espírito, como a árvore da vida que deu seu fruto no tempo determinado: o Verbo Encarnado, a vida de todas as coisas. Vossos pensamentos não terão outro objetivo senão o que aproveita à alma, e toda a idéia, não só perniciosa, mas também inútil, vós a repelis, antes mesmo de sentir gosto dela".

2. Sede da Sabedoria

Desde a antigüidade, a tradição da Igreja invocou a Mãe de Deus como sede da sabedoria. Os Padres da Igreja, os santos, os pregadores e escritores eclesiásticos em geral atribuíram à Mãe de Jesus várias expressões similares, tais como: trono da graça (Pedro Celestino), trono da divina misericórdia (São Bernardino) e trono de safira (São Boaventura, Ernesto de Praga). A Ladainha de Nossa Senhora sintetizou as diversas expressões no título de sede da sabedoria.

Esse título é profundo e rico em conteúdo espiritual e teológico. Ives Gandra da Silva Martins, jurista brasileiro, diz a respeito de Maria: "Nem no tempo, nem no espaço / Nem na praia em maresia, / Tu restas, no mesmo passo, / Sede de Sabedoria".

A sabedoria constitui uma dimensão imprescindível na vida humana, porque aperfeiçoa e completa a inteligência da pessoa. A sabedoria "atrai de maneira suave a mente do homem à procura e ao amor da verdade e do bem. Impregnado de sabedoria, o homem passa das coisas visíveis às invisíveis" (Concílio Vaticano II. GS, n. 15).

A sabedoria é um dos dons do Espírito Santo que capacita o ser humano a conhecer a Deus e sua vontade, a ter uma avaliação verdadeira para as realidades de Deus e a fazer um julgamento correto em discernir e escolher o que é verdadeiro, justo e bom (cf. Is 11,1-2). "É um misto de bom senso, prudência e compreensão prática da vontade de Deus, que guia as ações dos homens de modo concreto" (Pe. Ralfy Mendes de Oliveira, escritor catequético).

As Sagradas Escrituras valorizam muito a sabedoria. Nelas a palavra "sabedoria" aparece 274 vezes. Deus é perfeitamente sábio, porque Ele conhece tudo e dispõe os acontecimentos e as realidades com a completa ordem e harmonia para seu objetivo. Sua sabedoria se mostra na criação, na história da salvação e em sua Palavra (Sl 18,1-15). Ela penetra todas as coisas, renovando de modo permanente a vida das criaturas (Sb 7,22-8,1).

Somente Deus tem acesso à sabedoria (Jó 28,23-28). Por isso, é Ele quem dá a sabedoria ao ser humano (Pr 2,1-22). A sabedoria é um bem muito precioso aos homens, porque é a própria ciência que vem de Deus e lhes traz vida (Sb 3,13-20), produz harmonia (Sb 7,15-21) e é a companheira ideal deles para que possam conduzir bem sua existência de acordo com o projeto de Deus (Sb 8,2-16).

Pela sabedoria, o ser humano sabe ver e contemplar a realidade com o olhar certo de Deus (Sl 35,10). Ele a adquire pela humildade, pureza de coração, temor de Deus, conduta correta e oração (1Rs 3,4-15; Sb 3,1-12; Tg 3,13-18). A sabedoria é um aprendizado contínuo, transmitido de uma geração para a outra (Pr 4,1-9). O sábio não é aquele que tem erudição e muitos títulos, mas aquele que sabe escolher o verdadeiro caminho (Sb 4,10-27).

Fiéis à Palavra de Deus, os Padres da Igreja e os grandes escritores do primeiro milênio cristão consideravam Nossa Senhora como sede da sabedoria. Em primeiro lugar, outorgavam a ela esse título porque ela tornou-se a Mãe de Jesus Cristo, daquele que é o Verbo de Deus e a Sabedoria de Deus. No seio dela a Sabedoria de Deus se fez carne, realizando o que diz a Sagrada Escritura: "A Sabedoria edificou para si uma casa" (Pr 9,1). Durante nove meses o útero de Maria foi o trono privilegiado da Segunda Pessoa da Santíssima Trindade.

Unida a Jesus Cristo como Mãe e discípula, a Virgem Santíssima deixou-se inundar pelo Espírito, que lhe comunicou a sabedoria para que pudesse saber apreciar os mistérios da fé na luz de Deus, descobrindo e compreendendo a vontade d'Ele a seu respeito e a respeito da história humana (Lc 1,26-38). Com sabedoria, conservava, penetrava e meditava os acontecimentos salvíficos em seu coração (Lc 2,19.51).

São Sofrônio, bispo, fez belas reflexões sobre Nossa Senhora como sede da sabedoria, dirigindo-se a ela assim: "Tu guardas no claustro de teu seio o próprio Deus, que mora em ti segundo a carne e que de ti sai qual esposo, concedendo a todos a alegria e espalhando no universo a luz divina".

Com piedade, podemos buscar junto de Nossa Senhora a sabedoria. Santo Tomás de Aquino, exímio pensador cristão, assim rezava a ela: "Ó Maria, Mãe do belo amor, do temor, do conhecer e da santa esperança. Com tua piedosa bondade, muitos e muitos, mesmo de certo modo rudes em inteligência, fizeram progressos maravilhosos na ciência e na piedade. Eu te escolho protetora e padroeira de meus estudos. Humildemente te exorto, pelos afetos da tua piedade materna e principalmente por aquela Sabedoria que se dignou de ti assumir nossa carne e te ilustrar com luz celestial acima de todos os santos".

3. Causa de Nossa Alegria

Nós, cristãos, imbuídos de piedade e de reconhecimento, aclamamos Nossa Senhora como causa de nossa alegria. Com Maria, somos um povo alegre, que canta, celebra e vivencia a alegria da fé em Jesus Cristo, o Redentor da humanidade.

A Ladainha de Nossa Senhora leva-nos a invocar a Virgem Santíssima como causa de nossa alegria. Sintetizando a profundidade e a beleza desse título mariano, Ives Gandra da Silva Martins, renomado jurista, expressa-se de forma poética: "Causa de nossa alegria, / Transpondo montes e sendas, / Tu és a Virgem Maria, / Maior que todas as lendas".

A alegria é um sentimento básico da pessoa humana, que jamais lhe pode faltar. Trata-se de um estado de espírito e de ânimo, que traz ao ser humano equilíbrio e vontade de viver. Já dizia São Bernardo de Claraval (1091-1153): "Não queres estar nunca triste? Vive bem. A vida boa será sempre alegre". A alegria é fator que muito contribui para a saúde e o bem-estar.

A alegria constitui uma virtude cristã, um fruto do Espírito Santo (Gl 5,22-23; 1Ts 1,6; Gl 5,22). Ela "não é propriamente o júbilo externo e rumoroso, mas a exultação interna e silenciosa, irmã da fé, fruto da esperança e sinônimo da ágape chamada caridade" (Frei Boaventura Kloppenburg, teólogo e bispo).

A alegria verdadeira não nasce da riqueza, nem da vida acomodada. Também não vem de honrarias, nem de bajulações. Mas ela se origina do coração, onde a pessoa decide viver sempre unida a Deus, vinculando o sentido de sua existência e seu destino ao projeto do Senhor da história. São João Crisóstomo (347-407) já afirmava: "Se quereis a alegria, não busqueis riquezas nem honras, mesa abundante ou sedas opulentas, senão vivei segundo Deus e até a tristeza fará crescer vossa alegria".

Os cristãos são chamados a experimentar a alegria verdadeira, sempre animados e orientados pela Palavra de Deus. Devem estar sempre alegres (1Ts 5,16). Recomenda, com insistência, São Paulo: "Alegrai-vos sempre no Senhor! Repito: alegrai-vos" (Fl 4,4). A alegria cristã se baseia na salvação obtida por Jesus Cristo, sendo testemunhada pela bondade que se irradia para todos e pela tranqüila confiança em Deus (Ef 2,1-10; Rm 5,1-11).

As dificuldades, os sofrimentos e os obstáculos não diminuem, nem tiram a alegria do cristão. Com coragem, lucidez e fortaleza, ele, unido a Jesus Cristo, enfrenta essas vicissitudes normais da história, comprovando sua fé autêntica (Tg 1,2-4; Cl 1,24; 2Cor 12,7-10). Em meio às tribulações, deve perseverar, buscando a consolação e suportando tudo por causa de seu amor a Jesus e em benefício da obra redentora (Cl 1,24; 2Cor 7,2-13).

Dentro da perspectiva cristã, Nossa Senhora é causa de nossa alegria por sua cooperação consciente e ativa na obra salvadora. Cheia da graça, ela recebeu a notícia gaudiosa de que seria a Mãe do Salvador e acolheu a proposta com fé, alegria e generosidade (Lc 1,26-17). A vinda do Salvador, que é concebido no seio da Virgem Santíssima por obra do Espírito Santo, é motivo de alegria para o povo de Deus, que espera e clama por redenção. Posteriormente, seu nascimento transforma-se em notícia boa e alegre (Lc 2,10-11).

Antes do nascimento de Jesus Cristo, quando Maria visitou Isabel nas montanhas do Hebron, João Batista, o precursor do Messias, exultou de júbilo ainda no seio de sua mãe (Lc 1,39-42). Cheia de alegria, Isabel saúda a Virgem Santíssima, bendizendo o fruto do ventre dela, o Salvador, e enaltecendo sua fé (Lc 1,43-45). Como resposta, a Mãe de Jesus irrompe de entusiasmo, proclamando o "Magnificat", que é canto de louvor e de reconhecimento (Lc 1,46-55).

Em Nossa Senhora, Deus cumpriu a alegria prometida pelos profetas ao povo de Deus (cf. Sf 3,4; Zc 9,9; Is 54,1). Ela meditou longamente, em suas recordações, as alegrias da Anunciação, da Visitação e da Natividade (Lc 1,26-56; 2,1-20). Entre os apóstolos e discípulos, viveu intensamente as alegrias da Ressurreição e da Ascensão de Jesus Cristo e também do Pentecostes (Lc 24,1-52; Mt 28,1-20; Jo 20,1-29; At 1,1-2,4).

No Concílio de Alexandria, em 431, São Cirilo de Alexandria (375-444), com seu estilo oriental, enalteceu a alegria do mundo pela Mãe do Salvador, dizendo: "Salve, Maria, Mãe de Deus. Aclamada pelos profetas, bendita pelos pastores, quando com os anjos cantaram o sublime hino de Belém: 'Glória a Deus nas alturas e paz na terra aos homens de boa vontade!' Salve, Maria, Mãe de Deus, alegria dos anjos, júbilo dos arcanjos que te glorificam no céu! Salve, Maria, Mãe de Deus, porque João Batista, ainda no seio de sua mãe, exultou de alegria, adorando como luzeiro a perene luz".

4. Vaso Espiritual

Nossa Senhora é figurada pela tradição como "vaso espiritual". É uma expressão rica de simbolismo e de profundo conteúdo espiritual e teológico.

A Ladainha de Nossa Senhora também invoca Maria como vaso espiritual. Sintetizando o sentido dessa expressão, Ives Gandra da Silva Martins, jurista brasileiro, refere-se à Mãe de Jesus assim: "Do Espírito és Vaso Santo, / Das Verdades Taça augusta, / De que sofre bom Recanto, / Que ao pecador não assusta".

Na língua portuguesa, vaso é o objeto côncavo em que se colocam elementos sólidos ou líquidos. Significa também receptáculo. Na liturgia, os vasos sagrados designam os vários utensílios (cálice, âmbula, patena, cibório, píxide, teca, ostensório...) destinados a guardar, conservar ou servir as sagradas espécies do pão e do vinho.

Na Bíblia, vaso significa uma coisa ou pessoa de importância e valor. O livro dos Provérbios diz que os lábios do sábio são um vaso precioso (Pr 20,15). Todavia, a mente do insensato é como um vaso quebrado, pois não consegue guardar nenhum conhecimento sábio (Eclo 21,14).

Na linguagem bíblica, o vaso tem sentido de receptáculo. Em sua soberana liberdade, Deus escolhe pessoas como seus "vasos de misericórdia", porque são chamadas a conter e carregar em si sua misericórdia e bondade para os povos (Rm 9,23).

O vaso também tem significado de instrumento (cf. Sl 12,14; Gn 49,5; Am 6,5). Deus escolhe seres humanos para serem instrumentos de sua mensagem no mundo. De acordo com os Atos dos Apóstolos, São Paulo foi escolhido pelo Senhor para ser seu "vaso", seu instrumento para levar o Evangelho de Jesus Cristo aos pagãos (At 9,15).

O ser humano pode ser comparado a um vaso. Como criatura de Deus, ele deve respeitar seu corpo, não permitindo que se corrompa e se perverta, pois é semelhante a um vaso frágil, exposto ao perigo de se quebrar (cf. 1Ts 4,1-8). Traz em si um tesouro em vaso de argila, pois é fraco, mas sua força é Deus que age nele (cf. 2Cor 4,7-15).

Dentro da literatura mariana, os escritores e pregadores aplicam esse termo bíblico para caracterizar a dignidade da pessoa de Nossa Senhora na história da salvação. No século XII, Adam de Saint-Víctor, cônego agostiniano, em sua poesia, assim saúda Nossa Senhora como vaso espiritual: "Salve! Ó Mãe do Salvador! Vaso eleito, vaso de honra, vaso de graça celeste. / Vaso eternamente predestinado, vaso insigne, vaso ricamente cinzelado pela mão da Sabedoria. / Salve! Mãe Sagrada do Verbo, flor brotada do meio dos espinhos, flor sem espinhos; flor, glória da sarça".

Nossa Senhora é invocada como vaso espiritual porque é pura e imaculada, desprovida da marca do pecado. "O corpo de Maria, ainda que feito de nossa substância, não herdou o peso do pecado original e assim não obstruía sua alma em sua elevação espiritual. Em perfeita harmonia, seu corpo foi enobrecido, espiritualizado pela sublimidade de seu espírito. O corpo de Maria tornou-se, assim, digno de ser fecundado pela força do Espírito Santo e servir de templo do Verbo eterno. Por isso, merece ser chamado Vaso Espiritual."

Como vaso espiritual, Nossa Senhora foi escolhida para ser instrumento de Deus na história da salvação. Obra-prima do Criador, ela se abriu inteiramente ao Senhor para que Ele realizasse nela seu projeto de recriação do gênero humano. De maneira livre, aceitou ser Mãe do Salvador. Ela deixou-se fecundar pela força do Espírito Santo. "Maria é uma pessoa cheia do Espírito do Senhor. Como perfeita discípula de Jesus, ela acolheu o Espírito Santo, fez-se transparente a Ele. Tornou-se um templo vivo de Deus e se transformou, por Graça, na mãe do Messias. Só a docilidade ao Espírito Santo explica a maternidade biológica de Maria e seu coração tão aberto para Deus" (CNBB. Com Maria, Rumo ao Novo Milênio. A Mãe de Jesus, na devoção, na Bíblia e nos dogmas, p. 90-91).

Como devotos, nós devemos deixar que Maria seja nossa mestra espiritual, para que possamos ser também verdadeiros vasos nas mãos do Criador. Nós somos vasos de Deus, pois saímos das mãos de Deus, que é nosso artesão. Com o auxílio de Nossa Senhora, devemos deixar que o Espírito de Deus continue modelando em nós sua obra criadora, para transparecer em nós aquela beleza de que a Mãe de Jesus é obra-prima.

5. Vaso Honorífico

Em sua tradição espiritual, a Igreja venerou Maria como vaso honorífico. Esse termo é muito precioso dentro do culto mariano.

Os devotos aclamam Nossa Senhora como vaso honorífico na Ladainha de Nossa Senhora, dentro de um ritmo de oração e de piedade. De forma concisa, Ives Gandra da Silva Martins, jurista brasileiro, honra a Mãe de Jesus em termos poéticos, dizendo: "Depósito das mil graças, / Honrada Mãe do Universo, / Querem-te todas as raças / E o povo nelas disperso". De fato, ela é também homenageada por outros povos que ainda não se converteram ao cristianismo.

"Honorífico" é um termo latino, "honorificu", que significa "que honra e distingue", "digno de honra", "honroso", "honorável". Honra é consideração e homenagem à virtude, ao talento, à coragem, às boas ações ou às qualidades de uma pessoa. Tem sentido também de veneração e culto.

Quando trata Nossa Senhora como vaso honorífico, a Igreja a honra e a distingue com amor e fé. Uma das formas dela prestar-lhe o culto devido é através das festas marianas. "Todas as festas nunca podem perder o nexo vital com o Mistério de Cristo, razão última dessas celebrações e finalidade primeira das comemorações. Celebrar-se sempre Deus através da figura de Maria, exemplo de fidelidade ao Plano de Deus e intercessora misericordiosa para com todos os fiéis" (Pe. Antônio Carlos Oliveira Souza, teólogo).

Ao longo de seu calendário religioso, a Igreja celebra, com ardor e sempre iluminada pela Palavra de Deus, muitas festas marianas. O ano civil é aberto com a festa de Maria Santíssima no mistério de sua divina maternidade. No dia primeiro de janeiro, os fiéis proclamam que ela é verdadeiramente Mãe de Jesus Cristo, o verdadeiro homem e verdadeiro Deus.

No dia 2 de fevereiro a Igreja celebra a festa da Apresentação do Senhor, recordando a oferta de Jesus ao Pai e a purificação de sua Mãe Santíssima. A solenidade da Anunciação do Senhor acontece no dia 25 de março, lembrando a ocasião em que Maria aceitou ser Mãe do Salvador, operando-se nela a encarnação do Verbo de Deus por obra do Espírito Santo.

Terminando maio, mês dedicado à Virgem Maria, a comunidade cristã celebra, no dia 31, a festa da Visitação de Nossa Senhora, rememorando o fato dela visitar sua prima Santa Isabel e ser saudada por sua parenta, com alegria, como a mulher bendita entre as mulheres. No dia 15 de agosto transcorre a solenidade da Assunção de Nossa Senhora. Essa festividade indica como a Mãe de Deus recebeu a recompensa de sua vida e missão dedicada a Deus com a glorificação imediata da alma e do corpo, sendo elevada ao céu pelos anjos do Senhor.

No dia 22 de agosto a Igreja celebra a memória de Nossa Senhora Rainha. Participando da gloriosa realeza de Cristo, ela é proposta como exemplo e sinal de esperança para os cristãos. No dia 8 de setembro os cristãos celebram a festa da Natividade de Nossa Senhora, isto é, seu nascimento, cujos pais foram São Joaquim e Santa Ana.

Nossa Senhora das Dores é celebrada no dia 15 de setembro. Essa memória salienta a participação ativa de Maria nos sofrimentos do Salvador. Aos

21 de novembro acontece a memória da Apresentação de Nossa Senhora, através da qual se comemora um dos mistérios da vida daquela que o Senhor escolheu como Mãe de seu Filho.

No dia 8 de dezembro a Igreja celebra a solenidade da Imaculada Conceição. Esse dogma exprime a verdade de fé de que a Mãe de Deus, pelos méritos de Jesus Cristo, foi preservada do pecado. Por ela e nela o Verbo de Deus se encarnou, irrompendo na história humana.

No dia 12 de outubro, a Igreja no Brasil celebra, em todo o território nacional, a solenidade de Nossa Senhora da Conceição Aparecida, a padroeira de nossa pátria. Ao Santuário Nacional (Aparecida – SP) o povo acorre para venerar aquela que é sua mãe, protetora e modelo de vida cristã.

No dia 12 de dezembro os cristãos comemoram a festa de Nossa Senhora de Guadalupe, Padroeira da América Latina. A aparição da Virgem Maria ao índio Juan Diego, em 1531, no México, tem um significado especial: ela se coloca ao lado dos humildes, pobres e desvalidos.

As festas marianas devem ser bem preparadas para que o povo de Deus possa honrar a Virgem Santíssima com fervor, participação e criatividade. São oportunidades adequadas para a renovação e o aprofundamento do culto mariano.

6. Vaso Insigne de Devoção

Maria é invocada e considerada pela Igreja, em sua tradição, como vaso insigne de devoção. Trata-se de um título mariano interessante, que, quando bem meditado, esclarece o sentido profundo de devoção.

A Ladainha de Nossa Senhora, tão antiga na Igreja, também inclui esse título. Resumindo seu significado, Ives Gandra da Silva Marins, jurista brasileiro, diz que a devoção mariana atravessa os séculos. Dirigindo à Mãe de Jesus, afirma esse pensador brasileiro: "És vaso de devoção, / pelos séculos afora, / O nosso amor nunca é vão, / Nem no tempo se descora".

A invocação, "vaso insigne de devoção", compõe-se de dois termos, que precisam ser estudados: "insigne" e "devoção". Em primeiro lugar, "insigne" é um termo latim, constituído de "in", que tem o sentido de "estar dentro de", e "signum", que conota "sinal", "marca". Na língua portuguesa, esse adjetivo significa muito distinto, notável, célebre, assinalado.

Por outro lado, "devoção" provém da palavra latina, "devotione", que significa dedicação, entrega, consagração. Em seu sentido próprio, devoção é a entrega da pessoa toda a Deus, dedicando-se integral a seu serviço. São Tomás de Aquino (1224-1274), pensador católico, definiu: "Devoção é um ato especial de vontade, desimpedida e preparada para fazer tudo o que se relaciona com a vontade e serviço de Deus".

A pessoa devota é aquela que conserva sua existência dedicada à prática da religião, com reta intenção, amor, fé, perseverança, fervor e disponibilidade. Se muito piedosa, ela não é tíbia, ou seja, fraca na fé, sem entusiasmo e indolente. Ao contrário, dedica-se com alegria e constância a Deus, buscando descobrir sua vontade e concretizando-a com coerência e decisão firme.

Na Bíblia, o povo de Deus é chamado a ter vida devota enquanto se entrega todo a Deus, estando sempre unido ao Senhor, amando-o acima de tudo e servindo-o de forma exclusiva (Dt 10,12-22). Seu compromisso de amor para com Deus deve ser total, que penetra e informa a consciência, o ser e a ação (Dt 6,4-9). A fonte principal da vida devota é o cultivo e a prática do amor (Os 6,6; Mt 9,13).

O modelo perfeito de vida devota é Jesus Cristo, porque Ele teve toda a sua existência dedicada ao projeto do Pai, realizando o que agrada Àquele que o enviou (Jo 8,29). Sua força, meta e alimento foi sempre fazer a vontade do Pai do Céu (Jo 4,34). Em toda a sua vida, mesmo nos sofrimentos, Ele procurou ser obediente ao Pai, abraçando o que o Pai quis para Ele em benefício da salvação dos homens (Hb 5,1-10; 10,8-9).

Ao conceber Nossa Senhora como vaso insigne de devoção, os escritores e pregadores mostram que ela tornou-se para os cristãos sinal e exemplo de vida dedicada a Deus. Os cristãos podem imitar sua existência devota, porque é modelo de adesão ao projeto de Deus. A "Virgem foi proposta pela Igreja à imitação dos fiéis, não exatamente pelo tipo de vida que levou ou, menos ainda, por causada do ambiente sociocultural em que se desenrolou sua existência, hoje superado quase por toda a parte; mas sim, porque, nas condições concretas da sua vida, ela aderiu total e responsavelmente à vontade de Deus (cf. 1,38); porque soube acolher sua palavra e pô-la em prática; porque sua ação foi animada pela caridade e pelo espírito de serviço" (Paulo VI. O Culto da Virgem Maria, n. 35).

Como membro do povo de Deus, Maria soube viver a piedade israelita. Toda a sua existência exprimiu sua entrega consciente e fiel a Deus, com dedicação total ao serviço da obra divina. Serva do Senhor (Lc 1,38), ela estava sempre atenta e disponível a Deus, acolhendo sua Palavra com amor e fé (Mc

3,31-35; Lc 8,19-21). Soube meditar em seu coração os desígnios de Deus e as palavras do Salvador (Lc 2,19.51).

Mulher de fé, Maria soube acreditar no Senhor (Lc 1,45). Traduz sua vida devota a Deus em oração profunda e constante. O "Magnificat" revela seu interior em sintonia e diálogo com Deus que intervém na história para salvar a humanidade (Lc 1,46-55). A cena das bodas de Caná mostra sua atitude de confiança e de intercessão diante do Salvador (Jo 2,1-2). No Cenáculo, a presença dela, em oração, confortava e animava a comunidade cristã para implorar a vinda e o dom do Espírito Santo (At 1,12-14).

7. Rosa Mística

A piedade cristã invoca Maria como Rosa Mística. É um título tradicional, que traz belo e profundo simbolismo.

A Ladainha de Nossa Senhora também arrola tal título na lista de suas invocações marianas. Contemplando a beleza e a profundidade dessa expressão, Ives Gandra da Silva Martins, jurista brasileiro, pontua: "No dia da Rosa Mística / Faço versos para Ti. / Não há qualquer estatística / De quanto fiz por aí".

A flor é o órgão da reprodução sexuada das plantas superiores, de acordo com o conceito da biologia. Além do sentido físico, a flor guarda significado profundamente simbólico na cultura humana.

As pessoas ficam encantadas com a beleza das flores. Seus desenhos, suas cores e seus perfumes tocam os sentidos humanos e despertam reações sublimes. Também atingem as faculdades mentais, as quais procuram seu significado e seu valor afetivo, intelectual e artístico. Uma flor que uma pessoa oferece a outra é portadora de uma mensagem muito rica e eloqüente. Os escritores, poetas e artistas formulam peças belíssimas em torno da flor.

A Bíblia ressalta também o rico simbolismo da flor. No Cântico dos Cânticos a flor significa o dinamismo do amor entre o homem e a mulher (Ct 2,1-2). No livro do Eclesiástico a flor lembra a beleza da criação, objeto de louvor do ser humano a Deus (Eclo 39,19). Ainda diz que o sumo sacerdote Simão resplandece no templo de Deus "como a rosa na primavera, como lírio junto da água corrente, como ramo de árvores de incenso no verão" (Eclo 50,8).

Os escritores e pregadores aplicaram o simbolismo da flor e da rosa a Nossa Senhora, ressaltando suas qualidades, suas virtudes e sua beleza. Essa aplicação é sugerida por uma passagem do profeta Isaías, que diz: "Do tronco de Jessé sairá um ramo, uma flor brotará de suas raízes" (Is 11,1). Essa flor de Jessé é interpretada pelos cristãos como Maria, dentro da linha da descendência do rei Davi. Dela nasce o fruto bendito, que é Jesus Cristo.

Os literatos e oradores chamam de "mística" a rosa que é Maria. Por que mística? Para eles, Nossa Senhora é a rosa mística porque possui todas as belezas da rosa sem ser atingida por suas faltas. Obra-prima do Criador, ela é a mulher pura e bela, sem pecado. Encontramos "nos escritos dos grandes Doutores e Padres da Igreja um montão de textos sobre Maria, Rosa mística. 'Rosa sem espinhos', gostam eles de dizer, porque sem pecado. Na longa genealogia de Jesus, encontramos muita flor espinhenta: 'Tamar, incestuosa; Raab, cortesã; Rute, idólatra; Betsabé, adúltera; Davi, além de adúltero, assassino; Salomão, Roboão, Acaz, Amon e outros, adoradores de falsos deuses'. Maria, porém, é rosa sem espinhos, ao contrário de Eva" (Pe. Paschoal Rangel, teólogo e escritor).

Pelos séculos XII e XIII, o beato Herrmann José, místico da Renânia, declarava em sua poesia: "Alegra-te, minha bela, / Clamo a ti: Rosa, Rosa / Linda, especiosa, formosa. / Mais rica de amor que as outras, / Ninguém a iguala entre as outras. / Alegra-te, Rosa do amor, / De suavidade admirável. / Hei de abraçar-te de todo o coração, / Jamais deixando-te de partir, / Ó tão doce a te saudar".

São Bernardo de Claraval (1091-1153), comparando Maria com Eva, dizia: "Maria é a rosa. Eva é o espinho que fere; Maria, a rosa que suaviza. Eva é o espinho que causa a morte de todos; Maria, a rosa que dá a todos a possibilidade de alcançar a salvação".

Santa Gertrudes (1256-1301), monja de Helfta, fazia uma belíssima saudação a Nossa Senhora como rosa mística, expressando assim: "Salve, ó lírio branco da Trindade resplandecente e sempre serena! Salve, ó Rosa de beleza celeste! É de vós que quis nascer o Rei dos céus; é de vosso leite que Ele quis se nutrir; dignai-vos também nutrir nossas almas dos divinos alimentos".

Nossa Senhora é a bela flor no grande jardim, que é a Igreja. Como membros da Igreja, os cristãos são desafiados e convidados a imitar suas qualidades, procurando fazer com que a beleza de suas vidas fique livre do pecado. O próprio Concílio Vaticano II (1962-1965) afirmava: "Enquanto na Beatíssima Virgem a Igreja já atingiu a perfeição pela qual existe sem mácula e sem ruga (cf. Ef 5,27), os cristãos ainda se esforçam para crescer em santidade vencendo o pecado. Por isso elevam os olhos a Maria que refulge para toda a comunidade dos eleitos como exemplo de virtudes" (Concílio Vaticano II. LG, n. 165).

8. Torre de Davi

Na tradição da Igreja Nossa Senhora é denominada torre de Davi. Esse título é expressão cara e muito sugestiva, que denota uma relação de segurança do devoto para com a Virgem Santíssima.

Essa invocação aparece na Ladainha de Nossa Senhora. Referindo-se a ela, Ives Gandra da Silva Martins, jurista brasileiro, assim se exprimiu: "Da linhagem de Davi / Teu Santo Esposo nasceu. / A Teu filho e para Ti / Toda a vida ofereceu".

Davi foi o segundo rei de Israel (1010-970 a. C.), sucessor de Saul. Filho de Jessé, recebeu em Belém a unção de Samuel, que fez dele o rei escolhido por Deus. Conseguiu unir as tribos, estabelecendo como capital Jerusalém. Durante seu reinado, obteve a vitória sobre os filisteus e fez crescer o território de Israel. Apesar de cometer adultério e outras falhas, é considerado um homem corajoso, magnânimo e de grande piedade. Imprimiu à realeza uma marca definitiva, de tal modo que o trono de Israel se tornou o "trono de Davi". Davi foi visto como o antepassado do rei libertador que o povo de Deus esperava no Antigo Testamento, do Messias anunciado pelo Antigo Testamento.

Na Bíblia, as torres não possuem o mesmo tipo de estrutura. Pode ser uma construção leve, isolada numa vinha (Is 5,2) ou em área livre (2Cr 26,10), que serve como posto de guarda contra animais e ladrões. Havia as torres de guarda que eram erigidas sobre pontos altos, fora das cidades, usadas para observação militar; quando o exército inimigo se aproximava, era denunciado por fumaça (2Rs 17,9; 1Cr 27,25). Havia também uma torre central dentro da cidade, a qual era cercada de muros e fortificações (Js 9,46-49). Já a torre de Davi era o ponto mais forte da cidade de Jerusalém, que lhe servia de defesa e proteção. Era resistente por sua edificação bem arquitetada, com seus baluartes.

O povo da Bíblia concebia Deus como seu defensor. Tinha-o como torre forte da cidade, que resiste aos ataques dos inimigos. O Salmo assim expressa: "Porque tu és meu refúgio, minha torre forte diante do inimigo" (Sl 61,4). O livro dos Provérbios ainda declara: "O nome do Senhor é torre fortificada; o justo corre para ela e fica protegido" (Pr 18,10).

Os oradores e escritores eclesiásticos atribuíram a Nossa Senhora a expressão "torre de Davi", pois ela é a Mãe de Jesus Cristo, o descendente do rei Davi, dentro da visão messiânica do povo de Deus (cf. Is 11,1; Jr 23,5; 33,15). O próprio Jesus é chamado por seus contemporâneos de "Filho de Davi", pois viam nele o Messias (Mt 9,27; 12,23; 15,22). Maria é torre onde foi gerado e protegido Aquele que o Senhor lhe dá o trono de Davi, pois vem trazer, de forma definitiva, o Reino de Deus, prometido ao povo de Deus (cf. Lc 1,32-33).

Maria é a torre de Davi por ser a Mãe dos homens, que os acompanha, protege e defende sempre. É a Mãe da Igreja que vela pelos cristãos. "Quando o cristão é zombado, perseguido com maldade, quando a Igreja é ameaçada por seus inimigos, onde encontrarão um ponto sólido para se defender, a não ser na Torre de Davi, a Virgem Maria? A Igreja não cessa de suplicar a Maria: 'Da mihi virtutem contra hostes tuos' (Dá-me forças contra teus inimigos). Aquele que agride a Igreja e os filhos de Maria vira-se também contra a Mãe deles. Baseada nessa confiança, é que a Igreja pede proteção da Santíssima Virgem contra seus inimigos" (Veremundo Toth, escritor mariano).

São Francisco de Sales (1567-1622), bispo e doutor da Igreja, bondoso e manso, teve grande influência moral e religiosa em seu tempo, conturbado por perseguições e intrigas entre católicos e protestantes. Apoiado na força protetora de Nossa Senhora, assim rezava com confiança: "Lembrai-vos e recordai, dulcíssima Virgem, que vós sois minha Mãe e que sou vosso filho; que vós sois poderosa e que eu sou um pobre homem, vil e fraco. Eu vos suplico, Mãe dulcíssima, que me guieis em todos os meus caminhos e ações. Não digais, ó Virgem graciosa, que vós não podeis! Pois vosso Filho bem-amado deu-vos todo poder, tanto no céu, como na terra. Não digais que vós não deveis; pois sois a Mãe comum de todos os pobres homens, particularmente a minha".

Diante das ameaças e desafios de nossa época, nós podemos recorrer a Nossa Senhora como Torre de Davi, para que ela nos proteja, nos inspire e nos ajude a fortalecer nossa fé, de modo a sermos coerentes e fiéis seguidores de Jesus Cristo, seu Filho.

9. Torre de Marfim

Uma das belas figuras, que a tradição emprega para Nossa Senhora, é a torre de marfim. Essa expressão "torre de marfim" é tomada das Sagradas Escrituras (cf. Ct 7,5).

A Ladainha de Nossa Senhora também traz esse título bonito. Ives Gandra da Silva Martins, jurista brasileiro, assim descreve o conteúdo desta invocação: "De um Reino que não tem fim, / Cruzando a ponte do Eterno, / Restas, Torre de Marfim, / Contra as porteiras do inferno".

O marfim é a substância fina e resistente, de um branco leitoso, de que são feitas as presas do elefante. O marfim exprime a idéia de solidez e de firmeza. Assim sendo, torre de marfim simboliza a virtude da fortaleza cristã.

A fortaleza é uma virtude muito importante para a conduta ética dos cristãos. É a "virtude moral que dá segurança nas dificuldades, firmeza e constância na procura do bem" (Catecismo da Igreja Católica, n. 1808). A fortaleza leva o cristão a ter equilíbrio entre os temores e a audácia.

Tendo em vista que não faltam dificuldades na existência humana e cristã, a fortaleza torna o discípulo de Jesus mais firme, para que possa ser fiel aos compromissos de fé com Jesus Cristo e com o Reino de Deus. A fortaleza leva-o a prosseguir na prática do amor. A "perseverança consiste na continuação de um esforço até o fim" (Frei Boaventura Kloppenburg, bispo e escritor). Além do esforço, o cristão precisa do auxílio de Deus, que o ajude na constância de seus propósitos e atos.

O cristão não pode viver na indecisão. Depois de tomar uma resolução, oriunda de um bom e objetivo discernimento espiritual, ele deve ter firmeza em sua escolha. A fortaleza lhe dá fidelidade à decisão tomada, para que possa construir sua vida com estabilidade.

O cristão está exposto às tentações que o desviam do projeto de Deus. A tentação significa "atração ou fascinação pelo pecado, crescendo de dentro da pessoa ou de fora dela (isto é, 'do mundo da carne ou do diabo'). Ela não é em si um pecado, mas sim uma oportunidade ou ocasião de provar a fidelidade a Deus" (Pe. Daniel L. Lowery, escritor). Pela fortaleza, o discípulo de Jesus resiste às tentações, combatendo-as com a ajuda da oração e da prudência.

Ao considerar Nossa Senhora como torre de marfim, os pregadores e escritores percebem nela a vivência exemplar da virtude da fortaleza. "A fortaleza de Maria manifesta-se na fidelidade a Deus, na perseverança daquele SIM que ela respondeu livremente ao convite divino para participar da obra da Encarnação. Devemos reconhecer a força de Maria na pobreza de Belém, na fuga e no exílio do Egito, na busca de seu filho, por três dias, até encontrá-lo no templo entre os doutores, na vida escondida de Nazaré, na perseguição de Jesus por seus inimigos, chefes do povo eleito. De maneira particular, contemplamos e admiramos a força de Maria debaixo da cruz: 'estava de pé junto à cruz de Jesus sua Mãe...' (Jo 19,25)" (Veremundo Toth, escritor mariano).

A fortaleza caracteriza a vida de Maria nos momentos difíceis, como o da crucificação de seu Filho Jesus no Calvário. Meditando a respeito da atitude firme dela na cruz, Santo Anselmo de Cantuária, exímio pensador cristão, concluiu: "Quando todos os discípulos fugiram, quando os homens o deixaram sozinho, para a glória do sexo feminino, essa Mulher forte permanece de pé, firme na fé e constante entre tantos tormentos junto à cruz de seu Filho. Ela era bela e valorosa como convinha a seu pudor original. Não demonstrava sinal algum de impaciência no meio de tanta amargura; não maldizia, não se revoltava, não pedia vingança a Deus contra seus inimigos; mas estava resignada, humilde, pacientíssima, desfeita em pranto e abismada na dor".

A Bíblia enaltece a mulher forte com as seguintes palavras: "Quem poderá encontrar a mulher forte? Ela vale muito mais do que pérolas. Ela se veste de força e dignidade, e sorri para o futuro. Ela abre a boca com sabedoria, e sua língua ensina com bondade. A graça é enganadora e a beleza é passageira, mas a mulher que teme a Deus merece louvor" (Pr 31,10.25-26.30). Esse perfil pode ser aplicado à pessoa de Maria. Ela é a mulher forte e digna, que foi fiel a Deus.

Dentro do contexto atual, em que os cristãos enfrentam tantos desafios e dificuldades, Nossa Senhora lhes serve de modelo de fortaleza. Seguindo o exemplo dela, eles são chamados a ser fortes, perseverando no projeto de Deus até o fim, sem esmorecimento.

10. Casa de Ouro

Na tradição da Igreja, Nossa Senhora foi intitulada pelos cristãos como casa de ouro. Essa bela figura traz rico e profundo simbolismo marial.

A Ladainha de Nossa Senhora atribui a Virgem Maria o mesmo título. Comentando essa invocação, Ives Gandra da Silva Martins, jurista brasileiro, diz a respeito da Mãe do Salvador: "Tiveste da mirra além, / Ouro, incenso e devoção, / Na cidade de Belém, / Logo após a Encarnação".

A expressão "casa de ouro" foi inspirada na Bíblia, evocando e lembrando o templo de Jerusalém. Dentro do povo de Deus, o templo de Jerusalém teve uma importância capital, tornando-se um dos centros principais de sua vida religiosa e nacional.

O templo de Jerusalém foi construído pelo rei Salomão no século X a.C. Após ter estabelecido Jerusalém como sede da monarquia, o rei Davi, pai de Salomão, mandou transferir para lá a Arca da Aliança e decidiu construir um templo para abrigá-la. Com efeito, o projeto foi posto em execução somente por Salomão.

Esse primeiro templo foi destruído durante a tomada de Jerusalém por

Nabucodonosor, o rei da Babilônia, em 687 a.C. A Arca da Aliança desapareceu. Apoiados pelos reis persas Ciro II e Dario I, os judeus repatriados edificaram o segundo templo por volta do ano 520 a.C. Foi retocado nos tempos dos Macabeus. Herodes Magno (37-4 a.C.) o embelezou amplamente.

Quando foi construído por Salomão, o templo foi revestido de ouro e madeira mais nobre. Assim descreve o primeiro livro dos Reis: "Salomão construiu o Santíssimo no fundo do templo, para aí colocar a arca da aliança. O Santíssimo tinha dez metros de comprimento, dez metros de largura e dez de altura; e ele o revestiu de ouro puríssimo. Fez um altar de cedro diante do Santíssimo, e o revestiu de ouro. Revestiu de ouro o templo inteiro, que ficou totalmente coberto de ouro" (1Rs 6,20-22). Daí a expressão "casa de ouro".

O templo tinha um significado muito profundo dentro da mentalidade do povo de Deus, pois era considerado a habitação de Deus, o lugar de seu culto (1Rs 6,1-17). Era a morada de Deus no meio do povo (2Rs 8,1-13). O Salmo 8 declara: "Senhor, eu amo a beleza de sua casa e o lugar onde reside sua glória" (Sl 26,8). O Salmo 122 exprime a alegria do povo, dizendo: "Alegreime quando me disseram: 'Vamos à casa do Senhor!'" (Sl 122,1). Outros salmos expressam a mesma felicidade (Sl 23,6; 83,5).

Contemplando a beleza e magnificência do templo, os autores cristãos apresentaram profundas reflexões sobre a Virgem Santíssima como casa de ouro. Tomaram como base uma passagem do livro dos Provérbios: "A Sabedoria construiu sua casa, talhando suas sete colunas" (Pr 9,1). Aplicaram essa passagem à pessoa de Maria. Ela é a habitação digna da Sabedoria, isto é, de Jesus Cristo, o revelador do projeto do Pai.

Pela encarnação do Verbo de Deus, Maria tornou-se o templo de Deus, pois recebeu, por nove meses, em seu útero o Filho de Deus. Comentando o texto de Provérbios 9,1, São Bernardo de Claraval (1091-1153) aplica-o à Mãe de Deus e diz: "Casa Virginal, sustentada por sete colunas, porque enriquecida pelos sete dons do Espírito Santo: o dom da sabedoria, da inteligência, do conselho, da fortaleza, da ciência, da piedade e do temor de Deus".

O Cardeal Pierre de Bérule (1575-1629), conhecido por seus escritos espirituais e por ter criado o Oratório de Paris, discorreu a respeito de Nossa Senhora como templo de Deus, expressando-se assim: "Vós sois o paraíso do segundo Adão, vós sois o Templo vivo de Deus encarnado, vós sois a ampla habitação daquele que não pode ser encerrado". E continua afirmando que ela "é na terra um céu vivo, destinado a portar um Sol vivo e um Sol estabelecido num firmamento mais alto. Na terra, ela é um Santuário que Deus enche de maravilhas".

Olhando para Nossa Senhora, os cristãos são chamados também a ser a casa de Deus. A Carta aos Hebreus declara que a "casa de Cristo somos nós, se conservarmos a firmeza da esperança, que é o nosso orgulho" (Hb 3,6). A Carta de São Paulo aos Coríntios traz o mesmo pensamento afirmando: "nós somos templos vivos do Deus vivo, como disse o próprio Deus: 'Habitarei no meio deles, e com eles caminharei. Serei seu Deus e eles serão meu povo'" (2Cor 6,16; cf. 1Cor 3,16).

11. Arca da Aliança

Em sua piedade, os cristãos chamaram Nossa Senhora de "arca da aliança". Esse título tradicional guarda em si um significado muito bonito e sugestivo.

A Ladainha de Nossa Senhora também invoca Maria como arca da aliança. Explicando essa invocação, Ives Gandra da Silva Martins, jurista brasileiro, exprime-se em termos poéticos, referindo à Mãe de Deus: "Teu povo fez um tratado / Com o Deus que Tu geraste, / O porvir vem do passado, / Como a flor que surge em haste".

Dentro do contexto das Sagradas Escrituras, a arca da aliança era um objeto sagrado, de grande valor para o povo de Deus. Constituía um cofre portátil, de madeira de acácia, com 1,25 m de comprimento, por 0,75 m de largura e 0,75 de altura. Coberta de ouro, era provida de anéis por onde passavam as barras que permitiam transportá-la. Por cima da arca, havia uma placa de ouro, o propiciatório, sobre o qual dois querubins, fixados nas extremidades, estendiam as asas (cf. Êx 25,10-22; 37,1-9).

Desde a caminhada do povo pelo deserto, a arca da aliança era colocada debaixo da tenda (Êx 25-26; 36-40). Era levada à frente dos israelitas, com cantos que acompanhavam sua partida e paradas (Nm 10,33-36). Os levitas a transportavam (Dt 10,8).

A arca da aliança teve grande importância durante a conquista, quando o povo, que vinha do deserto, entrou na Palestina (Js 3-6). Depois ela ficou em Guilgal (Js 7,6), subiu a Boquim, perto de Betel (Jz 2,1-5; 20,27) e, finalmente, ficou em Silo (1Sm 3,3), onde permaneceu por muito tempo. Os filisteus a capturaram na batalha de Afec (1Sm 4,3-11), mas tiveram de devolvê-la (1Sm 5,1-7,1). O rei Davi a transportou, solenemente, a Jerusalém, capital da Palestina (2Sm 6). Seu filho, rei Salomão, construiu o templo para nele a fixar (1Rs 6,19; 8,1-9).

A arca marcou profundamente a vida religiosa do povo, pois teve rico significado para ele. Era o sinal visível da presença de Deus (1Sm 4,6; 2Sm 6; 1Rs 8), guiando, protegendo e orientando o povo (Nm 10,33-36; 1Sm 4; 2Sm 11,11). Continha o decálogo, símbolo característico da aliança de Deus com seu povo (Êx 20,1-21; 24,12-18; Dt 5,1-22; 10,1-8). Era dotada de poder sagrado (1Sm 5; 6,19; 2Sm 6,7; Nm 4,5.15; 1Rs 8,8).

Os autores cristãos comparam o papel de Maria na história da salvação com a arca da aliança. Partem do pressuposto de que Jesus Cristo instaurou a nova e definitiva aliança com sua vida, morte e ressurreição (Lc 22,20; 1Cor 11,25; Hb 8,6-13; 9,15-23). Depois, consideram Maria como arca da aliança, pois porta dentro de si Jesus Cristo, o qual é o Deus Conosco, a presença viva de Deus na história da salvação (cf. Mt 1,23). Ela é a "arca viva que carregou o Salvador que dela nasceu" (Pe. José Geraldo Vidigal de Carvalho, escritor mariano).

Teodoro de Ancira, escritor eclesiástico, afirmou que Nossa Senhora pode ser comparada com a arca da aliança porque ela "continha não a lei, mas o Legislador".

Em suas reflexões, Santo André de Creta preconizou que Maria é "a nova arca de Deus, onde repousa o Espírito Santo".

Na Bula "Gloriosae Dominae", de 27 de setembro de 1748, por motivo do segundo centenário das Congregações Marianas, o Papa Bento XIV (1740-1758) escreveu com muita propriedade: "A Igreja proclama Nossa Senhora Arca Mística da Aliança, em que se cumpririam os mistérios da nossa reconciliação".

Além disso, os autores cristãos fazem a relação de Nossa Senhora como arca da aliança com os sacrários das igrejas. Assim como ela guardou em seu seio o Verbo encarnado, agora os sacrários contêm o mesmo Salvador, presente nas hóstias consagradas. Os sacrários são pequenas "arcas da aliança", onde o povo pode experimentar a presença certa do Deus que habitou no útero da Virgem Santíssima.

Discorrendo sobre o mistério da Eucaristia em relação à Mãe de Jesus, assim São Pedro Damião (1007-1072) se expressou: "Esse Corpo de Cristo que ela gerou e portou em seu seio, que envolveu em panos, que nutriu com cuidado tão maternal, é o mesmo Corpo que nós recebemos no altar. Por maior que seja a honra que lhe possamos tributar, fica abaixo de seus merecimentos, pois ela que nos preparou em suas castas entranhas a Carne imaculada que nutre as almas. Eva comeu um fruto que nos privou do banquete eterno; Maria nos presenteia um outro que nos abre a entrada do banquete celeste".

12. Porta do Céu

Ao longo da tradição da Igreja, os cristãos veneram Nossa Senhora como porta do céu. Trata-se de um título muito interessante, que desvela aspectos importantes do papel da Mãe de Jesus no itinerário cristão.

A Ladainha de Nossa Senhora também homenageia Maria com esse título. Quando trata a Virgem Santíssima como porta do céu, Ives Gandra da Silva Martins, jurista brasileiro, assim se expressa: "A imensidão celestial / Tem um portão bem preciso, / O mar é feito de sal / E o mundo, de Teu sorriso".

A meta do cristão é entrar no céu, após sua perseverança no projeto de Deus. O céu "é o fim último e a realização das aspirações mais profundas do homem, o estado de felicidade suprema e definitiva" (Catecismo da Igreja Católica, n. 1024).

O céu é a comunhão definitiva do ser humano com Deus. O céu "consiste em ver, amar e possuir definitivamente a Deus, desfrutando do seu Infinito Bem e, com ele, de todos os outros bens, sem mistura de mal algum" (Dom Enrique Pèlach, bispo e escritor catequético). É a plena salvação das pessoas humanas em Deus.

Os seres humanos, que morreram na graça e na amizade de Deus, entram no céu. Como bem-aventurados, eles "vêem claramente o próprio Deus, em sua Unidade e Trindade, tal como é", como bem declarou o Concílio de Florença, em 1439.

A entrada no céu foi possibilitada por Jesus mediante sua vida, morte e ressurreição. "A vida dos bem-aventurados consiste na posse em plenitude dos frutos da redenção operada por Cristo, que associou a sua glorificação celeste os que creram nele e que ficaram fiéis a sua vontade. O céu é a comunidade bem-aventurada de todos os que estão perfeitamente incorporados" ao Cristo Jesus (Catecismo da Igreja Católica, n. 1026).

Após a morte, os seres humanos, que tiveram fé em Jesus e praticaram seus ensinamentos, irão experimentar a felicidade perfeita e eterna pela posse e contemplação de Deus. Eles alcançarão a visão beatífica, que é essa contemplação de Deus em sua glória celeste. Assim dizia Santo Ambrósio (339-397) de maneira magistral: "Qual não será a tua glória e a tua felicidade: ser admitido a ver a Deus, ter a honra de participar das alegrias da salvação e da luz eterna na companhia de Cristo, o Senhor teu Deus (...) desfrutar no Reino dos céus, na companhia dos justos e dos amigos de Deus, das alegrias da imortalidade adquirida".

Os cristãos chamam Maria de porta do céu justamente porque confiam que ela os ajude a entrar no céu com segurança. São João Damasceno (675-749) afirmou a respeito dela: "Vós sois a porta de Deus, brilhante pela perpétua virgindade. Vossas mãos levarão a Deus e vossos joelhos ser-lhe-ão um trono mais sublime que o dos querubins. Vossos pés, conduzidos pela luz da lei divina, seguindo-o num curso sem desvio, arrebatar-vos-ão até a posse do Bem-amado".

Considerando-a porta do céu, os cristãos exprimem a certeza de que a Mãe de Deus estará com eles no momento da morte, quando forem fazer a passagem para a eternidade. Uma oração mariana do século XV manifesta essa confiança: "Ó Senhora dos anjos e porta do paraíso... Eu te peço que me socorras e venhas a mim na hora que tanto me faz temer, quando a morte muito amarga estará perto de mim, sejas à minha alma torre forte para refúgio e arma para os crudelíssimos inimigos do inferno, tão horríveis, não me possam espantar, nem sejam tão atrevidos que me joguem na cara um pecado que eu tenha feito. Mas seja por ti, doce Senhora, guardado por toda a parte, e cercado com benignidade, que seja apresentado por ti a teu Filho".

A missão de socorro de Maria junto aos cristãos não visa substituir a obra salvadora de Jesus, mas depende dela. Ao denominá-la como porta do céu, os autores cristãos defendem que o Salvador, ao vir ao mundo através dela, abre para os seres humanos a possibilidade de sua entrada no céu. Assim afirmava Santo Anselmo de Cantuária (1033-1109) a respeito da missão dela: "Tu és a porta celeste, pela qual passou o Emanuel, o Deus conosco".

Jacó, patriarca do povo de Deus, teve um sonho em que viu uma escada que da terra se erguia até o céu (Gn 29,10-22). Com temor e respeito, ele exclamou: "Esse lugar é terrível. Não é nada menos que a Casa de Deus e a Porta do Céu" (Gn 28,17). Comentando o episódio, Santo Agostinho (354-430) assim interpretava: "A humildade de Maria tornou-se a escada celestial, pela qual Deus desceu à terra, a fim de que por ela os homens merecessem subir ao céu".

13. Estrela da Manhã

A devoção popular e a literatura eclesiástica atribuem a Maria, Mãe de Jesus, o título de estrela. Nossa Senhora é a estrela da vida cristã.

A Ladainha de Nossa Senhora invoca a Virgem Santíssima como a estrela da manhã. Ives Gandra da Silva Martins, jurista brasileiro, sintetiza seu significado, dizendo: "A 'grande explosão' é nada / E a tese dos sábios vã, / Tu és pela madrugada, / Nossa Estrela da Manhã".

A Igreja chama Maria de estrela da manhã. Ela é a estrela brilhante da manhã que, após as trevas da noite, anuncia o surgimento de Jesus Cristo, que pode ser comparado ao sol da manhã. As Sagradas Escrituras aclamam o Salvador como o sol nascente que visita a humanidade: "Graças ao misericordioso coração de Deus, o sol que nasce do alto nos visitará, para iluminar os que vivem nas trevas e na sombra da morte; para guiar nossos passos no caminho da paz" (Lc1,78-79). Maria é aurora da salvação, que comunica a vinda do Salvador da humanidade, o sol da justiça.

São Bernardo de Claraval (1091-1153), monge e escritor eclesiástico, explicou, com muita propriedade e clareza, o significado dessa invocação mariana. Assim ele se expressou: "A comparação com o astro é perfeita: o astro emite seus raios sem sofrer alteração, a Virgem dá à luz seu filho sem sofrer nenhuma lesão, pois, assim como o raio não diminuiu em nada o brilho do astro, o Filho guarda intacta a integridade da Virgem. Ela é bem essa nobre estrela de Jacó, cujos raios iluminam o universo inteiro, cujo brilho resplandece no mais alto dos céus e penetra até os abismos. Brilhando também sobre todas as terras e aquecendo as almas antes dos corpos, ela faz crescer as virtudes, consome os vícios. Ela é aquela esplêndida estrela que se levanta sobre a imensidade do mar, resplandecente pelos seus méritos, fulgindo por seus exemplos. Ó tu que te sentes longe da terra firme, levado pelas ondas deste mundo no meio das intempéries e tempestades, não tires dos olhos a luz deste astro, se tu não queres soçobrar".

A Mãe do Salvador chamada a estrela do mar, pois guia os caminhos da humanidade para a meta, que é Deus. Como a estrela do mar orienta os navegantes para que possam chegar ao porto almejado, assim Maria norteia os cristãos para que alcancem o projeto de Deus. O próprio São Bernardo asseverava: "Experimente tirar Maria, essa estrela do mar, e verá o que resta a não ser obscuridade que avança e envolve tudo na sombra da morte e na treva profunda".

O hino antigo "Alma da Mãe do Redentor", do século IX, saúda a Virgem Santíssima, dizendo: "Estrela do Mar, socorrei o povo que caiu e quer levantar-se".

Em seus "Sermões", Pe. Antônio Vieira, célebre literato que morou no Brasil, afirmava que Maria "não somente ilumina como sol, mas guia como estrela do mar".

O Papa João Paulo II preconiza que "Maria não cessa de ser a 'estrela do mar' (Stella maris) para todos aqueles que ainda percorrem o caminho da fé" (Encíclica Redemptoris Mater, n. 6).

Maria é também considerada estrela da tarde. Ela é a "Estrela da Tarde, Vésper, aquela que brilha ainda depois que o Sol se pôs. Maria é esperança para os pecadores, que, por fraqueza, se esqueceram ou se afastaram de Cristo. O Sol, Jesus, se pôs para eles. Mas Vésper desponta, mantém ainda a luz indireta, recorda a graça, chama o homem de volta, cria saudades de Cristo" (Pe. Paschoal Rangel, teólogo e escritor).

O Papa Paulo VI denominou Nossa Senhora de estrela da evangelização, dizendo: "Na manhã de Pentecostes, Maria presidiu na oração o início da evangelização, sob a ação do Espírito Santo. Seja ela também a Estrela da Evangelização sempre renovada, que a Igreja, já, obediente ao mandato do Senhor, sempre procura e realiza nestes tempos difíceis mas cheios de esperança" (Exortação Apostólica Evangelii Nuntiandi, n. 82).

No órgão de comunicação "Voz do Paraná", de maio de 1984, Vanderlino Estanislau comentou esse título dado por Paulo VI: "Maria é a Estrela da Evangelização porque está comprometida com a obra histórica da Palavra encarnada. A Virgem Maria não recebeu a Palavra divina para si mas para comunicá-la ao mundo. Por isso, quando a Igreja exerce sua tarefa missionária, não faz mais do que imitar a ação de Maria, acolhe a palavra e a transmite aos povos, gerando-os para o Evangelho. Assim, a Igreja é Mãe, na medida em que for imagem de Maria".

14. Saúde dos Enfermos

A tradição da Igreja saúda Maria como saúde dos enfermos. Esse título nasceu da íntima devoção que o povo tem para com Nossa Senhora.

A Ladainha de Nossa Senhora traz essa invocação mariana entre suas denominações. Ives Gandra da Silva Martins, jurista brasileiro, refere-se à Maria dizendo: "São os enfermos teu louro, / Tua pá de reconquista. / A Virgem, que se faz ouro, / por nomes tem uma lista".

A enfermidade caracteriza a condição humana histórica. "A doença é parte de nossa existência. Quem está com boa saúde esquece. Mas um dia a doença aparece. Também está presente em muito de nossos irmãos ainda que não queiramos vê-los. A doença é sinal de nossa fraqueza; essa vida é uma luta e não somos sempre vencedores" (José Comblin, teólogo brasileiro).

A doença traz sofrimento ao ser humano. Faz o enfermo experimentar a dor, o sofrimento e a solidão. Ele já não pode cuidar de si, mas depende de outros. A "doença, que enfraquece simultaneamente o corpo e a alma, ressalta de modo agudo a limitação e a impotência do homem. O corpo perde a mobilidade e energia, tendendo a se converter em objeto passivo e inerte, que precisa ser manipulado e removido por outros" (J. L. Idígoras, jesuíta e escritor).

Na Bíblia, a enfermidade constitui oportunidade para que o doente se aproxime de Deus. A doença faz o ser humano tomar consciência de sua contingência e desperta nele a necessidade de recorrer a Deus. As orações dos doentes e atribulados são belas e numerosas no livro do Saltério (Sl 6,2-6; 32; 38,2-4; 39; 88,102). Pela súplica por saúde, o homem busca a Deus e reconhece sua dependência dele (Sl 41; 1Rs 20,1-11).

No Novo Testamento, aparece Jesus Cristo que se faz solidário com os doentes e com os que sofrem. A cura dos doentes foi uma de suas atividades mais importantes (Mt 4,23-24; 8,1-17; 9,1-8; Lc 13,10-16). Com esse gesto, Jesus anuncia o poder que tem de regenerar a criação inteira, fazendo acontecer o Reino de Deus e a reconciliação da humanidade com Deus (Mc 2,1-12; Jo 5,1-30). Jesus pede a fé dos doentes, para que acreditem em seu poder, confiem nele e se entreguem a Ele (Mt 9,28; Mc 5,36; 25,28; Mc 5,36; 10,52).

Ao considerar Maria como saúde dos enfermos, os cristãos suplicam, com confiança, para que ela assista os doentes e interceda junto a Jesus pela cura deles. Ao lado de outras invocações semelhantes, como "Senhora dos Remédios", "Nossa Senhora da Saúde", "Medicina do Mundo" e "Consoladora dos Aflitos", esse título demonstra a "grande confiança dos que, em seus males físicos, recorrem a Maria" e atesta "as inumeráveis curas a ela atribuídas" (Ir. Aleixo Maria Autran, marista e mariólogo brasileiro).

No século XI, São Pedro Damião (1007-1072) exprimiu a confiança filial que o devoto deve ter na ajuda maternal de Nossa Senhora, dizendo: "A vossas mãos são confiados todos os tesouros da divina misericórdia e somente vós fostes escolhida para receber o depósito de graça tão maravilhosa. Não permita Deus que vossa mão fique vagarosa, já que vós só buscais a ocasião de salvar os miseráveis e derramais, sobre eles, misericórdia".

Já Santo Anselmo de Cantuária (1033-1109) expressou o louvor à Mãe de Jesus porque "Vosso parto, ó Senhora, remiu o mundo cativo; doente, foi curado; e morto, ressuscitado".

Por sua vez, São Bernardo de Claraval (1091-1153) incitou os devotos, que estavam sofrendo, a buscar seu socorro na Virgem Santíssima. Assim afirmava: "Que nossa alma inquieta corra então a essa fonte, que nossa miséria sacie-se com ardor neste tesouro de misericórdia. Que vossa misericórdia faça conhecer ao mundo a graça que vós encontrastes junto de Deus, obtendo, por vossas santas preces, o perdão dos pecados, a saúde dos doentes, a coragem aos pusilânimes, a consolação aos aflitos, o socorro e a libertação aos que estão em perigo".

A cura de Maria Ferrand, que aconteceu em 1903, no Santuário de Nossa Senhora de Lourdes (França), levou à conversão o notável médico Dr. Aléxis Carrel. Já convertido, ele pronunciou a seguinte prece: "Virgem misericordiosa, socorro dos aflitos que humildemente vos imploram, guardai-me! Em vós eu creio, doce Virgem: a minha dúvida quiseste responder com um milagre impressionante. A verdade, porém, é que não soube vê-lo e que, ainda agora, a dúvida permanece em minha alma. No entanto, Virgem Santíssima, meu maior desejo, o alvo supremo de todas as minhas aspirações, é crer; crer com uma fé sem limites, onde não entrem discussões nem críticas".

15. Consoladora dos Aflitos

A Igreja invoca Nossa Senhora como consoladora dos aflitos. Esse título mariano está ligado, de forma profunda, à condição humana, e coloca a presença de Maria em relação com o ser humano.

A Ladainha de Nossa Senhora também se dirige à Virgem Santíssima como consoladora dos aflitos. Ives Gandra da Silva Martins, jurista brasileiro, diz à Mãe de Jesus: "Todos nós somos, um dia, / Da aflição um prisioneiro, / Mas és Tu, Virgem Maria, / O consolo, por inteiro".

Em sua condição humana, as pessoas experimentam o sofrimento e a aflição. "O sofrimento constitui uma das experiências básicas da existência humana. Nascemos em meio à dor e morremos do mesmo modo. E entre esses dois extremos freqüentemente há uma trajetória de sofrimento. Trata-se de uma conseqüência da condição humana, da pequenez e contingência do homem em um mundo vasto e violento, bem como da inevitável luta pela vida diante da natureza inóspita e dos adversários humanos" (J. L. Idígoras, jesuíta e escritor).

Os sofrimentos e as aflições marcam a existência humana. Acontecem na vida das pessoas e deixam, muitas vezes, conseqüências profundas. Às vezes, provêm de fora. Ocorrem quando se perde um ente querido e próximo. Davi, rei dos judeus, chorou a morte de seu filho Absalão, dizendo entre soluços: "Meu filho Absalão! Por que não morri em vez de você! Meu filho Absalão!" (1Sm 19,1). O próprio Jesus ficou triste com a morte do amigo Lázaro (Jo 11,35).

Outros sofrimentos surgem da própria pessoa, de seu interior e de seu corpo. As aflições internas "provêm das moléstias orgânicas, dos estados mórbidos e psíquicos, da luta permanente entre o bem e o mal" (Pe. José Geraldo Vidigal de Carvalho, escritor mariano). A idade também enfraquece as forças vitais.

Existem também sofrimentos injustos, revelando-se, ao mesmo tempo, absurdos e escandalosos. "Os sistemas de morte que vigoram nos países subdesenvolvidos, causam males irreparáveis à vida humana. Através da fome, produzem involução cerebral nas crianças, redução de capacidade mental e física. Sacrificam os seres humanos a ponto de convertê-los em exemplares de sub-raça humana. O 'sistema de morte' obriga morrer antes da hora. Não é possível conviver com essa realidade. Não há como manter relações pacíficas com o sistema necrogenético. Não é possível fazer-lhe concessões. É situação gritante. Ignomínia intolerável" (Pe. Juvenal Arduini, filósofo cristão brasileiro).

Os sofredores e aflitos buscam auxílio e ânimo junto a Nossa Senhora, porque ela é considerada a consoladora dos aflitos. Desde a antigüidade, a Igreja ensina os cristãos a rezarem à Mãe de Deus, suplicando que ela socorra aqueles que sofrem e se angustiam. "Desde o princípio da Igreja, estar com Maria, poder contar com ela, aproximar-se de seu coração, ouvi-la, vê-la, saber que ela intercedia pelo sofredor, enchia os corações cristãos de alegria" (Pe. Paschoal Rangel, teólogo e escritor).

Pelos séculos VII e VIII, São Germano (634-733), patriarca de Constantinopla, apresentou uma bela e profunda prece a Maria, meditando sobre ela como consoladora dos aflitos. Assim ele rezava à Virgem Santíssima: "Quem, então, depois de vosso Filho, interessa-se, como vós, pelo gênero humano? Quem nos defende, sem cessar, em nossas tribulações? Quem nos liberta tão depressa das tentações que nos assaltam? Quem se entrega com tanta pena para suplicar pelos pecadores? Vós nos salvais, pelas vossas súplicas e intercessões, dos suplícios eternos. Também o aflito refugia-se em vós. Aquele que sofreu injustiça, recorre a vós. Aquele que está cheio de males, invoca vossa assistência. Tudo que é vosso, Mãe de Deus, é maravilhoso, tudo é maior que a natureza, tudo ultrapassa nosso entendimento e nosso poder. Vossa proteção também está acima do pensamento".

Santo Anselmo de Cantuária (1033-1109) legou-nos uma súplica em que o cristão é convidado a contar com a proteção e o consolo da Mãe de Jesus: "Ó Maria, grande Maria, a maior das Marias bem-aventuradas, maior que todas as mulheres! Ó tão grande Senhora! Meu coração quer vos amar, minha boca deseja vos louvar, meu espírito deseja vos venerar, minha alma aspira a vós orar; todo o meu ser recomendar-se à vossa proteção. Ó coração de minha alma, faze esforço e vós, profundezas íntimas de mim mesmo, com toda a vossa capacidade, esforçai-vos de louvar seus méritos, de amar sua beatitude, de admirar sua alteza, de implorar sua benevolência, porque vós precisais todo dia de seu patrocínio; vosso desejo suplica; vossas súplicas obterão, senão segundo vossos desejos, certamente além dos nossos merecimentos".

16. Auxílio dos Cristãos

Experimentando a proteção de Nossa Senhora, a Igreja a invocou como auxílio dos cristãos. Esse título revela o papel que a Mãe de Jesus exerceu e exerce em prol da comunidade daqueles que seguem Jesus.

A invocação de Maria como auxílio dos cristãos está inclusa na Ladainha de Nossa Senhora. Ives Gandra da Silva Martins, jurista brasileiro, expressa a confiança no auxílio de Maria: "Somos um povo cristão, / Cujo auxílio és Tu, Maria, / Entre o bem e o mal um vão / Tu alargas, cada dia".

Ao estudar a história da Igreja, constata-se a presença sempre atuante de Nossa Senhora, que a auxilia em momentos desafiadores. "A Igreja sempre experimentou auxílio eficacíssimo da Mãe de Deus nas perseguições exercitadas pelos inimigos da fé cristã. Desde os primeiros séculos de nossa era, nas perseguições tempestuosas, tomou força o costume de invocar a Virgem Maria sob o título de 'Auxílio dos Cristãos'" (Pe. Antônio Lúcio da Silva Lima, escritor mariano).

No século VII, a península Ibérica foi tomada pelos árabes muçulmanos, ameaçando os povos europeus que haviam se convertido ao cristianismo. Os portugueses e espanhóis, que habitavam tal região, lutaram por nove séculos para reconquistar sua autonomia. Em 722, Pelayo derrotou os invasores em Covadonga, recorrendo ao auxílio da Mãe de Deus. Quando os cristãos e aliados libertaram a Espanha dos árabes no século XV, construíram, em Toledo, a igreja da Virgem da Vitória, em agradecimento à ajuda de Nossa Senhora. Sempre nas batalhas os soldados conduziam bandeiras com a imagem de Nossa Senhora.

Ainda no século XV os muçulmanos começaram a invadir a Europa pelo Oriente. Em 1453 derrotaram o império cristão de Bizâncio e tomaram Constantinopla. O papa Nicolau V (1447-455) convocou os povos cristãos para lutarem contra os invasores. Essa cruzada foi apoiada pelo seu sucessor, o papa Calisto III (1455-1458). Em 1456, em Belgrado, os soldados, comandados por João Hunyadi e São João Capistrano, derrotaram os muçulmanos, invocando os nomes de Cristo e de Maria.

No século XVI, a força naval dos muçulmanos ameaçava de novo a Europa pelo mar Mediterrâneo. O papa Pio V (1556-1572) procurou enfrentar o perigo ameaçador, conseguindo a aliança da Espanha com Veneza. A esquadra aliada, liderada pelo Príncipe Dom João d'Áustria, obteve a vitória contra os inimigos em Lepanto, na Grécia, no Golfo de Corinto, aos 7 de outubro de 1571. Durante a batalha, o Pontífice rezava, com os devotos, o rosário a Nossa Senhora, implorando sua proteção. Demonstrando sua gratidão para Maria, São Pio V incluiu na Ladainha de Nossa Senhora a invocação, "Auxílio dos Cristãos". Também ordenou celebrar, no dia 7 de outubro, a festa de Nossa Senhora da Vitória.

Todavia, a ameaça invasora não terminou. Em 1683, as tropas turcas atacaram Viena, com o projeto de invadir a Europa. Os países cristãos organizaram um exército, que liderado pelo rei polonês João Sobienski, conseguiram derrotar os invasores. Também lutaram para libertar a Hungria do domínio dos muçulmanos, já havia 150 anos. Agradecendo o auxílio da Mãe de Jesus, o papa Inocêncio XI (1676-1689) estabeleceu a festa do Santíssimo nome de Maria, no dia 12 de setembro.

Em 1809, Napoleão Bonaparte enviou seu exército para a Itália, invadindo-a e aprisionando o papa Pio VII (1800-1823). Deportou-o para a França, mantendo-o prisioneiro, primeiro em Savona e, depois, em Fontainebleau. O Pontífice recorreu à Virgem Maria para manter a coragem e ser liberto. Quando ficou livre em 1814, pôde voltar a Roma. Em gratidão, coroou a imagem de Nossa Senhora de Savona. Também, em 1816, instituiu a festa de Nossa Senhora Auxiliadora, fixando-lhe a data em 24 de maio.

Em 1859, São João Bosco fundou, em Turim, Itália, a Congregação dos Salesianos. Juntamente com a Madre Maria Mazzarello, fundou o ramo feminino, denominado Filhas de Maria Auxiliadora. Os salesianos e as salesianas dedicaram-se e ainda dedicam-se à educação de crianças e jovens. São João Bosco colocou os religiosos sob a proteção de Nossa Senhora Auxiliadora. Ele escolheu esse título mariano porque a Igreja, em épocas difíceis, necessita da ajuda especial da Mãe de Jesus para defender e promover a fé cristã.

Alonso Cano

VI REFÚGIO DE MARIA

1. Nossa Senhora, nosso refúgio

A invocação de Nossa Senhora como refúgio tem fundamento bíblico. Para compreendermos melhor essa invocação, podemos recorrer à iluminação da Bíblia, como o fizeram os Padres da Igreja, os escritores marianos e os pregadores sacros.

Na Bíblia, Deus é visto como o refúgio do ser humano, com perspectiva bem positiva. Movido por misericórdia, Deus se manifesta como auxílio dos que precisam de seu amparo e sustentáculo em suas necessidades, perigos e angústias.

A idéia do refúgio divino provém da instituição veterotestamentária das cidades de asilo ou refúgio, existentes no antigo Israel. As cidades de refúgio acolhiam e abrigavam os homicidas involuntários, que tinham cometido um crime por acidente. Eram protegidos contra o vingador de sangue (redentor), que era um parente próximo que procurava vingar a vítima e realizar a justiça, matando o assassino. Havia seis cidades de refúgio em Israel: três a oeste de Jordão (Cedes de Neftali, Siquém e Hebron) e três a leste (Rúben, Ramot de Galaad em Gad e Gola em Manassés). Asilados nessas cidades, os homicidas involuntários eram salvos, garantido sua vida (Nm 35,9-29; Dt 4,-44; Jo 20,1-9). Assim, a instituição das cidades de refúgio visava quebrar a cadeia automática das vinganças, tão destrutivas nas sociedades primitivas.

Biblicamente falando, Deus é como essas cidades de refúgio, pois acolhe e protege aquele que se aproxima dele, busca seu socorro e, mesmo quando em pecado, suplica seu perdão. Há dez salmos que falam de Deus como refúgio e força do ser humano (cf. Sl 9,10; 17,3; 30,4; 31,7; 58,17; 70,3; 89,1; 93,22; 95,2; 143,2). Vejam as belas palavras do Salmo 17: *"Senhor, meu firme apoio, meu baluarte, meu libertador, ó meu Deus, minha rocha de refúgio, meu escudo, força, de minha salvação, meu asilo"* (Sl 17,3).

Deus é a força salvadora da pessoa que a Ele recorre sempre, mesmo no pecado. O homem pecador, que carrega dentro de si a acusação de seu pecado, onde encontrará sua proteção contra a voz vingadora da própria consciência, contra a angústia por sua infidelidade? É Deus o refúgio daquele que confessa seu pecado. Diz o Sl 31: *"Sois para mim proteção e refúgio; na minha angústia me haveis de salvar e envolvereis minha alma no gozo da salvação que me vem só de vós"* (Sl 31,7).

O Deus bondoso chama, sem cessar, os pecadores à penitência e à conversão. Experimentando a bondade divina, o pecador sente confiança na salvação de Deus. Assim diz o segundo livro dos Reis: "*Deus é minha defesa, nele esperarei. É o meu escudo e o sustentáculo de minha salvação. Ele me exalta, é meu abrigo. Ó meu Salvador, tu me livrarás da iniqüidade*" (2Rs 22,23).

Deus acolhe a todos, sem distinção, porque é rico em misericórdia (Ef 2,4). Na Bíblia, a misericórdia divina é caracterizada pelo amor que significa ternura ("rahamim" em hebraico), graça ("hanun" em hebraico), bondade ("hesed" em hebraico) e fidelidade ("émet" em hebraico) (Êx 34,6-7). Deus é bondoso e misericordioso para sempre (Sl 106,1; 107,1; 138,8; Dn 3,39).

Nosso Senhor Jesus Cristo estampa em si mesmo a fisionomia da misericórdia divina, sendo fiel ao Pai e solidário aos homens (Hb 2,5-18). Seus gestos e atitudes são de misericórdia, compaixão, ternura e perdão para com todos: os pobres e abandonados (Mt 14,32; 20,34), os pecadores (Mt 9,13; 11,19), as mulheres (Lc 7,36-47; Jo 8,1-11), Zaqueu (Lc 19,1-10), Pedro (Lc 22,61-67), o ladrão na cruz (Lc 23,43) e tantos outros.

Por sua prática libertadora e suas palavras dirigidas às pessoas, Jesus revela a misericórdia do Pai, que acolhe a todos, oferece-lhes o perdão e restaura a dignidade humana ferida pelo pecado e pela exclusão (Lc 1,15-32). De fato, o Deus verdadeiro é o Pai misericordioso, que tem bondade e ternura para com seus filhos e filhas (2Cor 1,3; Tg 5,11; 1Tm 1,2).

O conceito bíblico de refúgio foi aplicado a Nossa Senhora pela tradição da Igreja. Os Padres da Igreja, oradores sacros e escritores consideraram Maria como refúgio que acolhe e socorre as pessoas que a ela recorrem.

Para os pregadores e escritores marianos, Nossa Senhora é como as cidades de refúgio e de asilo, pois recebe sob seu manto protetor todos aqueles que, mesmo depois da maior falta, do mais triste pecado, sinceramente arrependidos, recorrem a ela para merecerem o perdão de seu Filho Jesus. A invocação "Maria como refúgio" é como dístico tirado de "Cidade de refúgio".

2. A tradição eclesial nos fala de Maria como refúgio

Nossa Senhora, a Mãe do Santíssimo Redentor, é nosso refúgio. Como peregrinos da história, nós podemos nos refugiar sob a proteção indelével de Maria, a Santa Mãe de Deus. A Santíssima Virgem é nosso amparo, socorro e auxílio.

A tradição multissecular de nossa Igreja dirige-se a Nossa Senhora como refúgio. Em diversas obras de Padres da Igreja e de teólogos da tradição cristã podemos encontrar que Maria é o refúgio daqueles que a invocam e dos pecadores que se convertem.

É interessante observarmos que Santo Efrém (306-373), diácono, teólogo, poeta e grande compositor de hinos, já no século IV aplicou a Maria o termo bíblico de refúgio. Dizia o escritor com piedade:

"Somente em vós encontra o gênero humano seu refúgio, somente por vós espera ser defendido".

Mais tarde, pelos séculos VII e VIII, São Germano (634-733), patriarca de Constantinopla, dirigiu uma oração a Nossa Senhora, cheia de misericórdia:

"Ó Vós, toda casta, toda benigna e cheia de misericórdia, Soberana, consolação dos cristãos, refúgio mais seguro dos pecadores, alívio mais tranqüilo dos aflitos, não nos deixeis órfãos, privados de vosso socorro. Se algum dia fôssemos por vós abandonados, onde nos refugiaríamos?"

Santo Anselmo (1033-1109), monge, teólogo e bispo de Cantuária (Inglaterra), legou-nos a belíssima súplica a Nossa Senhora, que traduz muito bem a idéia da proteção mariana. Assim ele rezou:

"Ó Rainha dos anjos, Soberana do mundo, mãe daquele que purifica o mundo, confesso que meu coração é manchado demais para não ter de me envergonhar ao voltar a vós, a própria Pureza, e voltando a vós, possa ser digno de vos tocar. Ó, vós então, Mãe daquele que salvou minha alma, de todo o meu coração, enquanto posso, suplico-vos.

Atendei, ó minha Senhora, sede propícia, ajudai-me com vossa onipotência, a fim de que sejam purificadas as manchas de minha alma, que minhas trevas recebam a luz, que minha frieza se inflame, que eu acorde de meu torpor...

Que meu coração vos conheça, vos admire, vos ame e vos implore, não com o ardor de uma criatura imperfeita que só tem desejos, mas assim como deve aquele que, por vosso Filho, foi salvo, resgatado e ressuscitado".

São Bernardo Claraval (1091-1153), o exímio monge medieval e o último dos Padres da Igreja antiga, preconizava, com propriedade e beleza, que Nossa Senhora nos protege com suas orações, busca-nos com carinho maternal e nos dá abrigo se, mesmo no medo e desespero, a procuramos. O expoente devoto de Maria exprimia isso com aquela belíssima oração:

"Lembrai-vos, ó piíssima Virgem Maria, que nunca se ouviu dizer que algum daqueles que recorrem à vossa proteção, imploram a vossa assistência e reclamam o vosso socorro, fosse por nós desamparado".

Santo Afonso Maria de Ligório (1696-1787) fez belíssimas considerações a respeito de Maria como refúgio dos pecadores. Em seu livro "Visitas a Jesus Sacramentado e a Nossa Senhora", deu as seguintes explicações:

"Como os pobres enfermos, que, por causa de suas misérias, vivem abandonados de todos e só encontram abrigo nos hospitais públicos: assim os pecadores mais miseráveis, embora repelidos por todos, encontram acolhimento na misericórdia de Maria. Deus colocou-a neste mundo para ser o refúgio e o hospital público dos pecadores, conforme se exprime São Basílio. Essa é, também, a razão por que Santo Efrém a chama 'abrigo dos pecadores'".

Santo Afonso continua sua reflexão mariana apresentando uma comovente oração a Nossa Senhora:

"Assim, minha Rainha, se a vós recorro, não podeis repelir-me por causa dos meus pecados; e quanto mais miserável sou, tanto mais razão tenho de ser acolhido sob a vossa proteção, porque Deus vos criou para serdes o refúgio dos mais miseráveis. A vós, portanto, recorro, ó Maria, colocando-me debaixo do manto da vossa proteção. Sois o refúgio e a esperança da minha salvação. Se me rejeitásseis, para quem me voltaria? Maria, refúgio meu, salvai-me".

A Ladainha de Nossa Senhora apresenta, entre os 51 títulos marianos, Nossa Senhora como "*Refúgio dos Pecadores*". Maria é nosso refúgio, mesmo que sejamos fracos e pecadores.

3. A Arte e a Literatura nos falam de Maria como refúgio

Muitas peças de arte e escritos literários e espirituais referem-se a Nossa Senhora como refúgio e proteção. Pinturas e esculturas retratam, com beleza e maestria, a misericórdia da Mãe de Jesus, que a todos acolhe, sem distinção, mesmo aqueles que são mais fracos e se desviam do projeto de Deus. A literatura registra fatos e lendas que contam histórias e estórias comoventes de pessoas que se refugiaram em Maria, confiaram em seu patrocínio e conseguiram proezas estupendas.

A arte sacra da Idade Média representa, muitas vezes, a figura terna da Virgem Maria com um manto sob o qual ela protege seus filhos todos, os santos e, de lado, num cantinho, até os pecadores.

Há a belíssima lenda de Maria egípcia, cuja origem se perde nos primeiros séculos.

Essa lenda conta a chegada de peregrinos a Jerusalém. Todavia um poder invisível impediu Maria egípcia, pecadora pública, de entrar na Basílica de Santa Cruz. Em sua aflição percebeu uma imagem da Santíssima Virgem. Então ela lhe dirigiu essa humilde súplica confiante:

"É justo que eu, a desonrada, seja execrada e rejeitada por vossa pureza. No entanto, como eu estou sabendo, o Deus nasceu de vós, tornou-se homem para chamar os pecadores à penitência. Socorrei-me, pois eu estou sozinha e não tenho ninguém para me ajudar. Mandai que a mim também seja permitida a entrada na Igreja. Não me priveis de ver a madeira sobre a qual foi pregado na carne o Deus que vós deste à luz e em que ele deu seu próprio sangue em resgate por mim".

Com efeito, Maria egípcia acabou entrando na Basílica de Santa Cruz e foi guiada pela Virgem para a vida de penitência.

Outra história encantadora é a de Santa Catarina de Sena (1347-1380).

Essa Doutora da Igreja ficou muito aflita com a notícia de um jovem injustamente condenado, que, em seu desespero, virou-se cheio de ódio contra Deus e os homens. Preocupada com a condenação eterna do jovem, Catarina rezou, falou, até que conseguiu converter o homem antes da execução. Então Deus Pai fez esta revelação a Catarina:

"Não esqueci como esse homem venerou e amou a Mãe de meu Filho Unigênito. Em honra do Verbo, a minha Bondade concede a Maria que qualquer um – justo ou pecador – que a venera com a devida honra, não será vítima do diabo infernal. Maria é como a isca, colocada por minha bondade, para pegar por ela a criatura humana".

Santo Afonso Maria de Ligório (1696-1787) contou uma bonita história de um homem pecador, que vivia na inimizade com Deus.

Pareceu a esse homem que certa vez comparecia perante o tribunal de Jesus Cristo. De um lado acusava-o o demônio, enquanto que Maria o defendia. O inimigo apresentava ao pecador a lista de pecados, a qual, posta na balança da divina justiça, pesava mais que todas as boas ações. Mas que fez então sua grande advogada? Estendeu sua compassiva mão e, pondo-a sobre a balança, fê-la inclinar a favor do seu devoto. E assim lhe fez entender que ela lhe alcançava o perdão, se mudasse de vida. Com efeito aquele pecador, depois de tal visão, mudou de vida e se converteu.

É interessante lembrar também um episódio da vida de São João Maria Vianney (1786-1858), o Cura d'Ars.

Entre os peregrinos de Ars, pequena aldeia de 230 fiéis, havia uma senhora muito aflita pela grave dúvida a respeito da salvação de seu falecido marido. Antes de ser abordada pela mulher desconhecida, o santo pároco dirigiu-se a ela e disse-lhe:

"Está salvo".

A mulher ficou perplexa. Mas São João repetiu-lhe:

"Seu marido está salvo".

E o padre então esclareceu:

"Quando ele se jogou de cima, entre a ponte e a água, ele fez o ato de contrição. Lembra-se, Senhora, do altar que montou em sua casa no mês de Maria? Ainda que irreligioso, seu marido também participava, às vezes, da oração. Por isso, ele mereceu a graça do arrependimento".

Na tradição artística e literária, fica patente que Maria é socorro e auxílio dos seres humanos, como Mãe próxima e sensível a nossas necessidades. Sob sua proteção nós podemos nos refugiar, certos de sua acolhida amorosa e de seu cuidado maternal. Confiemos na mediação maternal de Nossa Senhora, de maneira que ela possa interceder por nós junto a Jesus Cristo, nosso único Salvador e Redentor.

William Bouguereau

VII MARIA COMO RAINHA

1. Rainha

A tradição da Igreja chamou Nossa Senhora de rainha. É um título antigo, já consagrado pela piedade do povo.

O costume de conceber Nossa Senhora como rainha já faz parte da tradição milenária da Igreja. Desde o século IV, Maria é tratada como rainha para ressaltar sua importância na história da salvação, ao lado de seu Filho Jesus.

Desde a antigüidade, a arte cristã representou a Mãe de Jesus como rainha. "Pensemos nos antigos ícones representando a Virgem Maria no trono, como 'Rainha Mãe' que mostra e apresenta aos fiéis seu divino Filho; no mosaico da abside de Santa Maria Maior em Roma, onde se admira a gloriosa Mãe de Deus à direita do Filho Onipotente, sentado no mesmo trono, enquanto recebe dele a coroa real; no mosaico de Santa Maria em Trastevere que representa Maria como Esposa-Rainha sentada com vestes esplêndidas ao lado de Cristo, Esposo e Senhor da Igreja; nos portais das catedrais góticas de Notre-Dame em Paris, de Estrasburgo e de Sens que representam a dignidade real da Virgem; nas célebres pinturas do Bem-aventurado Angélico que ilustram a coroação da Mãe pela mão do Filho, Senhor da história" (Pe. Corrado Maggnioni, teólogo e escritor).

Diversas orações antigas invocam Nossa Senhora como rainha. De tom alegre, a Rainha do Céu, que se origina no século X, é bela prece, que focaliza a ressurreição de Jesus. Do século XI, a Salve-Rainha considera Maria como a Senhora a quem o devoto pode amar, servir e recorrer, confiando em sua proteção segura. Outras antífonas marianas também recordam o mesmo título de rainha.

Os escritores clássicos tratam Maria como Rainha. No século XII, Eadmer, seguidor de Santo Anselmo, fazia a seguinte meditação sobre a realeza da Mãe de Jesus: O Senhor "fez-vos, ó Nossa Senhora, sua Mãe única e por isso ele vos constituiu, no mesmo tempo, Patroa e Imperatriz do universo. Vós vos tornastes a Soberana e Rainha dos céus, das terras, dos mares, de todos os elementos e de tudo que eles contêm".

No século XVIII, Santo Afonso Maria de Ligório (1696-1787), escritor de "As Glórias de Maria", enfatizou que Nossa Senhora é a rainha da misericórdia, pois ela "abre o oceano imenso da misericórdia de Deus a quem quer, quando quer e como quer. Pelo que não há pecador, nem o maior dc todos que se perca, se Maria o protege".

No século XX, o Papa Pio XII instituiu a festividade de Nossa Senhora Rainha em 1955. O Pontífice atendeu aos pedidos que foram formulados em vários congressos marianos. Aos 11 de outubro de 1954, ele publicou a Encíclica "Ad Coeli Reginam", onde expõe as razões teológicas que fundamentam a realeza de Nossa Senhora.

O primeiro argumento que Pio XII evoca é a maternidade de Maria. Ela é rainha porque é Mãe de Deus. Dizia o Papa: "O argumento principal, sobre o qual se fundamenta a dignidade régia de Maria, já evidente nos textos da tradição antiga e na sagrada liturgia, é sem dúvida alguma sua divina maternidade. Com efeito, a propósito do Filho, que será dado à luz pela Virgem, afirma-se nas Sagradas Escrituras: 'Será chamado Filho do Altíssimo e o Senhor Deus lhe dará o trono de Davi, seu pai, e ele reinará na casa de Jacó eternamente e seu reino não terá fim' (Lc 1,32-33); e, além disso, Maria é proclamada 'mãe do Senhor' (ib 1,43). Daí segue logicamente que ela própria é rainha, tendo dado a vida de um Filho, que desde o instante da concepção, mesmo como homem, era o Rei e Senhor de todas as coisas, pela união hipostática da natureza humana com o Verbo".

O outro argumento de Pio XII é a participação de Nossa Senhora na missão salvadora de Jesus. Ela é rainha, pois é sócia do Salvador. Afirmava o Papa: "Todavia, a beatíssima Virgem deve ser proclamada rainha não só pela maternidade divina, mas também pela parte singular que, por vontade de Deus, teve na obra da nossa salvação eterna".

A reforma do calendário litúrgico da Igreja conferiu à celebração de Nossa Senhora Rainha o grau de memória, transferindo-se para o dia 22 de agosto, oitava da Assunção de Maria, para pôr em relevo a ligação profunda entre a Assunção dela e sua realeza. Assunta e glorificada, a Virgem Santíssima participa da realeza de Jesus, colaborando na salvação dos homens e intercedendo por eles. Já declarava o Concílio Vaticano II: "A Virgem Imaculada, que fora preservada de toda mancha da culpa original, terminando o curso de sua vida terrena, foi elevada à glória celeste em corpo e alma. Para que se parecesse mais com seu Filho, Senhor dos Senhores (cf. Ap 19,16) e vencedor do pecado e da morte, foi exaltada pelo Senhor como Rainha do Universo" (LG, n. 59).

2. Rainha dos Anjos

Nossa Senhora é invocada pela tradição como rainha dos anjos. Esse título é antigo, com bonitos comentários dos autores cristãos clássicos.

Abrindo sua referência à dignidade real da Mãe de Jesus, a Ladainha de Nossa Senhora saúda-a como rainha dos anjos. Ives Gandra da Silva Martins, jurista brasileiro, dirige-se a ela dizendo: "Minha Mãe Angelical,/ Senhora de meus Senhores/ Pelos mares de coral,/ No céu coloras as cores".

A existência dos anjos constitui uma verdade de fé, atestada pelas Sagradas Escrituras e pela doutrina da Igreja.

Na Bíblia os anjos são mensageiros e mediadores de Deus para seu povo. O Antigo Testamento afirma que os anjos guardam a entrada do paraíso (Gn 3,23-24), conduzem o povo de Deus (Êx 23,20-23), assistem os profetas (1Rs 19,5) e protegem o acampamento de Israel (Sl 34,8). O anjo anuncia a vocação de Gedeão (Jz 6,11-24). Outro anjo comunica a vocação de Isaías (Is 6,6). O arcanjo conduz Tobias (Tb 5,4).

O Novo Testamento preconiza que os anjos estão a serviço de Jesus Cristo, como mensageiros de seu projeto de salvação (Hb 1,14; Mt 25,31). A vida de Jesus é cercada de anjos. O anjo anuncia a Zacarias o nascimento de João Batista, precursor do Messias (Lc 1,11). O arcanjo comunica a Maria o nascimento de Jesus (Lc 1,26-38). José é esclarecido pelo anjo sobre a origem divina do Filho de Maria (Lc 1,18-25). Os anjos protegem a existência de Jesus (Mt 1,20), servem-no no deserto (Mc 1,12-13) e o reconfortam na agonia (Lc 22,43). Em seu retorno à terra, Jesus virá com seus anjos (Mt 25,31).

Na Bíblia ainda encontramos três nomes dados aos arcanjos: Miguel (Dn 10,13; Ap 12,7), Rafael (Tb 3,17; 5,4) e Gabriel (Dn 8,16; Lc 1,26). Os arcanjos são espécie de chefe dos anjos.

Os anjos são seres espirituais, desprovidos de corpo. Criados por Deus, são dotados de maravilhosa inteligência e de vontade livre. São seres pessoais e imortais, que superam em perfeição as criaturas visíveis. Em 1215, o IV Concílio de Latrão declarou solenemente: "No começo dos tempos, Deus, em sua onipotência, criou do nada, uma e outra criatura – a espiritual e a corporal – a saber, os anjos e o mundo". O Concílio Vaticano II reafirmou essa doutrina (cf. LG, n. 50).

A palavra "anjo" procede do grego, "angelos", que significa mensageiro. Os anjos formam a corte celeste, que adoram e louvam eternamente a Deus, o Criador (Ap 4,8). Gozam para sempre a glória e a felicidade do Reino definitivo de Deus. São mensageiros enviados por Deus para cumprir missões especiais junto dos homens. Servem aos desígnios de Deus em relação à história da salvação. "Os anjos cooperam para todos os nossos bens" (SantoTomás de Aquino).

Na antífona "Ave, Rainha dos Céus", do século XII, a Igreja exalta Nossa Senhora como rainha dos anjos. De acordo com os textos da tradição, ela reina sobre os anjos porque é Mãe de Jesus Cristo, o Rei de todas as criaturas. Assunta aos céus, ela encontra-se na corte celeste, ao lado de seu Filho, cujos anjos estão a seu derredor.

São João Damasceno (675-749) exaltava Nossa Senhora sobre os anjos, pois ela está mais perto de Deus. Dizia ele: "Vós sois toda bela, toda perto de Deus, dominando os querubins, mais alta que os serafins, toda próxima do próprio Deus".

Já São Bernardo de Claraval (1091-1153) defendia que Maria se equipara aos anjos pela graça, mas os ultrapassa pela efusão do Espírito Santo em seu ser. Explicava ele: "Considerai como, sendo igual aos anjos pela plenitude da graça, elevou-se acima deles quando recebeu o Espírito Santo. Vós encontrais nos anjos a caridade, a pureza, a humildade; qual dessas virtudes não brilha em Maria? Qual entre eles a quem o anjo jamais tenha dito: O Espírito Santo virá em vós, e a força do Altíssimo cobrir-vos-á de sua sombra".

São Bernardo continuava dizendo que Nossa Senhora mereceu sua elevação sobre todos os anjos devido também a sua humildade. Afirmava ele textualmente: "Com razão foi feita a última para a primeira, pois que sendo a primeira fazia-se a última. Com razão foi feita Senhora de todos, aquela que se conduzia como serva de todos. Com razão, enfim, foi exaltada sobre os anjos aquela que, com inefável mansidão, degradava a si mesma debaixo das viúvas e penitentes e, ainda, debaixo daquela de quem foram expulsos sete demônios".

3. Rainha dos Patriarcas

A tradição da Igreja invoca Nossa Senhora como rainha dos patriarcas. Esse título é interessante porque situa a vida e missão de Maria na história do povo de Deus, transcorrida no Antigo Testamento.

A Ladainha de Nossa Senhora também apresenta a mesma invocação, ao lado de outros títulos que se referem ao reinado da Mãe de Deus. Invocando a Virgem Maria como rainha dos patriarcas, diz Ives Gandra da Silva Martins, jurista brasileiro: "No dia dos ancestrais, / És Rainha das Rainhas, / Rainha dos senhoriais, / Por onde sempre caminhas".

O termo "patriarca" vem do grego, "patriarkhés", que significa: "patría", que se traduz como "país"; e "arkhein", que se versa "comandar". Entre os povos antigos, patriarcas designavam os chefes da família.

Na Bíblia, patriarca é o nome dado aos chefes de famílias, reconhecidos como os ancestrais do povo hebreu. Os grandes patriarcas constituem o fundamento e a origem do povo de Deus, cuja história é narrada no Antigo Testamento. Os três eminentes patriarcas do povo de Deus são: Abraão, Isaac e Jacó.

Primeiro dos grandes patriarcas de Israel, Abraão foi escolhido por Deus para formar seu povo (cf. Gn 12-25). Viveu no início do segundo milênio antes de Cristo. Nascido num clã estabelecido em Ur, na Caldéia, ele foi convidado a deixar sua pátria e cultura para emigrar para um país desconhecido, que devia tornar-se a terra prometida. Após uma temporada no Egito, estabeleceu-se em Canaã, com sua mulher Sara e seu sobrinho Ló.

Deus prometeu a Abraão que lhe daria um descendente, filho de Sara. Como não tinha filhos, Sara o forçou a unir-se com sua serva Agar, que lhe deu um filho, Ismael, mas esse não era ainda o herdeiro anunciado. Deus apareceu a Abraão sob a forma de três homens e lhe anunciou o nascimento próximo de um filho, apesar da idade avançada de Sara. Sua esposa deu-lhe, de fato, um filho, Isaac. Para testar sua fé, Deus lhe pediu que lhe sacrificasse esse filho da promessa, mas, diante da obediência de Abraão, o Senhor interrompeu o sacrifício e proibiu qualquer sacrifício humano. Ele é considerado o pai dos que têm fé (cf. Rm 4,1-25).

Nascido de Abraão centenário e de Sara nonagenária, Isaac é considerado pela Bíblia como o filho prometido (Gn 15,4-5; 18,9-15), o herdeiro da aliança e o penhor de sua permanência (Gn 17,1-27). Casou-se com Rebeca, tendo dois filhos: Esaú e Jacó (Gn 24,1-28,5). Foi enterrado por seus filhos no túmulo de seus pais, em Macpela, Hebron. O Novo Testamento vê nele o filho da promessa, percebe em seu sacrifício a prefiguração do sacrifício de Jesus e destaca-o como símbolo da fidelidade (Rm 9,7-9; Gl 4,28; Hb 11,17-18).

Jacó, também chamado Israel, ganhou o direito de primogênito, ajudado por sua mãe, e recebeu a bênção paterna (Gn 25,26-28,5). Por isso fugiu de seu irmão e emigrou para Aram, onde se casou com Lia e Raquel e de onde escapou novamente para a Palestina (Gn 28,6-35,26). Conseguiu se reconciliar com Esaú. Perto do fim da vida, Jacó emigrou para o Egito por causa da fome e reencontrou seu filho José. Antes de morrer, abençoou seus doze filhos, ancestrais epônimos das doze tribos de Israel (Gn 49,1-28). É símbolo da inteligência e da habilidade, colocado a serviço de Deus.

Contemplando a figura dos grandes patriarcas bíblicos, os autores cristãos consideram Nossa Senhora como rainha deles. Com a colaboração dos patriarcas, Deus formou seu povo. "Durante muito tempo, Deus preparou um povo a fim de que quando Jesus chegasse, pudesse realizar sua obra de salvação. Deus preparou nosso mundo para seu Filho Jesus poder morar no meio de nós" (Dom Luiz Flávio Cappio, bispo e escritor). Maria foi a Mãe de Jesus, o Salvador prometido ao povo do Antigo Testamento.

Nossa Senhora é a rainha dos patriarcas bíblicos porque é Mãe de Jesus Cristo, o qual é o Filho de Deus, que se encarnou em seu seio por obra do Espírito Santo (Lc 1,31-35). Pela "preeminência de sua maternidade divina, Maria é, realmente, a soberana dos Patriarcas" (Côn. José Geraldo Vidigal de Carvalho, escritor mariano).

Já no século IV, Santo Efrém (306-373), teólogo e poeta, mostrou o papel de Nossa Senhora na história da salvação, contribuindo, inclusive, para o aperfeiçoamento da missão dos patriarcas ao trazer ao mundo o Salvador. Dizia ele: "Que em Maria se regozije todo o séqüito dos patriarcas. Do mesmo modo que receberam a bênção que lhes foi prometida, ela os tornou perfeitos em seu Filho".

4. Rainha dos Profetas

Dentro da visão cristã, Nossa Senhora é considerada como rainha dos profetas. Essa invocação é rica e profunda em significado.

A tradição eclesial invocou a Mãe de Jesus como rainha dos profetas. Esse título aparece na Ladainha de Nossa Senhora. Ives Gandra da Silva Martins, renomado jurista brasileiro, comenta assim: "Comandas teus Profetas, / Homens de Deus e da Luz, / Comandas suas setas, / Que previram Tua Cruz".

De acordo com a Bíblia, os profetas desempenham um papel fundamental na vida do povo de Deus, pois são as sentinelas da aliança que Deus estabelece com esse povo (Os 2,16-25; Mq 6,6-16; Am 5,10-15). Eles não são designados pelos homens, mas experimentam-se chamados pelo próprio Deus para exercer a missão que lhes confia (Am 7,14-15; Jr 1,4-1).

O próprio termo "profeta" significa aquele que fala em nome de alguém. Assim, o profeta é aquele que anuncia a mensagem da aliança em nome de Deus. É o "homem cheio do Espírito de Deus, que à luz da fé, enxerga a situação em que vive, anuncia a palavra de Deus e denuncia o pecado" (W. Gruen, biblista brasileiro).

Deus escolhe os profetas para transmitirem sua Palavra ao povo, de maneira que viva de acordo com o projeto de aliança (Is 6,1-13; Ez 2,1-3,15). Eles recebem essa Palavra na oração e na intimidade com o Senhor (Jr 42,1-7). Homens de fé, estão sempre abertos e dóceis ao Espírito de Deus, que os suscita e os guia em sua missão (Os 9,7-9; Ez 11,5; Nm 11,17).

Fiéis a Deus, os profetas lutam para que o povo mantenha a pureza da fé, não se desviando do projeto da aliança (Is 12,1-6; Jr 1,11-19; Am 5,21-27). Por isso, denunciam os pecados do povo e de seus líderes, para que se convertam e se voltem a Deus (Is 1,10-31; 31,1-9; Jr 3,6-13; Am 5,4-15). Conclamam a todos para viverem unidos e fraternos, construindo a sociedade nova e solidária, baseada na justiça e no direito (Am 5,18-24; Is 11,1-9; Jr 22,3.13-19; 23,5).

Em seus escritos, os pregadores e autores religiosos preconizaram Nossa Senhora como rainha dos profetas. Um escritor antigo, Santo Efrém (306-373), diácono de Edessa, a chamou "glória dos profetas". Autor da versão latina da Bíblia, a Vulgata, São Jerônimo (347-420) dizia que a Virgem Santíssima foi "a profecia que os profetas profetizaram".

Nossa Senhora é a rainha dos profetas uma vez que é a Mãe de Jesus Cristo, o profeta por excelência. Jesus atuou como profeta do Pai, anunciando o Reino de Deus e realizando obras que constituíam sinais de suas palavras (Lc 24,19; Mt 8,1-34). O povo reconheceu em Jesus um profeta (Lc 7,11-17; 7,36-50; 9,7-9; Jo 4,19). Ele também se atribuiu a missão profética e se identificou com o papel e o destino dos profetas (Lc 4,24; 13,33; Jo 4,44; Mt 23,29-39).

Os escritores cristãos percebem que em Maria se realizam as profecias do Antigo Testamento, por ser a Mãe do Messias. Santo Efrém já dizia: "Que se regozije em Maria todo o séqüito dos profetas. Nela se cumpriram suas visões, realizaram-se suas profecias, confirmaram-se seus oráculos". Santo André de Creta afirmou que ela era "o resumo das divinas profecias, sobre as quais falaram todos os que receberam o dom de interpretar".

A mariologia destaca alguns textos proféticos do Antigo Testamento que falam da Mãe do Messias. No século VIII a.C., Isaías profetizou: "Pois saibam que o próprio Deus lhes dará um sinal: eis que a jovem mulher concebeu e dará à luz um filho, e o chamará pelo nome de Emanuel" (Is 7,14). O evangelista Mateus viu na jovem mulher a figura da Virgem Maria, e no filho, a pessoa de Jesus, o Deus Conosco (cf. Mt 1,23).

No capítulo 11, Isaías anunciou: "E sairá uma vara do tronco de Jessé, e uma flor brotará de sua raiz" (Is 11,1). Nesses dizeres proféticos, os Padres da Igreja, antigos escritores eclesiásticos, reconheceram, ao lado do Salvador, também sua mãe. Para eles, a raiz é a estirpe de Davi; a vara, a Mãe do Messias; e a flor, Jesus.

Nos fins do século VIII a.C., Miquéias profetizou: "E tu, Belém de Éfrata, és pequena entre as aldeias de Judá, de ti tirarei aquele que há de ser o chefe de Israel. A origem dele é antiga, desde tempos remotos. Pois Deus os entrega só até que a mãe dê a luz, e o resto dos irmãos volte aos israelitas" (Mq 5,1-2). O evangelista Mateus compreendeu esse oráculo como anúncio do lugar onde nasceria o Salvador, ou seja, em Belém (Mt 2,5-6). Os escritores marianos interpretaram, nesse trecho, o nascimento do Salvador por aquela mulher, a Virgem Maria, que deve dar à luz a ele.

5. Rainha dos Apóstolos

Os cristãos invocam Nossa Senhora como rainha dos apóstolos com amor e piedade. Esse título é muito caro e importante para a Igreja, principalmente hoje, pois se destaca a dimensão apostólica da devoção mariana.

Em espírito de oração, os cristãos rezam a Ladainha de Nossa Senhora, que traz também a invocação de "Rainha dos Apóstolos". De forma magnífica, Ives Gandra da Silva Martins assim se dirige à Mãe de Jesus: "Os profetas no passado, / Apóstolos no futuro, / Tens os dois de cada lado, / Marchando em passo seguro".

O termo "apóstolo" significa "enviado". Os apóstolos são os doze discípulos escolhidos por Jesus para serem seus mais próximos colaboradores, suas testemunhas diante do mundo e os pregadores de seu Evangelho. Os nomes deles são: Pedro, André, Tiago, João, Felipe, Bartolomeu, Mateus, Tomé, Tiago, filho de Alfeu, Tadeu, Simão e Judas Iscariotes (Mt 10,1-4; Mc 16-19). Pedro sempre aparece à frente (Mt 16,13-20; Mc 8,27-30). Judas, após sua traição, foi substituído por Matias (At 1,15-26).

A presença de Maria junto aos apóstolos e à Igreja primitiva foi viva, consciente e participativa. O livro dos Atos dos Apóstolos situa a Mãe de Jesus na primeira comunidade, narrando: "Os apóstolos voltaram para Jerusalém, pois se encontravam no chamado monte das Oliveiras, não muito longe de Jerusalém: uma caminhada de sábado. Entraram na cidade e subiram para a sala de cima, onde costumavam hospedar-se. Aí estavam Pedro e João, Tiago e André, Filipe e Tomé, Bartolomeu e Mateus, Tiago, filho de Alfeu, Simão Zelota e Judas, filho de Tiago. Todos eles tinham os mesmos sentimentos e eram assíduos na oração, junto com algumas mulheres, entre as quais Maria, mãe de Jesus, e com os irmãos de Jesus" (At 1,12-14).

O papel da Virgem Santíssima foi bem discreto, encorajando e orientando os apóstolos e a Igreja primitiva. "Coube a Maria testemunhar a Jesus Cristo com pronunciamentos e profecias, anunciando corajosamente a Palavra de Deus? Atendo-nos ao livro dos Atos dos Apóstolos, diremos não. Maria não teve o ministério dos Doze. Na comunidade primitiva, foi membro excelente, submetida à autoridade de Pedro e dos apóstolos. Sua missão continuou sendo a missão de Mãe e coração da Igreja. No amor e na caridade, presidiu e encorajou a 'difusão da Palavra de Deus', cujo efeito principal era o prodigioso aumento dos que se convertiam e eram batizados em nome de Jesus Cristo (cf. At 2,47; 6,7; 8,4-8 etc.)" (Ir. Aleixo Maria Autran, mariólogo brasileiro).

A serva humilde e disponível do Senhor, sempre atenta à Palavra de Deus e às necessidades humanas, a Mãe de Jesus, com seu exemplo e seus conselhos maternos, animava e fortificava os apóstolos e a Igreja primitiva para a propagação do Evangelho de Salvação. Ela é considerada a rainha dos apóstolos "porque estará sempre ao lado deles, na humildade e no silêncio, infundindo coragem e entusiasmo, sustentando-os nos momentos difíceis que logo começarão" (G. Basadonna e G. Santarelli, escritores marianos).

A presença significativa de Nossa Senhora não foi só na comunidade nascente, mas também na missão da Igreja ao longo dos séculos. O termo "apóstolo" indica ainda o membro da Igreja que evangeliza. Já assunta e glorificada, ela continua a ajudar e a favorecer o apostolado dos membros da Igreja, para que seu Filho Jesus seja conhecido, amado e seguido. "Ela cuida para que o Evangelho penetre intimamente em nossa vida e nossa cultura, e produza em nós frutos de santidade" (CNBB. Catequese Renovada, n. 232).

A Mãe de Jesus está presente na missão apostólica da Igreja, cooperando de diversas maneiras. "Maria, mediante a mesma fé que a tornou feliz, especialmente a partir do momento da Anunciação, está presente na missão da Igreja, presente na obra da Igreja que introduz no mundo o Reino de seu Filho. Essa presença de Maria, nos dias de hoje, como aliás ao longo de toda a história da Igreja, encontra múltiplos meios de expressão. Possui também um multiforme raio de ação: mediante a fé e a piedade dos fiéis; mediante as tradições das famílias cristãs ou igrejas domésticas, das comunidades paroquiais e missionárias, dos institutos religiosos e das dioceses; e mediante o poder de atração e irradiação dos grandes santuários, onde não apenas as pessoas individualmente ou grupos locais, mas por vezes nações e continentes inteiros procuram o encontro com a Mãe do Senhor" (João Paulo II. A Mãe do Redentor, n. 28).

6. Rainha dos Mártires

Com confiança, a Igreja denomina a Mãe de Jesus como rainha dos mártires. Esse título é importante, porque mostra que a devoção mariana é apoio e estímulo de fidelidade dos cristãos ao Evangelho, mesmo contando com a morte.

A Ladainha de Nossa Senhora, rezada pelos cristãos ao longo dos séculos, inclui a invocação mariana "rainha dos mártires". Ao se dirigir à Mãe de Deus com esse título precioso, Ives Gandra da Silva Martins afirma: "Quanto sofrimento derramado, / Senhora dos Santos Mortos, / No Teu caminho asfaltado, / Ressuscitaram-se os corpos".

Em sua origem, a palavra "mártir" significa "testemunha". O mártir é o cristão que dá testemunho de seu amor total para com Jesus Cristo, que o leva a suportar os sofrimentos, as perseguições e a morte. Ele sofre até o fim como expressão fiel de sua fé em Jesus. "O mártir é sinal do amor maior, é um testemunho que seguiu Cristo até o dom da vida para atestar a verdade do evangelho" (Rino Fisichella, professor de teologia).

Em seu sentido atual, o conceito de martírio surgiu por volta de 155 d.C. Está registrado na narrativa do "Martírio de Policarpo", que diz: "Policarpo que foi o décimo segundo a sofrer o martírio em Esmirna, com os de Filadélfia, não apenas foi mestre insigne, mas também mártir excelso, cujo martírio todos aspiram a imitar por ter ocorrido à semelhança de Cristo como narrado no evangelho".

Orígenes (186-254), escritor eclesiástico antigo, precisou bem o conceito de mártir. Escrevia: "Todo aquele que presta testemunho da verdade, seja com palavras, seja com fatos ou empenhando-se de qualquer forma em favor dela, pode ser chamado com razão de 'testemunha'. Mas, a comunidade dos irmãos impressionados pela força do espírito dos que lutam pela verdade ou pela virtude até a morte passou a reservar o nome de 'testemunha', em seu sentido próprio, àqueles que prestaram testemunho do mistério da verdadeira religião com a efusão do sangue" (In Johannem II, 210).

Por sua fidelidade ao Pai, capaz de entregar sua vida por amor à salvação da humanidade, Jesus Cristo é o mártir por excelência. "O próprio Jesus é, a título eminente, o mártir de Deus e, por conseguinte, o protótipo do mártir. Em seu sacrifício voluntariamente aceito, ele dá efetivamente o testemunho supremo de sua fidelidade à missão que o Pai lhe confiou. Segundo São João, Jesus não só conheceu de antemão como também livremente aceitou sua morte como perfeita homenagem prestada ao Pai (Jo 10,18); e, na hora de sua condenação, ele proclama: 'Eu nasci e vim ao mundo para dar testemunho da verdade' (18,37; cf. Ap 1,5; 3,14)" (Xavier Leon-Dufour, biblista).

Seguindo Jesus Cristo, o mártir cristão enfrenta com coragem e paciência os sofrimentos e a morte, permanecendo fiel a Deus. "O mártir se entrega a Deus numa fidelidade constante. Não conta com suas próprias forças mas com a força do Espírito. Sabe que não pode vencer por si mesmo. Não expressa orgulho, nem auto-suficiência, nem presunção. Sabe que, por natureza, é fraco. Não provoca a perseguição confiante em suas forças. Aceita-a quando já é inevitável. Seu motivo é a fidelidade a Deus" (José Comblin, teólogo brasileiro).

Nossa Senhora é rainha dos mártires porque participou da obra redentora de Jesus Cristo, mesmo no momento de sua morte de cruz (cf. Jo 19,25-27). "Maria é rainha dos mártires porque foi a primeira a suportar o martírio e o sofrimento atroz do Filho, que repercutiu nela ferindo-lhe o coração materno. Participava com o coração do que Jesus sofria no corpo sobre a cruz e, mesmo antes, da tortura da flagelação e dos insultos, do jardim das Oliveiras até as cenas na presença de Pilatos. Jesus quis que sua mãe o seguisse até o Calvário para fazê-la partilhar seu sofrimento redentor. Maria é, com efeito, a primeira mártir cristã" (G. Basadonna e G. Santarelli, escritores marianos).

A Virgem Santíssima é rainha dos mártires porque também encoraja, inspira e acompanha os mártires cristãos, que são capazes de seguir Jesus até a morte. Ela é chamada rainha dos mártires não "porque ela tenha morrido fisicamente, enfrentando algozes, e suplícios corporais. Deste modo, ela não foi mártir. Mas porque ela pôde ser, para todos os mártires, uma fonte de força e inspiração para o martírio" (Pe. Paschoal Rangel, teólogo e escritor mariano).

7. Rainha dos Confessores

Nossa Senhora é invocada pela comunidade cristã como rainha dos confessores. Esse título é muito precioso na vida da Igreja porque evidencia firmeza de fé que todo o devoto deve vivenciar.

A Ladainha de Nossa Senhora invoca a Mãe de Jesus como rainha dos confessores. Na obra encantadora, "A Ladainha de Nossa Senhora em Sonetos", Frei Danilo Marques da Silva, franciscano, após referir-se à cessação da perseguição dos cristãos nos primeiros tempos, pontua: "São eles os famosos Confessores /, dentro os quais se destacam os Doutores, / sob o centro real da Mãe Clemente!".

Confissão é termo latino, "confissio", que significa "declaração", "reconhecimento público". Assim, na Igreja confessor designa o cristão que declara, reconhece publicamente e professa sua fé com perseverança, tanto por meio das palavras, como da própria vida, mesmo em meio aos maiores desafios, sofrimentos e torturas.

Na antigüidade cristã, os confessores professavam sua fé em tempo de perseguições, suportando prisões e privações, sem porém chegar ao martírio por Cristo. "Aqueles que são honrados como santos sem terem sofrido martírio são conhecidos como confessores. Esse termo significativo sugere que, ao professarem a fé através de uma vida perseverante, dão testemunho de Cristo com tanta eficácia quanto os mártires através da morte" (Donald Attwaer, escritor cristão).

Ao longo da história da Igreja, surgiram muitos confessores, que se destacaram pelo seu testemunho vibrante e profundo de fé. Demonstraram sua fidelidade ao seguimento de Jesus com coragem e radicalidade. Foram coerentes com a proposta do Cristo, tal como está na Bíblia: "Todo aquele que me confessar diante dos homens, eu o confessarei diante de meu Pai, que está nos céus. E o que me renegar diante dos homens, também eu o renegarei diante de meu Pai que está nos céus" (Mt 10,32-33). Eles não negaram o Cristo; ao contrário, confessaram bravamente sua fé diante das pessoas.

Ao darem seu testemunho público da fé, os confessores enfrentaram resistências e souberam ser fiéis ao Evangelho de Jesus. "A fé é testemunho público. Ela entra num mundo fechado, num mundo cego pelo pecado e desviado da verdade pela mentira que procede do pecado. Por isso, a fé suscita uma oposição tão forte. Assim como Jesus provocou contra si a oposição de todas as forças da falsa religião e da sociedade, assim também há de acontecer com todos os seus discípulos. Por isso, a fé é um combate público e social" (José Comblin, teólogo brasileiro). Nesse combate, os confessores tiveram a oportunidade ímpar de provar e manifestar, como discípulos intrépidos, sua fé genuína em Jesus Cristo.

Nossa Senhora é considerada rainha dos confessores porque eles encontraram nela estímulo e força em sua caminhada cristã. "Desses homens santos, a SS. Virgem é considerada também 'Rainha'. Não apenas porque, nela, eles se inspiraram ou se inspiram para a 'confissão' de amor e ação de graças, louvor e testemunho, mas também porque podem contar com sua proteção e presença continuada. É um fato histórico impressionante a longa, interminável procissão de santos que procuram em Maria seu modelo e segurança" (Pe. Paschoal Rangel, escritor mariano).

Hoje, dentro da sociedade pluralista e perplexa, os cristãos são desafiados a também confessar sua fé cristã. Devem dar testemunho público de que acreditam em Jesus Cristo, o "Caminho, a Verdade e a Vida" (Jo 14,6). "A fé é a marca do cristão. É um sinal de Deus na vida do homem. Por isso a fé não é para ser 'guardada' ou vivida ocultamente. Deve ser professada, proclamada, testemunhada publicamente. Por isso, quem crê está sujeito a sofrer perseguição por causa do nome de Deus" (Pe. Luiz Cechinato, escritor catequético).

A devoção mariana constitui apoio e estímulo para a firmeza da fé dos cristãos hoje. "Ser devotos de Nossa Senhora significa estar determinados a tornar-nos 'confessores', ou seja, discípulos e testemunhas de Jesus, pessoas que tornam eficaz e concreto em suas vidas o ensinamento de Jesus, oferecendo ao mundo a certeza de que o seguimento de Cristo constitui bem precioso, opção que faz as pessoas grandes e livres, abrindo possibilidades e capacidades imensas" (G. Basadonna e G. Santarelli, escritores marianos). Em seu seguimento de Jesus, podem contar com o auxílio e a proteção da Rainha dos Confessores.

8. Rainha das Virgens

Cheios de fé e piedade, os cristãos invocam Nossa Senhora como rainha das virgens. Essa invocação permite-nos recuperar uma das grandes vocações específicas: as virgens consagradas.

A Ladainha de Nossa Senhora refere-se a Maria como rainha das virgens. Em seu comentário poético da Ladainha, Ives Gandra da Silva Martins afirma, com muita propriedade e beleza, a virgindade da Mãe de Jesus: "Nenhuma virgem é tão Virgem / Quanto a Rainha das Virgens, / O Teu encanto é vertigem, / Vertigem das mil vertigens".

Na Igreja, as virgens consagradas constituem o primeiro tipo de vida feminina de especial consagração. Das formas de vida consagrada "aproxima-se a ordem das virgens que, emitindo o santo propósito de seguir a Cristo de perto, são consagradas a Deus, pelo bispo diocesano, de acordo com o rito litúrgico aprovado, misticamente desposadas com Cristo, Filho de Deus, e dedicadas ao serviço da Igreja" (Código de Direito Canônico, cân. 604, § 1).

As virgens consagradas podem reunir-se em associações para encontrar uma ajuda recíproca na observância do próprio propósito e no serviço da Igreja. Essas associações não se equivalem às características próprias de um instituto de vida consagrada, mas têm uma forma de organização própria.

A virgindade consagrada existe desde os inícios da Igreja. "Desde os tempos apostólicos, virgens cristãs, chamadas pelo Senhor a apegar-se a ele sem partilha em uma liberdade maior de coração, de corpo e de espírito, tomaram a decisão, aprovada pela Igreja, de viver no estado de virgindade por 'causa do Reino dos Céus' (Mt 19,12)" (Catecismo da Igreja Católica, n. 922).

O livro bíblico dos Atos dos Apóstolos menciona as quatro filhas do diácono Felipe como virgens que tinham o dom da profecia (cf. At 21,8-9). São Paulo já falava da virgindade como vocação e consagração a Deus, sem dividir-se com o mundo (cf. 1Cor 7,34-36).

A partir do século II a presença de virgens e continentes generaliza-se na Igreja, tornando-se prática comum nas comunidades cristãs. Em sua célebre obra "Apologia I", São Justino, escritor eclesiástico, asseverou: "Muitos homens e mulheres, instruídos desde sua infância na lei de Cristo, chegaram puros até os sessenta e setenta anos. Orgulho-me de citar-vos exemplos de todas as classes sociais" (Apologia I, 14,2).

A presença das virgens consagradas na vida da Igreja é muito fecunda e variada. "Há diversos estados de virgens consagradas, com seus diversos carismas: umas vivem na oração (como as monjas), outras têm atividades missionárias, outras se dedicam aos enfermos, outras cuidam de órfãos, outras trabalham em escolas católicas, outras exercem atividades junto às obras sociais, algumas trabalham na catequese e outras na liturgia. Existem também as virgens que fazem sua consagração de maneira sigilosa. Elas dão testemunho cristão no mundo, na profissão que exercem, sem que alguém saiba que são virgens consagradas. Sua consagração é sabida somente pelo bispo diocesano e por alguns padres que as orientam" (Pe. Luiz Cechinato, escritor catequético).

Os autores cristãos consideram Nossa Senhora como rainha das virgens por ser ela modelo de virgindade e de outras virtudes cristãs para todas elas. "Há uma vinculação especial entre as virgens e Maria, que é também sinal tipológico da Igreja. Embora no começo a virgindade não tivesse um caráter público e oficial, não deixava de ter um sentido profundo para a Igreja" (Victor Codina, sacerdote jesuíta e teólogo).

No século IV, Santo Ambrósio (339-397) apresentou a sua irmã Marcelina e a todas as virgens a virgindade de Maria como ideal elevado. Dizia: "O que é mais nobre que a Mãe de Deus? O que é mais esplêndido que aquela mesma que foi escolhida pelo esplendor? O que é mais certo que aquela que gerou o corpo sem mácula corporal? E o que dizer de suas outras virtudes? Ela era virgem, não só de corpo, mas também de espírito, ela cuja pureza jamais foi alterada pelos ardis do pecado: humilde de coração, refletida em seus propósitos, prudente, sedenta da palavra de Deus, ávida da leitura".

Maria é rainha das virgens por protegê-las e animá-las em seu trajeto de vida e de vocação. "Maria é rainha das virgens, sustenta e encoraja essa opção e dá a capacidade de entender a grandeza da postura virginal" (G. Basadonna e G. Santarelli, escritores marianos).

9. Rainha de Todos os Santos

A Igreja venera Nossa Senhora como a rainha de todos os santos. Essa invocação a situa na comunhão dos santos de maneira especial.

A Ladainha de Nossa Senhora invoca Maria como rainha de todos os santos. Com muita clareza, Ives Gandra da Silva Martins saúda a Mãe da humanidade redimida: "És Mãe de todos os Santos, / Senhora da profundeza, / Espalhas mares de encantos / Pela eterna natureza".

O culto dos santos faz parte da espiritualidade da Igreja. O Concílio Vaticano II declara: "Os santos sejam cultuados na Igreja segundo a tradição. Suas relíquias autênticas e imagens sejam tidas em veneração. Pois as festas dos santos proclamam as maravilhas de Cristo operadas em seus servos e mostram aos fiéis os exemplos oportunos a serem imitados" (Constituição Sacrosanctum Concilium, n. 111).

O culto dos santos é muito antigo na Igreja, remontando a seus primeiros tempos. "Desde o tempo das perseguições, os fiéis cristãos guardavam os restos dos mártires com muita devoção e comemoravam solenemente o aniversário do seu martírio. Dava-se o nome de confessores àqueles cristãos que confessavam publicamente sua fé perante os perseguidores" (Luis H. Acevedo Quirós, doutor em Direito Canônico).

O fundamento teológico do culto dos santos é a comunhão dos santos.

Essa comunhão é artigo de fé da Igreja. "Cremos na comunhão de todos os fiéis de Cristo, dos que são peregrinos na terra, dos defuntos que estão terminando sua purificação, dos bem-aventurados do céu, formando todos juntos uma só Igreja, e cremos que nesta comunhão o amor misericordioso de Deus e de seus santos está sempre à escuta das nossas orações" (Paulo VI. Credo do Povo de Deus, n. 30).

Os cristãos da terra contam com o auxílio dos santos mediante sua intercessão. "Pelo fato de os habitantes do céu estarem unidos mais intimamente com Cristo, consolidam com mais firmeza na santidade. Eles não deixam de interceder por nós junto ao Pai, apresentando os méritos que alcançaram na terra pelo único mediador de Deus e dos homens, Cristo Jesus. Por conseguinte, pela fraterna solicitude deles, a nossa fraqueza recebe o mais valioso auxílio" (Concílio Vaticano II. LG, n. 49). Procuram também imitar os santos, conhecendo suas vidas e seguindo os exemplos de suas virtudes.

Por meio da oração e da liturgia, os cristãos da terra realizam sua união com os santos. "Veneramos a memória dos habitantes do céu não somente a título de exemplo; fazemo-lo ainda mais para corroborar a união de toda a Igreja no Espírito, pelo exercício da caridade fraterna. Pois assim como a comunhão entre os cristãos da terra nos aproxima de Cristo, da mesma forma o consórcio com os santos nos une a Cristo, do qual como de sua fonte e cabeça vem toda a graça e a vida do próprio Povo de Deus" (Concílio Vaticano II. LG, n. 50).

Os autores cristãos consideram Nossa Senhora como rainha de todos os santos. Santo Anselmo de Cantuária (1033-1109) já asseverava: "Ela é rainha de todos os santos na terra e no céu". Na comunhão dos santos, ela ocupa um lugar eminente. Exaltada "no céu sobre todos os bem-aventurados e anjos, na comunhão de todos os santos, intercede junto a seu Filho para que todas as famílias dos povos... se reúnam em paz e concórdia no único povo de Deus, para a glória da Santíssima e indivisa Trindade" (Concílio Vaticano II. LG, n. 69).

Como rainha dos santos, Nossa Senhora está acima deles. No século V, Basílio de Selêucia destacou a glória superior de Maria em relação à dos santos. Afirmou: "Se Deus cumulou de tantas graças seus bons servidores, quais serão os dons concedidos à Mãe? Não estarão incomparavelmente acima dos favores concedidos aos súditos? É evidente. Se Pedro foi proclamado feliz, não chamaremos singularmente feliz entre todas as virgens aquela que gerou Aquele que Pedro confessou? Se Paulo é chamado vaso de eleição, porque ele levou o nome de Cristo para todas as terras, que vaso será a Mãe de Deus?".

Ao invocar Nossa Senhora como rainha de todos os santos, os devotos devem recordar sua vocação à santidade. "Maria lembra a seus devotos essa verdade: apesar de muitas fraquezas cotidianas, das incoerências, das contradições e da desconfiança que muitas vezes invadem o coração do homem ao considerar suas próprias falhas, o cristão sabe que é chamado à santidade e pode organizar a vida sob esse ideal luminoso" (G. Basadonna e G. Santarelli, escritores marianos).

10. Rainha Concebida sem Pecado

A comunidade dos cristãos saúda Nossa Senhora como rainha concebida sem pecado. Esse título refere-se a uma das verdades de fé, que fazem parte do patrimônio da Igreja.

A Ladainha de Nossa Senhora também aclama a Mãe de Jesus como rainha concebida sem pecado. Com maestria poética, pontua Ives Gandra da Silva Martins: "Nasceste sem mancha alguma. / Viveste pura e serena, / És lindo Vaso de espuma, / Senhora de toda a Cena".

A Igreja afirma que Maria foi concebida e nasceu sem o pecado original. Desde o momento de sua concepção, foi preservada de toda a mancha do pecado original, em previsão dos méritos de Jesus Cristo, o Salvador do gênero humano. Foi salva pela graça de Deus. Trata-se de um privilégio especial de Deus.

Ao longo de toda a sua vida, Maria continuou livre de todo o pecado. Fiel a Deus, correspondeu plenamente ao projeto do Criador. Ela não colocou o mínimo obstáculo à ação do Senhor da história. Ela aderiu integralmente à vontade de Deus, como ela mesma disse ao anjo Gabriel no momento da anunciação: "Eis aqui a serva do Senhor. Faça-se em mim segundo a tua palavra" (Lc 1,38). "Esteve sempre aderida a Deus em todas as circunstâncias. Sua vida será disto o eco desde o Fiat da Anunciação até o Calvário" (L. J. Suenes, escritor mariano).

Oficialmente, a Igreja reconheceu e declarou que Maria é a Imaculada Conceição em 1854. Esse dogma mariano foi fruto de lento e gradativo amadurecimento teológico. A tradição da Igreja traz testemunhos interessantes, profundos, bastante antigos.

Um dos primeiros a fazer referência explícita à Conceição Imaculada de Nossa Senhora foi Santo Agostinho (354-430). Dizia: "Não quero, por honra de Cristo, que a Santa Virgem Maria esteja em questão, quando se trata de pecados. Nós sabemos, com efeito, que uma graça maior foi-lhe concedida para vencer, por toda a parte, o pecado. É por isso mesmo que ela mereceu conceber e dar à luz Aquele, que, certamente, não tinha nenhum pecado".

Discípulo de Santo Anselmo, o monge beneditino Eadmer († 1134) defendeu, de maneira muito arguta, a crença na Imaculada Conceição. Explicava: "O apóstolo da pura verdade, aquele que vosso Filho chamou de 'vaso de eleição' (At 9,15), afirma que todos os homens pecaram em Adão (Rm 5,12). Verdade certa e, eu o declaro, não é permitido negá-la. Mas considerando a eminência da graça divina em vós, ó Maria, eu noto que vós sois colocada de uma maneira inestimável, não entre as criaturas, mas, com exceção de vosso Filho, acima de tudo o que foi feito. Donde eu concluo, que, em vossa concepção, vós não fostes presa pela mesma lei conatural aos outros homens, mas vós permanecestes completamente eximida do dano do pecado. Isso aconteceu por uma força singular e uma operação impenetrável à inteligência humana. Foi somente o pecado que afastou os homens da paz de Deus. Para tirar esse pecado e reconduzir assim o gênero humano à paz divina, o Filho de Deus quis se tornar homem, mas de maneira que nele nada se encontrasse daquilo que afastou o homem de Deus. Em razão desse decreto, convinha que a Mãe, de quem seria gerado esse homem, fosse pura de todo o pecado".

Fiel à tradição da Igreja, Pio IX, que declarou o dogma da Imaculada Conceição, convocou todo os fiéis a renovar seu culto a ela. O Papa fazia o seguinte apelo: "Escutem as nossas palavras todos os caríssimos filhos nossos e da Igreja Católica, e com sempre mais ardente fervor de devoção, de piedade e de amor continuem a venerar, a invocar, a suplicar a beatíssima Virgem Maria Mãe de Deus, concebida sem o pecado original, e com toda a confiança recorram a essa dulcíssima Mãe de Misericórdia e de graça, em todos os perigos, em todas as angústias, em todas as necessidades, em todas as dúvidas e em todas as apreensões. De fato, não pode haver lugar para temor ou para o desespero quando ela é nossa condutora e nossa protetora, quando ela nos é propícia e nos protege; pois que ela tem para conosco um coração materno, e, enquanto trata de negócios que dizem respeito à salvação de cada um de nós, é solícita de todo o gênero humano".

A devoção à Imaculada Conceição desperta nos cristãos a certeza de que a salvação também acontecerá na humanidade. "Se Maria é a imaculada e a mulher inteiramente santa, para todos é possível esperar a santidade e levar a vida em sintonia com o plano de Deus" (G. Basadonna e G. Santarelli, escritores marianos).

11. Rainha Assunta aos Céus

Cheios de amor e devoção, os cristãos aclamam a Virgem Maria como rainha assunta aos céus. Essa invocação exprime uma verdade de fé, afirmada pela Igreja.

"Rainha assunta aos céus" constitui uma das mais recentes invocações da Ladainha de Nossa Senhora. Foi introduzida pelo Papa Pio XII, depois que proclamou o dogma da assunção de Maria. Ives Gandra da Silva Martins, renomado jurista brasileiro, assim se expressa de forma poética: "Elevada foste ao Céu, / Com Teu corpo imaculado, / E o murmúrio de Babel / Restou por Ti olvidado".

Em 1950, o Papa Pio XII definiu a assunção de Nossa Senhora como dogma de fé. Terminado o curso da vida terrestre, ela foi assunta ao céu em corpo e alma. Está glorificada, ressuscitada e viva, junto de Deus. Sua assunção é obra de Deus.

A assunção de Nossa Senhora é celebrada na Igreja, como solenidade, no dia 15 de agosto. O Papa Paulo VI assim comentava: "A solenidade de 15 de agosto celebra a gloriosa Assunção de Maria ao céu; festa de seu destino de plenitude e de bem-aventurança, da glorificação de sua alma imaculada e de seu corpo virginal, de sua perfeita configuração com Cristo Ressuscitado" (O Culto da Virgem Maria, n. 6). No Brasil, 15 de agosto não é mais dia santo de guarda. Por determinação da CNBB e autorização da Santa Sé, é celebrada no domingo depois do dia 15 de agosto, caso esse dia não caia em domingo.

A assunção de Nossa Senhora constitui sua participação na ressurreição e glorificação de Jesus Cristo, configurando-a com seu Filho de modo pleno. "Sempre houve, na vida de Maria, uma crescente configuração com Jesus. Todo o mistério da graça é exatamente isso: um estar com Cristo, um ser-em-Cristo, uma modelação sempre maior de nós por Ele, o que se pode resumir na palavra 'cristificação'. A graça cristã cristifica e nos torna cristiformes. Em Maria esse modelar-se, ou melhor, esse deixar-se modelar e configurar por Cristo, atinge níveis incomparáveis aos de qualquer santo. No caso da Assunção, a configuração de Maria chegou ao nível mais alto e a uniu certamente, embora misteriosa e inefavelmente, ao estado glorioso do Ressuscitado. Conferiu-lhe inclusive um novo relacionamento com o espaço e o tempo, como aconteceu com o corpo ressuscitado de Cristo" (Pe. Pascal Rangel, escritor mariano).

A assunção de Nossa Senhora é conseqüência de sua imaculada conceição. O Papa Pio XII assim explicava: "A augustíssima Mãe de Deus, associada a Jesus Cristo de modo insondável desde toda a eternidade com um único decreto de predestinação, imaculada na sua conceição, sempre virgem na sua maternidade divina, generosa companheira do Divino Redentor que obteve triunfo completo sobre o pecado e suas conseqüências, alcançou, por fim, como suprema coroa dos seus privilégios, que fosse preservada da corrupção do sepulcro, e que, à semelhança do seu Divino Filho, vencida a morte, fosse levada em corpo e alma ao céu, onde refulge como Rainha à direita do seu Filho, Rei imortal dos séculos (cf. 1Tm 1,17)" (Constituição Apostólica Munificentissimus Deus, n. 40).

Já assunta ao céu, Nossa Senhora não se distancia dos seres humanos, mas continua próxima deles, sendo intercessora deles junto do Salvador. "Cremos que Maria está junto de Jesus, glorificada por inteiro. Deus assumiu e transformou toda a sua história, suas ações e seu corpo. E como ela está na glória de Deus e dos Santos, continua perto de nós, acompanhando-nos como mãe amorosa e companheira na fé" (CNBB. Com Maria, Rumo ao Novo Milênio, p. 117).

Na glória celeste, Nossa Senhora é a Mãe amorosa, que é a guia e a força dos seres humanos que ainda peregrinam na história presente, cheia de percalços e desafios. Dirigindo-se à Mãe de Deus na proclamação do dogma da assunção dela, o Papa Pio XII formulou a seguinte prece: "Temos a certeza de que vossos olhos misericordiosos se volverão sobre as nossas misérias e angústias, sobre as nossas lutas e fraquezas; que vossos lábios sorrirão a nossas alegrias e a nossas vitórias; que ouvireis Jesus dizer-vos de cada um de nós, como já o disse de seu filho amado: Eis aí teu filho. E nós, que vos chamamos nossa Mãe, vos tomamos como João, por nossa guia, força e consolo em nossa vida mortal".

Confiando na intercessão da Mãe bondosa e companheira, os devotos suplicam-lhe para que os oriente em sua caminhada no mundo, de maneira que, um dia, possam também chegar à glória do céu.

12. Rainha do Santo Rosário

Com amor, os cristãos veneram Nossa Senhora como rainha do santo rosário. Esse título refere-se a uma das orações mais caras do cristianismo.

A invocação "Rainha do Santo Rosário" foi acrescentada à Ladainha de Nossa Senhora pelo Papa Leão XIII. Refletindo sobre essa invocação, Ives Gandra da Silva Martins testemunha, dirigindo-se à Mãe de Jesus: "Mestra do Santo Rosário / Todo o dia eu Te ofereço / Esse augusto relicário, / Que no mundo não tem preço".

O rosário é, ao mesmo tempo, uma oração vocal e mental. "O rosário compõe-se de oração vocal e mental; vocal nas orações que reza, mental nos mistérios que medita: enquanto rezamos, falamos com Deus; enquanto meditamos, fala Deus conosco. O nosso rezar são vozes, o nosso meditar é silêncio. Mas neste silêncio, ouvimos melhor do que somos ouvidos nas vozes, porque nas vozes ouve-nos Deus a nós; no silêncio ouvimos nós a Deus" (Padre Antônio Vieira. Sermões, vol. VII, p. 407).

O rosário estrutura-se sobre a meditação dos mistérios salvíficos da vida de Jesus. "O rosário toma a pessoa pela mão e leva-a a refletir nos 'mistérios' de Jesus, ou seja, nos momentos mais importantes de sua vida. Esses 'mistérios' levam o fiel a demorar-se na meditação de acontecimentos que formam o conteúdo da história da salvação e continuam a ser sustentáculos da fé cristã. A insistência nesses elementos objetiva entender melhor a própria fé, tornando-a mais viva e fecunda" (G. Basadonna e G. Santarelli, escritores marianos). A Virgem Maria está associada aos mistérios de Cristo.

No rosário, os mistérios gozosos compreendem a anunciação, a visitação, o nascimento de Jesus, a apresentação de Jesus no templo e o reencontro de Jesus no templo. Esses mistérios caracterizam-se "de fato pela alegria que irradia do acontecimento da encarnação" (João Paulo II. Carta Apostólica "Rosário da Virgem Maria", n. 20). Os cristãos se alegram por saberem que o Verbo de Deus se faz carne: não só habita entre os seres humanos, mas assume toda a existência humana e se faz pessoa humana, mostrando seu amor, valorizando a dignidade de todo ser humano e convidando a todos a experimentarem nele o caminho da verdadeira humanização.

Os mistérios luminosos abarcam o batismo de Jesus, as bodas de Caná, o anúncio do Reino de Deus, a transfiguração de Jesus e a instituição da Eucaristia. "Passando da infância e da vida de Nazaré à vida pública de Jesus, a contemplação leva-nos aos mistérios que se podem chamar, especialmente, 'mistérios da luz'. Na verdade, todo o mistério de Cristo é luz. Ele é a 'luz do mundo' (Jo 8,12). Mas essa dimensão emerge particularmente nos anos da vida pública, quando ele anuncia o evangelho do Reino" (João Paulo II. Carta Apostólica "Rosário da Virgem Maria", n. 21).

Os mistérios dolorosos abrangem a agonia no jardim das Oliveiras, a flagelação, a coroação de espinhos, Jesus ao carregar a cruz e a crucifixão. "Os Evangelhos dão grande relevo aos mistérios da dor de Cristo. Desde sempre a piedade cristã, especialmente na Quaresma, através do exercício da Via-Sacra, deteve-se em cada um dos momentos da paixão, intuindo que aqui está o ápice da revelação do amor e a fonte de nossa salvação. O rosário escolhe alguns momentos da paixão, induzindo o orante a fixar neles o olhar do coração e a revivê-los" (João Paulo II. Carta Apostólica "Rosário da Virgem Maria", n. 22).

Finalmente, os mistérios gloriosos focalizam a ressurreição, a ascensão, o pentecostes, a assunção de Maria e sua coroação. A contemplação do rosto de Cristo não pode deter-se na imagem do Crucificado, mas leva o cristão a fixar o olhar na glória da ressurreição do Cristo e também na de sua ressurreição.

"Somos chamados e vocacionados à glória. Toda a palavra de Deus nos fala da glória, uma glória que não consta nos reconhecimentos humanos, mas sim na identificação com Cristo Jesus. Não podemos parar na paixão e na morte; a certeza da ressurreição nos sustenta em todos os momentos de nossa vida e por isso nos sentimos animados a lutar contra a morte, a dor e as misérias humanas. Em nosso corpo resplandece a glória de Cristo, somos sacramentos vivos do Senhor Jesus. É próprio nesses mistérios lembrarmos a glória de Maria, que é sua coroação como rainha dos homens, o ser assunta ao céu a faz mestra e modelo do nosso peregrinar na terra" (Fr. Patrício Sciadini, escritor espiritual).

13. Rainha da Família

Atualmente, o povo cristão aclama Nossa Senhora como rainha da família. Esse título é muito oportuno e pertinente porque valoriza uma das dimensões mais importantes da vida humana: a família.

No dia 31 de dezembro de 1995, a Congregação do Culto Divino e Disciplina dos Sacramentos comunicou aos bispos do mundo inteiro que, por concessão do Papa João Paulo II, foi inserida na Ladainha de Nossa Senhora a invocação "Rainha da família". Ives Gandra da Silva Martins assim se expressa: "A família é o grande foco / Do amor cristão e da vida / Na minha sempre a coloco/ Como Rainha querida".

A família, originária do casamento, é comunidade constituída pelos pais e filhos. Eventualmente, agregam-se à família outros membros, unidos por adoção legal ou por vínculos de sangue. Nessa comunidade cada componente desempenha seu papel. Juntos, todos os membros criam uma cultura comum, com costumes e procedimentos próprios. De acordo com a visão cristã, as famílias devem se constituir em Igrejas domésticas, onde se realiza o projeto de Deus.

A família constitui uma comunidade de pessoas, que busca viver a comunhão e o amor. "A família, fundada e vivificada pelo amor, é uma comunidade de pessoas: dos esposos, homem e mulher, dos pais e dos filhos, dos parentes. Sua primeira tarefa é a de viver fielmente a realidade da comunhão num constante empenho por fazer crescer uma autêntica comunidade de pessoas" (João Paulo II. A função da família cristã no mundo de hoje, n. 18). O amor é o princípio e a força dessa comunhão.

A família tem como tarefa fundamental o serviço à vida, colaborando na obra criadora de Deus para a geração e o sustento dos filhos. "Os filhos são o dom mais excelente do matrimônio e constituem um benefício máximo para os próprios pais. Deus mesmo disse: 'Não convém ao homem ficar sozinho' (Gn 2,18), e 'criou de início o homem como varão e mulher' (Mt 19,4); querendo conferir ao homem uma participação especial em sua obra criadora, abençoou o varão e a mulher dizendo: 'crescei e multiplicai-vos' (Gn 1,28)" (Concílio Vaticano II. GS, n. 50).

Outra missão da família é a educação. "Os pais, que transmitem a vida aos filhos, têm uma gravíssima obrigação de educar a prole. Por isso, devem ser reconhecidos como seus primeiros e principais educadores. Essa função educativa é de tanto peso que, onde não existir, dificilmente poderá ser suprida. É assim dever dos pais criar um ambiente tal de família, animado pelo amor e pela dedicação a Deus e aos homens, que favoreça a completa educação pessoal e social dos filhos. A família é, pois, a primeira escola de virtudes sociais de que precisam todas as sociedades" (Concílio Vaticano II. GE, n. 3). A família ajuda as pessoas a amadurecer, formando-as também na fé.

Longe de fechar-se em si mesma, a família abre-se para a sociedade e constitui sua base indispensável, participando e colaborando em seu funcionamento e desenvolvimento. "A família recebeu de Deus a missão de constituir a célula primária e vital da sociedade. Cumprirá tal missão, se ela se apresentar como santuário íntimo da Igreja pelo mútuo afeto de seus membros e pela oração feita a Deus em comum; se toda a família se inserir no culto litúrgico da Igreja; se enfim a família oferecer uma solícita hospitalidade; se promover a justiça e demais obras a serviço dos todos irmãos que padecem necessidade" (Concílio Vaticano II. AA, n. 11).

Nossa Senhora é a rainha da família porque ela, como mãe solícita, também auxilia, protege e inspira as famílias. Em 1981, o Papa João Paulo II afirmava: "Que a Virgem Maria, Mãe da Igreja, seja também a Mãe da 'Igreja doméstica' e, graças a seu auxílio fraterno, cada família cristã possa tornar-se verdadeiramente uma 'pequena Igreja', na qual se manifesta e reviva o mistério da Igreja de Cristo. Seja Ela, a Escrava do Senhor, o exemplo de acolhimento humilde e generoso da vontade de Deus; seja Ela, Mãe das Dores aos pés da Cruz, a confortar e a enxugar as lágrimas dos que sofrem pelas dificuldades das suas famílias" (João Paulo II. A função da família cristã no mundo de hoje, p. 97).

A Mãe de Deus é rainha da família porque também a sagrada família de Nazaré, composta por ela, José e Jesus, torna-se exemplo e fundamento das famílias. O Papa Paulo VI dizia: "Que Nazaré nos ensine o que é a família, sua comunhão de amor, sua beleza austera e simples, seu caráter sagrado e inviolável" (Paulo VI, Discurso de 5 de janeiro de 1964, em Nazaré).

14. Rainha da Paz

Desafiados pela história marcada pelos conflitos, guerras, ódios e vinganças, os cristãos invocam Nossa Senhora como rainha da paz, cheios de confiança e piedade. Esse título evidencia uma das aspirações mais profundas do ser humano: a paz.

Vivendo no turbulento clima da Primeira Grande Guerra Mundial (1914-1918), o Papa Bento XV (1914-1922) introduziu, na Ladainha de Nossa Senhora, a invocação "Rainha da Paz", de maneira acertada e apropriada. Com amor, dirigindo-se à Mãe de Jesus, Ives Gandra da Silva Martins assim diz: "A Tua imagem, Senhora, / Alegre minha alma faz / Eu sou Teu, hora por hora, / Nossa Senhora da Paz".

A paz constitui dimensão fundamental da vida dos seres humanos. O respeito e o progresso da vida humana requerem a paz, base da convivência sadia. A paz caracteriza-se pela harmonia do ser humano com Deus, consigo mesmo, com os outros e com a natureza. É a "tranqüilidade da ordem" (Santo Agostinho).

A paz é fruto da justiça. "A paz é, antes de tudo, obra da justiça. Supõe e exige a instauração de uma ordem justa na qual os homens podem realizar-se como homens, onde sua dignidade seja respeitada, suas legítimas aspirações satisfeitas, seu acesso à verdade reconhecido, sua liberdade pessoal garantida. Uma ordem na qual os homens não sejam objetos, senão agentes de sua própria história. Onde existem injustas desigualdades entre homens e nações se atenta contra a paz" (Doc. Conclusões de Medellín, n. 14).

A paz é efeito do amor. Para construir a paz, é necessário praticar o amor. A paz é "fruto do amor, expressão de uma real fraternidade entre os homens. Fraternidade trazida por Cristo, Príncipe da Paz, ao reconciliar todos os homens com o Pai. A solidariedade humana não pode realizar-se verdadeiramente senão em Cristo que dá a Paz que o mundo não pode dar. O amor é a alma da justiça. O cristão que trabalha pela justiça social deve cultivar sempre a paz e o amor em seu coração" (Doc. Conclusões de Medellín, n. 14).

A paz é dom de Deus. O Senhor da História possui a paz e deseja concedê-la a todos os que o servem (Sl 35,27). Ele dá a seu povo a força e a paz (Sl 29,11). Seu compromisso com a paz é permanente, jamais muda (Is 54,10). Sua mensagem para todos é a paz (Sl 85,9).

Jesus é o insigne mensageiro da paz. Como Messias enviado pelo Pai, Jesus Cristo vem para instaurar a paz no mundo, que está marcado pelas rixas, inimizades e guerras (Lc 1,79; 2,14; 19,42; Is 9,5-8). Em sua missão, ele procura estabelecer a paz dos seres humanos com Deus, consigo mesmos e com os outros, de tal maneira que possam unir-se no amor, na solidariedade, na justiça, na verdade, na reconciliação e no perdão (Jo 14,27-31; Mt 5,17-48; Mc 12,28-34; Lc 4,14-21; 15,1-32). Por sua morte, ele vence a desarmonia entre os homens (Ef 2,16-18; Cl 1,20-22), e, pela ressurreição, dá a paz à humanidade (Jo 20,19-23). Ele próprio é a paz verdadeira (Ef 2,14).

A paz é também tarefa permanente. Comprometidos com Jesus Cristo, os cristãos são chamados a promover e construir a paz no seio da humanidade (Mt 5,9). Devem buscar sempre a paz com todos (Rm 14,19). Devem irradiar a paz, traduzindo-a em testemunho e gestos concretos. Já dizia São Gregório de Nissa (335-395): "Ao refletirmos que Cristo é a paz, mostraremos qual o verdadeiro nome de cristão, se pela paz que está em nós expressamos Cristo por nossa vida".

Para a promoção da paz, os cristãos suplicam o auxílio da Mãe do Salvador como rainha da paz. O Papa Paulo VI já dizia: "Nada mais oportuno e excelente nos parece do que se elevarem as vozes suplicantes de toda a família cristã à Mãe de Deus que é invocada como Rainha da Paz, a fim de que em tantas e tão grandes adversidades e angústias nos comunique com abundância os dons de sua maternal bondade. Por isto queremos que lhe sejam dirigidas instantes e assíduas preces" (Encíclica Christi Matri, p. 6).

Em meio às tensões, os cristãos podem rezar à Rainha da Paz, para que ela interceda pela paz junto a seu Filho. Conhecido pelo seu trabalho infatigável pela paz, o Papa Pio XII assim rezava à Virgem Maria: "Alcançai-nos, ó Mãe de misericórdia, a reconciliação cristã dos povos; e, antes de tudo, obtendenos aquelas graças que podem num momento converter os corações humanos, as graças que preparam e asseguram essa suspirada pacificação. Rainha da Paz, rogai por nós e dai ao mundo a paz na verdade, na justiça, na caridade de Cristo. Dai-lhe sobretudo a paz das almas, a fim de que, na tranqüilidade da ordem, se dilate o Reino de Deus".

Rafael Sanzio

VIII MARIA NA VIDA E NA TRADIÇÃO DA IGREJA

1. Mãe da Igreja

Nossa Senhora é Mãe da Igreja. Essa invocação é muito preciosa e atual. Comentando-a poeticamente, Ives Gandra da Silva Martins, jurista brasileiro, diz a respeito de Maria: "Tornaste-te, Mãe da Igreja, / Sinaleira intemporal / Da mensagem benfazeja / Que semeia a terra em sal".

A origem dessa invocação é recente. Aos 21 de novembro de 1964, ao encerrar a terceira sessão do Concílio Vaticano II, o saudoso Papa Paulo VI declarou a Mãe de Jesus como Mãe da Igreja. Em seu discurso, afirmava o Pontífice: "Para a glória da Virgem e para nosso conforto, proclamamos Maria Santíssima 'Mãe da Igreja', isto é, de todo o povo de Deus, tanto dos fiéis como dos pastores que lhe clamam Mãe amorosíssima; e queremos que com esse título suavíssimo seja a Virgem doravante ainda mais honrada e invocada por todo o povo cristão".

O Concílio Vaticano II (1962-1965), praticamente, preparou e fundamentou a declaração de Paulo II, ao situar a vida e missão de Maria no mistério de Cristo e da Igreja. Já asseverava o documento conciliar: "A Mãe de Deus é a figura de Igreja, como já ensinava Santo Ambrósio, quer dizer, na ordem da fé, da caridade e da perfeita união com Cristo. De fato, no mistério da Igreja, a qual também se chama com razão virgem e mãe, à Santíssima Virgem Maria pertence o primeiro lugar, por ser, de modo eminente e singular, exemplo de virgem e de Mãe. Pois, por sua fé e obediência, gerou na terra o próprio Filho de Deus Pai, sem conhecer varão, coberta pela sombra do Espírito Santo, e, como nova Eva, não deu crédito à antiga serpente, mas aceitou sem mescla de dúvida e falsidade a palavra do mensageiro de Deus. O Filho que ela gerou foi por Deus constituído primogênito entre muitos irmãos (cf. Rm 8,29), isto é, entre os fiéis em cuja geração e formação ela coopera com materno amor" (Concílio Vaticano II. LG, n. 63).

Os teólogos ajudaram muito o povo de Deus a entender e a aprofundar a maternidade eclesial de Nossa Senhora. Já no século XIX, o teólogo Mathias Joseph Scheeben (1835-1888) argumentava: "Maria é a Mãe espiritual da humanidade. A Igreja também, ao contrário dos santos, não é somente educadora, mas verdadeiramente uma mãe que gera. Maria comunica a união da Igreja a Cristo e também é Mãe da Igreja. Ela colabora, de uma maneira fundamental, para estabelecer e para adquirir a regeneração de todo o gênero humano. É verdade que, enquanto Maria é o membro principal ou coração da Igreja, sua maternidade confunde-se com aquela da Igreja. A maternidade de Maria forma raiz e alma da maternidade da Igreja. Essa última só pode existir e agir porque a maternidade de Maria está nela inclusa e nela opera".

O grande teólogo contemporâneo Hans Urs von Balthasar (1905-1988) resgatou o fundamento bíblico da maternidade eclesial de Maria. Dizia o pensador cristão: "Junto à cruz, já que o Pai abandonara o Filho, o Filho abandona sua mãe. Confia a mãe à Igreja. A partir do Calvário, Maria torna-se mãe da Igreja, é a primeira entre seus membros. Trata-se de um novo empenhamento, a que Maria se consagra. Assim, tudo se desenvolverá até à Assunção ao céu, no qual ela começará a agir como medianeira da Igreja do Senhor. Por isso, o Senhor envia-a continuamente à Igreja e aos homens".

Os teólogos ainda expõem que Maria é a Mãe da Igreja pela sua vocação de Mãe do Salvador, do Filho de Deus que se encarnou no seio da Virgem Santíssima para nos salvar. Assim explica o padre Ignace de la Potterie, mariólogo, em seu livro "Mãe de Deus": "Se nos tornamos filhos de Deus por causa de nossa fé em Cristo, sua mãe, que teve um papel único na encarnação do Filho de Deus, terá certamente também a função no renascimento espiritual dos filhos de Deus, porque a encarnação é precisamente o modelo de nossa vida filial. Como nossa filiação espiritual divina é paralela da filiação de Cristo, a maternidade de Maria em relação a nós será igualmente em relação a sua maternidade em relação a Jesus".

Como Mãe da Igreja, Nossa Senhora, já assunta aos céus e viva na comunhão dos santos, continua a velar e a cuidar dos membros do povo de Deus em sua grande romaria à Casa do Pai. "De fato, da Jerusalém celeste ela está a guiar a Igreja peregrina na terra, animando-a, confortando-a até que todos estejam na gloriosa comunidade dos eleitos" (Credo do Povo de Deus. Profissão da fé solene, n. 15).

2. Maternidade eclesial

Maternidade eclesial quer dizer que Nossa Senhora é Mãe da Igreja. Por ser Mãe de Cristo, ela também o é de todos os cristãos, que unidos pela fé, formam a Igreja de Jesus.

A Igreja é o povo de Deus salvo pela graça de Cristo. "Prefigurada já no Antigo Testamento, a Igreja é o povo de Deus caminhando para seu Senhor. É um povo universal, não dependente de raça, idioma ou qualquer particularidade humana. Nasce de Deus pela fé. (...) É um povo de redimidos pelo sangue de Cristo, um povo em marcha, chamado para levar a todos os homens a libertação definitiva que, acontecendo já na história, terá sua plenitude somente na eternidade. É um povo de servidores, no qual cada um desempenha sua função para o crescimento de todos" (CNBB. Catequese Renovada, n. 206).

Nossa Senhora é Mãe da Igreja por sua própria maternidade divina. Diz o Concílio Vaticano II: "Convivendo com Cristo, gerando-o, apresentando-o no templo ao Pai, padecendo com seu Filho enquanto Ele morria na cruz, ela cooperou de forma toda singular, pela obediência, pela fé, pela esperança e pela ardente caridade, na restauração da vida sobrenatural das almas. Por tal motivo, é ela nossa Mãe na ordem da graça" (Concílio Vaticano II. LG, n. 61).

Jesus Cristo é a cabeça da nova humanidade, a qual nasce de sua redenção.

Sua obra salvadora orienta-se para a formação do povo de Deus, que se compromete com sua Palavra revelada e é depositário de sua prática evangelizadora. A Igreja é o corpo vivo de Cristo, cujo princípio vital é o próprio Cristo (Rm 12, 3-8). Do Salvador vem a graça, que é participação na vida divina.

A Virgem Santíssima é Mãe de Cristo, cabeça da Igreja. Por isso, é também Mãe de todos os membros da comunidade cristã. A maternidade espiritual de Maria começa a ser exercida a partir do momento em que, por vontade de Deus, concebe, em seu ventre puríssimo, Jesus Cristo, Aquele que é o Salvador de toda a humanidade.

Nossa Senhora, a Mãe de Jesus, é a Mãe da Igreja na ordem da graça, porque cooperou decisivamente no projeto de salvação. Ela torna possível o nascimento dos cristãos para a vida sobrenatural, que provém de seu Filho. Associada ao sacrifício redentor, coopera na salvação de Jesus no calvário. Com "ânimo materno se associou ao sacrifício de Jesus, consentindo com amor na imolação da vítima por ela mesma gerada. Finalmente, pelo próprio Cristo Jesus moribundo na cruz, foi dada como mãe ao discípulo com estas palavras: Mulher, eis aí teu filho (cf. Jo 19,26-27)" (Concílio Vaticano II. LG, n. 146). No sacrifício de Jesus no Calvário, Maria torna-se, na pessoa de João, Mãe de todos nós.

No Cenáculo, com o grupo dos primeiros cristãos, ocasião fundacional da Igreja com a vinda do Espírito Santo, Nossa Senhora está presente de maneira muito significativa e especial (At 1,12-14). Sua presença não superficial ou secundária, mas viva, consciente e participativa. Ela é a Mãe que sustenta e anima a vida da comunidade cristã.

Nossa Senhora é Mãe da Igreja por sua intercessão atual e constante. A cooperação de Maria na salvação dos homens não termina com o fim de sua trajetória histórica entre nós. Assunta aos céus, viva e ressuscitada, ela intercede pelo povo de Deus junto a Jesus Cristo, nosso Salvador. Ela pede e suplica a Deus pelos seres humanos.

A intercessão de Nossa Senhora não diminui em nada a mediação de Jesus Cristo, mas decorre dela. "A mediação de Cristo é diretamente ativa: Cristo é o autor da vida. Ele mesmo a produz. Maria é criatura e não autora da vida. Ela, porém, intercede pela vida. Entre Cristo e ela está a diferença entre o Criador e a criatura. No entanto, como criatura especial, ela é chamada a uma colaboração especial com Deus. Por outro lado, em sua própria função de intercessora, ela depende totalmente de Cristo, que lhe confere essa capacidade. Ela nada tem por si mesma e de si mesma, mas tudo recebeu de seu Filho, inclusive a possibilidade de colaborar com ele" (J. Comblin, teólogo latino-americano).

Como Mãe da Igreja, Nossa Senhora colabora com o Cristo para que sua comunidade possa ser fiel a sua missão. A Igreja "é a família de todos os cristãos e seguidores de Jesus. Nela e através dela prolonga-se sua ação libertadora. É sinal de salvação para todos: é o povo de Deus que, vivendo a unidade da fé, animado pelo Espírito de Jesus, caminha para seu destino definitivo, para a verdadeira pátria prometida: a casa do Pai" (Vital Ayala, escritor mariano). A Igreja conta com a intercessão da Mãe de Jesus.

3. Nossa Senhora auxilia a Igreja em seu peregrinar

Em sua misericórdia, Nossa Senhora auxilia a Igreja em seu peregrinar. O Concílio Vaticano II afirma: "Por sua maternal caridade cuida dos irmãos de seu Filho, que ainda peregrinam rodeados de perigos e dificuldades, até que sejam conduzidos à feliz pátria. Por isso a Bem-aventurada é invocada na Igreja sob os títulos de Advogada, Auxiliadora, Adjutriz, Medianeira" (Concílio Vaticano II. LG, n. 62).

O auxílio de Nossa Senhora é invocado pela Igreja em seus momentos de dificuldades e de perigos. A invocação "Auxílio dos Cristãos" é a forma pública e social da mediação que a Mãe de Jesus exerce não só em favor de pessoas, mas também para o bem de toda a Igreja. Esse título mostra que "Maria não é apenas protetora de cada um de nós. Ela está empenhada nas grandes causas da Igreja e do mundo. Contam-se por dezenas as histórias em que a Virgem se tornou auxílio do povo" (Pe. Paschoal Rangel, teólogo e escritor).

Quando proclamou o dogma da Imaculada Conceição aos 8 de dezembro de 1954, o Papa Pio IX (1846-1878) destacou o auxílio de Nossa Senhora. Dizia o Pontífice: "Maria é fidelíssima Auxiliadora e poderosíssima Mediadora e Reconciliadora de toda a terra junto a seu Filho Unigênito. É glória e ornamento, como também defesa firmíssima, e sempre venceu as heresias e libertou os povos e nações das máximas calamidades e perigos de todo gênero".

O Papa Pio XII (1939-1958) consagrou o mundo inteiro ao Coração Imaculado de Maria no dia 31 de outubro de 1942. Num tempo atribulado pelos sofrimentos causados pela Segunda Guerra Mundial, o Pontífice soube entregar a humanidade aos cuidados de Nossa Senhora e recorrer a seu auxílio com confiança. Dizia ele: "Rainha do Santíssimo Rosário, auxílio dos cristãos, refúgio do gênero humano, triunfadora de todas as batalhas de Deus, nós nos prostramos suplicantes diante de vosso trono, certos de alcançar misericórdia e de receber graças e auxílios oportunos nas calamidades presentes, não por nossos merecimentos, mas unicamente pela bondade de vosso Coração materno".

E Pio XII continuava com as seguintes palavras: "A vós, a vosso Coração Imaculado, nesta hora grave da história humana, nós confiamos e consagramos, não somente com toda a Santa Igreja, Corpo Místico de vosso Jesus, que em tantas partes sofre e de tantos modos é atribulada e perseguida, mas também com o mundo inteiro dilacerado pelas discórdias, agitado pelo ódio, vítima da própria iniqüidade".

O Papa Paulo VI (1963-1978) reconheceu a presença atuante de Nossa Senhora como auxílio daqueles que buscam a plenitude da vida. Assim declarou o Pontífice: "A Igreja Católica, apoiada numa experiência de séculos, reconhece na devoção à Virgem Santíssima um auxílio poderoso para o homem em marcha para a conquista de sua própria plenitude. Maria, a Mulher nova, está ao lado de Cristo, o Homem novo, em cujo mistério, somente, encontra verdadeira luz o mistério do homem; e está aí, qual penhor e garantia de que numa simples criatura – nela – se tornou já realidade o plano em Cristo, para a salvação de todo o homem" (Culto à Virgem Maria, n. 57).

O Papa João Paulo II afirmou que Maria ampara, assiste e auxilia os que nela confiam porque é a Mãe de Misericórdia, que torna o amor divino próximo deles. Ele disse que ela, "tendo experimentado a misericórdia de modo excepcional, 'merece' igualmente tal misericórdia durante sua vida terrena e, de modo particular, aos pés da cruz do Filho; e depois, tais títulos dizem-nos que ela, através da participação escondida e, ao mesmo tempo, incomparável na missão messiânica de seu Filho, foi chamada, de modo especial, para tornar próximo dos homens aquele amor que o Filho tinha vindo revelar; amor que encontra a mais concreta manifestação para com os que sofrem, os pobres, os que estão privados da própria liberdade, os cegos, os oprimidos e os pecadores, conforme Cristo explicitou atendo-se à profecia de Isaías, ao falar na Sinagoga de Nazaré (Lc 4,18) e, no momento sucessivo, ao responder à pergunta dos enviados de João Batista (Lc 7,22)" (Doc. Dives in Misercordia, p. 46).

Como Mãe Misericordiosa, Nossa Senhora, já assunta aos céus, continua a estar perto dos cristãos, intercedendo por eles e ajudando-os a enfrentar com coragem os desafios da história presente.

4. Presença de Maria na vida do doente

Os autores cristãos têm abordado, em seus livros, a presença de Maria na vida do doente. Entre eles, destacamos a obra de Pe. Alberto P. da Rocha, "Catecismo do Enfermo: Evangelho da Esperança", que discorre sobre o sentido da devoção mariana na situação dos doentes.

Publicado pelas Edições Loyola em 1989, a obra tem um capítulo especial sobre Nossa Senhora e o doente (p. 65-69). De início, mostra a esperança que a Igreja coloca em Maria, a Mãe de Deus e dos homens, citando o documento do Concílio Vaticano II.

O trecho citado do Concílio diz que a "Mãe de Jesus, tal como está nos céus, já glorificada de corpo e alma, é a imagem e o começo da Igreja como deverá ser consumada no tempo futuro. Assim brilha também aqui na terra como sinal de esperança segura e de conforto para o povo de Deus em peregrinação, até que chegue o dia do Senhor. Todos os fiéis cristãos supliquem insistentemente à Mãe de Deus e dos homens, para que ela, que com suas preces assistiu às primícias da Igreja, também agora, exaltada no céu, interceda junto a seu Filho até que todas as famílias dos povos sejam felizmente congregadas na paz e na concórdia, no único povo de Deus, para a glória da Santíssima Trindade" (Constituição Dogmática Lumen Gentium, n. 68-69).

Pe. Alberto diz que a devoção mariana já é parte do povo cristão. "O culto de veneração a Maria está vivamente arraigado no coração e na alma do povo cristão, e especialmente, em nosso caso, no sentimento religioso do povo brasileiro. Para muitos até, sua religiosidade cristã manifesta-se apenas no culto à Virgem Maria, Nossa Senhora Aparecida" (p. 65-66).

O autor ainda afirma que o doente pode suplicar auxílio à Mãe de Deus. "Assim sendo, o doente também deve recorrer a ela para que lhe recorde, entre outras coisas, os verdadeiros valores da vida muitas vezes esquecidos ou postos de lado, quando tinha saúde e vivia sem maiores preocupações. Ninguém melhor que Maria para ensinar-lhe a dizer seu SIM a Deus nesta hora de provação. Ninguém melhor do que Maria para ensinar-lhe a disponibilidade, a humildade e a aceitação da vontade de Deus que se manifesta no silêncio da cruz e do sofrimento" (p. 66).

O rosário é oração importante para o doente. "Com Maria, pela reza do terço ou do rosário, o doente poderá aproximar-se de Cristo, pela meditação e contemplação dos seus mistérios" (p. 66).

A devoção mariana leva o doente a experimentar Deus na oração. "Com

Maria, o doente poderá encontrar-se com seu Deus se o perdeu de vista pelas estradas da vida. Com Maria, poderá implorar a Deus, também, a saúde do corpo e da alma, a vida e a salvação" (p. 66).

Nossa Senhora ajuda o doente a carregar sua cruz. "Maria sempre acompanhou a Jesus com todo o seu amor, e principalmente, junto a Cruz, compartilhando com Ele seu sofrimento e sua morte para nos dar a vida e nos garantir a ressurreição. Portanto, onde houver uma cruz para carregar, e haverá sempre, se quisermos Maria estará a nosso lado para nos ajudar a oferecê-la ao Pai. Para Maria Santíssima, o doente e todo o que sofre representa ao vivo a imagem de seu Filho Jesus... a caminho do Calvário e da Cruz" (p. 66).

O doente dirige-se a Maria, reconhecendo nela sua Mãe. "Deve recorrer a ela como um filho a sua mãe, pois ela é realmente nossa Mãe, Mãe de todos os homens. Quem melhor do que uma mãe para sentir em seu coração toda a angústia, o sofrimento e a dor de um filho! Qual é a mãe que desampara seu filho quando o vê sofrer? Só uma mãe desnaturada. Mas a nossa Mãe prova-nos que jamais fará tal coisa. Por isso, Cristo amorosamente apontará para o doente a imagem e a figura de sua Mãe, dizendo-lhe: 'Eis aí tua Mãe...' E Ela o confiará a Cristo" (p. 66-67).

Pe. Alberto sugere que o doente recorra a Nossa Senhora dizendo: "Meu querido irmão doente, na hora do sofrimento chame por Maria, grite seu nome que ela virá para tomá-lo em seus braços, para confortá-lo, para secar suas lágrimas, para compartilhar seu sofrimento como o fez com seu Filho Jesus" (p. 67).

O autor também ensina ao doente a dizer a Nossa Senhora com todo o seu ser: "Maria Santíssima, saúde dos enfermos, rogai por nós, por todos os que sofrem, agora e na hora de nossa morte" (p. 67). Pela intercessão da Virgem Santíssima, o doente reza a Deus por si mesmo, por sua saúde, por sua fé e por sua esperança sempre redobrada.

5. Figura da Igreja

Nossa Senhora é figura da Igreja. Ela é "saudada como membro eminente e único da Igreja, seu tipo e exemplo perfeitíssimo na fé e na caridade" (Concílio Vaticano II. LG, n. 53). É o modelo e a imagem da Igreja.

Maria é figura da Igreja em sua maternidade. Ela foi a mãe de Jesus Cristo, o Filho de Deus que se encarnou, fazendo-se pessoa humana. Participou diretamente do dom da vida a seu Filho Jesus e, por meio dele, a toda a comunidade cristã. A Igreja "também é feita mãe, pela palavra de Deus fielmente recebida; com efeito, pela pregação e pelo batismo, gera para a vida nova e imortal os filhos concebidos pelo Espírito Santo e nascidos de Deus" (Concílio Vaticano II. LG, n. 64).

Maria é figura da Igreja em sua virgindade. Como virgem, ela gerou o Filho de Deus pela ação do Espírito Santo (Lc 1,26-38). Em sua virgindade, reserva toda a sua vida para Deus e seu Reino. A Igreja também gera os homens como cristãos não por simples forças humanas, mas pela força do Espírito Santo. Ela é toda de Cristo e toda servidora das pessoas humanas.

Contemplando a virgindade de Nossa Senhora, a Igreja é chamada a doar sua vida no serviço a Deus e a seu projeto de salvação. A finalidade da Igreja é colocar-se a serviço da salvação. "A Igreja existe por causa de sua missão: salvar. Ela mesma é fruto da salvação, pois nasceu do lado aberto de Cristo na cruz. Nascida como primeiro fruto dos acontecimentos pascais, ela é enviada a salvar, torna-se sinal de Cristo entre os homens, meio necessário de salvação, sacramento original e universal da redenção de Cristo, porque expressa e realiza o encontro de Deus com os homens" (CNBB. Catequese Renovada, n. 207). A Igreja pertence ao Cristo e doa-se aos homens em sua missão.

Maria é figura da Igreja em sua conceição imaculada. Desde o começo ela esteve isenta do pecado. Foi toda santa. Olhando para Nossa Senhora, a Igreja é caracterizada também pela santidade. A comunidade eclesial é santa, "porque Jesus Cristo, o Justo e Santo, amou-a e santificou-a com sua entrega total; é santa por causa do Espírito Santo Santificador, que é sua alma, por causa de seus dons, de seus sacramentos e de sua caridade" (CNBB. Catequese Renovada, n. 212). Convida seus membros a superarem o pecado, de maneira que possa brilhar a santidade em sua vida.

Maria é figura da Igreja em sua assunção. Já participa da ressurreição de Jesus Cristo, o Senhor da história, e está na vida eterna. Na comunhão dos santos está viva, pois já alcançou a realização final. Torna-se, assim, um sinal para a comunidade cristã que, olhando para ela, crê com renovada convicção no cumprimento das promessas de Deus. A vida, e não a morte, tem a última palavra sobre o destino humano. Como Nossa Senhora, a Igreja recebe a promessa de ser vencedora da morte e a garantia de que nada pode destruí-la. Maria é imagem e início da Igreja do futuro.

Maria é figura da Igreja na cruz de Jesus, Salvador. Ela estava presente na crucificação de seu Filho, acompanhando, tomando parte no sofrimento do Redentor, aceitando e oferecendo o sacrifício de Jesus ao Pai na fé e na generosidade. Como Maria, a Igreja também participa da cruz de Jesus. Os sofrimentos da comunidade cristã exprimem sua participação nos sofrimentos de Maria que acompanha o Salvador. A Igreja aceita e oferece a cruz de Jesus, adquirindo forças e sentido para sua missão em meio aos desafios da história presente.

Maria é figura da Igreja na fidelidade. Durante toda a sua vida foi fiel a Deus. Seu "sim" inicial foi renovado a cada instante. Não desfez a promessa assumida. Seu compromisso com o Salvador foi assumido até as últimas conseqüências, mesmo nos sofrimentos e na cruz. Soube ouvir e acolher a Palavra de Deus, revelada por Jesus Cristo. Não titubeou perante as posições firmes e provocadoras de seu Filho. Teve paciência. Manteve a perseverança, mesmo quando os discípulos do Senhor estavam abalados. Sua fidelidade foi ímpar.

Como Maria, a Igreja deve ser fiel. "Se o povo de Israel foi tantas vezes infiel e se entregou à prostituição como dizem os profetas, a Igreja é chamada à fidelidade. Para ela, sempre se renova a tentação de vender-se aos poderosos, aos falsos deuses, aos falsos mestres e aos falsos salvadores" (J. Comblin, teólogo latino-americano).

6. Figura de Maria Missionária

A figura de Maria Missionária é preciosa na Igreja. É atual e pertinente, muito valorizada pelos apóstolos cristãos. Reflete o olhar através do qual contemplam-na os missiólogos, que são os estudiosos da missão.

De fato, a Virgem Maria é missionária, no sentido fundamental da palavra. Na história da salvação, ela recebeu de Deus a missão de ser a Mãe de seu Filho, Jesus Cristo, que se fez homem e veio ao mundo para anunciar o Reino de Deus (Lc 1,30-33; Mt 1,23; Gl 4,4). Durante toda a sua existência, Nossa Senhora assumiu a missão que lhe fora confiada por Deus, com amor e fidelidade. Aceitou, livremente, a proposta de Deus, entregando-se, com todo o seu ser, à obra salvadora de seu Filho (Lc 1,38).

Em sua missão, a Mãe de Jesus foi evangelizada e evangelizadora. Foi evangelizada porque se tornou a discípula dócil de Jesus Cristo, acolhendo e meditando a Palavra de Deus em seu coração (Lc 2,19.51). O Papa Paulo VI afirma claramente que ela é a "Virgem que sabe ouvir, que acolhe a Palavra de Deus com fé; fé, que foi para ela prelúdio e caminho para a maternidade divina, pois, como teve a intuição Santo Agostinho, 'a bem-aventurada Maria, acreditando, deu à luz Aquele (Jesus) que, acreditando, concebera" (O Culto da Virgem Maria, n. 17).

Maria foi também evangelizadora, porque ela tornou-se mensageira de Deus e portadora do Jesus para a humanidade. Carregando o Cristo, ela não ficou presa a si mesma, nem estagnada. Ela colocou-se na atitude de serviço, saindo de sua casa para ir ajudar sua prima Isabel, que estava grávida de João Batista, comunicando-lhe a alegria da salvação (Lc 1,39-45). "O Evangelho de Deus anunciado por Gabriel a Maria continua seu curso e Maria transforma-se agora em mensageira do Evangelho para sua prima e para aqueles que Isabel representa, o antigo Povo" (José Cristo Rey García Paredes, teólogo).

Evangelizadora, a Mãe de Deus é a profetisa da salvação, apontando o Deus que intervém na história e transforma a realidade humana. O "Magnificat" é seu canto profético, reconhecendo a presença de Deus que vem salvar a humanidade através de Jesus Cristo (Lc 1,46-55). "O cântico de Maria tematiza sua consciência profética. Ela não tece louvores a Deus pela beleza da criação ou por experiências emotivas desprovidas de conteúdo. Reconhece antes a ação transformadora de Deus nas relações sociais. Anuncia com esperança o novo tempo, que se inicia com Jesus, o Messias. Revela-se assim não como mãe preocupada com os interesses de sua família, mas, sim, mulher comprometida com a história de seu povo e com o destino da humanidade" (Ir. Afonso Murad, mariólogo).

A Virgem de Nazaré evangelizou também pelo testemunho de sua vida. "O testemunho de vida cristã é a primeira e insubstituível forma de missão" (João Paulo II. A Missão do Redentor, n. 42). A Mãe de Jesus deu testemunho da Palavra de Deus por uma vida santa, coerente e virtuosa. Ela aparece como o Evangelho encarnado e vivo de forma tangível e concreta. "Na Virgem resplandecem de maneira admirável todos os valores evangélicos. Ela é um 'catecismo vivo', um livro aberto onde, de forma simples e clara, se encerram todas as verdades da fé" (Pe. Angel L. Strada, escritor mariano).

Evangelizada e evangelizadora, Maria é modelo de missão para a Igreja. Para realizar sua missão, a Igreja também pode espelhar-se nela. "A Igreja, na sua solicitude evangelizadora, toma como exemplo e estímulo a Maria, a primeira evangelizada (Lc 1,26-38) e a primeira evangelizadora (Lc 1,36-56). Ela acolheu com fé a Boa-Nova da salvação, transformando-a em anúncio, canto, profecia" (Pe. Paulo De Coppi, escritor).

Como Mãe da Igreja, Nossa Senhora intercede pela missão evangelizadora da comunidade cristã. "A maternidade universal de Maria, coincidente com a vontade salvífica universal do Pai e do Filho, está presente na ação apostólica da Igreja. Por ela a Virgem é Mãe da Evangelização. Maria invoca constantemente sobre o povo de Deus o Espírito Santo, fonte de dinamismo evangelizador e salvador na humanidade, sua história e sua cultura. É ela que acompanha a ação evangelizadora da Igreja; que pela Palavra e pelos sacramentos desperta a fé, leva à conversão do pecado e confere a vida de filhos de Deus. Ação, portanto, verdadeiramente maternal" (Encontro de Teologia Mariana da Argentina. Documento Final).

7. Santa Maria, Modelo de Santidade

Maria, a Mãe de Jesus, é santa. Na oração da Ave-Maria, nós a invocamos como santa: "Santa Maria, Mãe de Deus, rogai por nós, pecadores, agora e sempre". Na Ladainha de Nossa Senhora, nós repetimos a mesma invocação. Maria foi santa e é santa, participando da santidade de Deus. É modelo de santidade para a Igreja.

O Deus Verdadeiro é santo por excelência e fonte de santidade. Na Bíblia, Ele é chamado freqüentemente de santo (Is 1,4). É invocado como santo (Is 6,3). Na própria liturgia eucarística, da Missa, nós o louvamos como santo.

O nosso Deus é santo porque é perfeito e absoluto, coerente e íntegro. Não traz as marcas do pecado e do defeito. Ele é a realização completa de toda a perfeição e coerência, harmonizando seu ser e seu agir. O próprio Jesus Cristo, ao se dirigir ao Pai na oração, trata-o como Pai santo (Jo 17,11).

O ser humano é criatura de Deus, foi criado à imagem e semelhança de Deus (Gn 1,16). Torna-se filho de Deus, participando na graça redentora de Jesus pela força do Espírito Santo (Rm 8,14-17). Por isso é chamado a ser santo (Lv 11,45). A santidade é a vocação universal de todos (1Pd 1,16). É o ideal de todos os discípulos de Jesus (Mt 5,48).

Chamado à santidade, o ser humano participa da vida e da graça de Deus. Por isso, é consagrado a Deus, estando unido profundamente ao Senhor. Vive os valores do Evangelho, assumindo para si a fé, o amor, a esperança, a bondade, a justiça, a retidão e a verdade. Torna-se santo à medita que se conforma ao projeto de Deus e deixa-se guiar pela lei do Senhor. Aproximando-se de Deus, reflete em si a perfeição da Santíssima Trindade. Transforma-se na imagem de Deus pela força do Espírito Santo (2Cor 3,18).

Como criatura, Maria participou da santidade de Deus. Ela reflete em si, sem defeito, a perfeição de Deus. É a mulher nova, totalmente redimida por Jesus Cristo. Nela, realiza-se totalmente o projeto de salvação. Já dizia Paulo VI: "Maria, a Mulher Nova, está ao lado do Cristo, o Homem Novo, em cujo mistério, somente, encontra verdadeira luz o mistério do homem; está aí, qual penhor e garantia de que numa simples criatura, nela, já se tornou realidade o plano de Deus em Cristo, para a salvação do mundo" (O Culto da Virgem Maria, n. 57).

A santidade singular de Maria é marcada pela ausência de todo e qualquer pecado, seja original, seja atual. Nela há a plenitude da graça santificante com todos os dons do Espírito Santo, desde o início de sua existência como pessoa humana. Sua vida santa é expressão da obra do Espírito Santo. Já afirmava o Concílio Vaticano II que a Mãe de Deus é "toda santa, imune de toda a mancha de pecado, como que plasmada pelo Espírito Santo e formada nova criatura" (Concílio Vaticano II, n. 57).

Nova criatura, Maria é cheia de graça (Lc 1,28). Tem em si a plena graça e vida de Deus, por ser objeto da benevolência da Santíssima Trindade. O Senhor a ama por graça e está com ela (Lc 1,28). Toda a santidade de Maria vem de Cristo e é nele que ela se santifica (cf. Ef 1,3-11).

Maria é santa pela graça que a tornou apta a ser a Mãe de Jesus Cristo. Já pregava Santo Agostinho: "Por causa da honra de Nosso Senhor, nem quero ouvir falar de pecado a respeito da Virgem, sua Mãe Santíssima". A santidade de Maria é comunicada também pela presença do Filho de Deus que se encarna em seu seio.

Fiel ao projeto de Deus, Maria fez crescer sua santidade até o fim de sua vida. Não foi uma mulher passiva, mas soube acolher a graça de Deus em sua existência. Soube dizer e viver seu sim ao desígnio de salvação com todas as suas conseqüências (Lc 1,38). Colaborou com a obra redentora de seu Filho e acolheu, em seu coração e em suas atitudes, a Palavra de Deus trazida por Ele (Mc 1,31-32). Foi sua exemplar discípula até o fim, mesmo em seu destino trágico (Jo 19,25-27).

A plenitude da santidade em Maria deu-se com sua glorificação, quando foi consumada toda a redenção de Jesus nela. No céu ela atingiu toda a perfeição, por obra da Santíssima Trindade. Torna-se a realização completa do projeto de Deus sobre a humanidade. A assunção de Maria "manifesta o destino do corpo santificado pela graça, a criação material participando do corpo ressuscitado de Cristo, e a integridade humana, corpo e alma, reinando após a peregrinação da história" (CNBB. Catequese Renovada, n. 235).

8. A Mãe de Deus e os Padres da Igreja

A tradição da Igreja sempre considerou bem a vida, a missão e a espiritualidade de Maria, a Mãe de Deus. Ao longo da história da Igreja, a presença de Nossa Senhora foi significativa e animadora, inspirando o itinerário espiritual dos cristãos.

Na tradição eclesial os Padres da Igreja são exímios testemunhos sobre a Mãe de Deus. Foram escritores eclesiásticos dos primeiros séculos, que nos legaram belíssimos textos marianos.

São Justino († 167), filósofo e mártir, defendia que o cristianismo é "a única filosofia segura e útil". Em "O Diálogo com o judeu Trifão", dizia: "A Virgem Maria concebeu com fé e alegria quando o anjo Gabriel lhe anunciou a Boa Nova de que o Espírito do Senhor viria sobre ela, a Força do Altíssimo a cobriria com sombra, de modo que o Santo, que dela nasceria, seria o Filho de Deus".

Santo Irineu (130-200), bispo de Lião e mártir, é considerado por vários pesquisadores como o pai da mariologia. Argumentava que Maria é mulher obediente ao projeto do Pai. Dizia ele: "Enquanto Eva, seduzida pela mensagem de um anjo, desobedeceu à palavra divina e afastou-se de Deus, Maria, ao contrário, guiada pela anunciação de outro anjo, obedeceu à palavra divina e mereceu trazer a Deus em seu seio".

Santo Efrém (306-373), diácono e grande compositor de hinos, escreveu mais de mil obras, uma verdadeira riqueza literária e teológica. Dizia: "Semelhante a teu Pai, semelhante a tua Mãe, a quem és tu semelhante? Deus não tem forma nem cor; és semelhante a teu Pai em força, essência, em natureza, em poder; mas és também semelhante a tua Mãe, que te gerou, e de quem tomaste a forma humana; semelhante a teu Pai, semelhante a tua Mãe, és semelhante a ti próprio, ó tu, que tomaste a forma de escravo".

Tertuliano (160-225), escritor, foi um pensador inquieto. Sua atividade literária foi ampla e de caráter eminentemente polêmico. Dizia: "Assim como não nascendo da Virgem, pode sem mãe ter a Deus por Pai, do mesmo modo, nascendo da Virgem, pode ter a uma mulher por mãe, sem homem pai".

Santo Ambrósio (339-397), bispo de Milão, foi pastor atento do povo de Deus e escritor profundo, manifestando conhecimento vasto do pensamento antigo. Dizia: "Que coisa mais esplêndida que aquela a quem escolheu o mesmo esplendor divino? Que coisa mais nobre que a Mãe de Deus?".

Santo Epifânio († 403) destacou a importância fundamental de Nossa Senhora na história da salvação. Dizia: "Maria trouxe a causa da vida, por ela a vida estendeu-se a nós. Foi por isso que o Filho de Deus veio a esse mundo, para que, onde abundou o delito, superabundasse a graça. Onde a morte havia chegado, chegou a vida para tomar seu lugar; e Aquele, que nasceu da mulher para ser nossa vida, haveria de expulsar a morte, introduzida pela mulher".

São Cirilo de Alexandria (375-444), teólogo profundo e dialético sutil, foi grande defensor da doutrina cristã. Contra os hereges, argumentou em favor da maternidade divina de Maria. Nossa Senhora é a Mãe de Deus. No Concílio de Éfeso, em 431, fez a belíssima saudação mariana: "Nós vos saudamos, ó Maria, que trouxestes no vosso seio virginal Aquele que é imenso e infinito; por vós, a Santa Trindade é glorificada e adorada; por vós, a cruz preciosa é adorada no mundo inteiro; por vós, o céu exulta; por vós alegram-se os anjos e os arcanjos; por vós, são postos em fuga os demônios; por vós, o diabo tentador foi precipitado do céu; por vós, a criatura decaída é elevada ao céu; por vós, todo gênero humano, sujeito a insensatez da idolatria, chega ao conhecimento da verdade; por vós, o santo batismo purifica os crentes; por vós, vem-nos o óleo da alegria; por vós, são fundadas as Igrejas em toda a terra; por vós, os povos são conduzidos à penitência".

Santo Agostinho (354-430), bispo de Hipona e escritor fecundo, deixou-nos imensa obra literária. A mais famosa é "Confissões". Destacando a fé em Maria, escreveu: "Porventura não fez a vontade do Pai a Virgem Maria, a qual acreditou em virtude da fé, concebeu em virtude da fé, foi escolhida como aquela da qual devia nascer a salvação entre os homens, foi criada por Cristo, antes que Cristo fosse nela criado? Fez sim certamente a vontade do Pai, Maria Santíssima. Por isso conta mais para Maria ter sido discípula de Cristo que ser Mãe de Cristo".

9. A Mãe de Jesus e os escritores antigos

Nós recebemos muitos escritos antigos que falam da Mãe de Jesus e de sua missão junto a Jesus e ao povo de Deus. De acordo com seu estilo literário e sua visão cultural, os escritores antigos procuraram explicar aos fiéis verdades profundas do mistério da Mãe de Deus.

O Papa Leão Magno († 461), que governou a Igreja de 440 a 461, é conhecido por sua defesa da ortodoxia e por sua manutenção da unidade do povo de Deus. Pontuava: "O Filho de Deus, que é Deus como seu Pai, e que recebe do Pai sua mesma natureza, Criador e Senhor de tudo, que está presente em toda parte e transcende o universo inteiro, na seqüência dos tempos, que de sua providência dependem escolher para si esse dia, para em prol da salvação do mundo, nele nascer da Bem-aventurada Virgem Maria, conservando intacto o pudor de sua Mãe. A virgindade de Maria não foi violada no parto como não fora maculada na conceição".

No século VII São Sofrônio exaltou a superioridade de Nossa Senhora em relação aos anjos e aos homens. Com entusiasmo dizia: "Quem ousará, ó Virgem Maria, competir convosco? Deus nasceu de vós. Haverá alguém que se não reconheça inferior a vós, e mais ainda, não vos conceda alegremente a primazia e a superioridade? Por isso ao contemplar as vossas eminentes prerrogativas, que superam as de toda as criaturas, eu vos aclamo com todo o entusiasmo: Ave, cheia de graça, o Senhor é convosco. Por meio de vós foi concedida a alegria não somente aos homens, mas também aos anjos do céu".

No século VIII Santo André de Creta, bispo, ao meditar sobre a festa da Natividade de Nossa Senhora, asseverava: "Era absolutamente necessário ao esplendor e à evidência da vinda de Deus aos homens uma introdução jubilosa, antecipando para nós o grande dom da salvação. Esse é o sentido da solenidade de hoje que tem início na natividade da Mãe de Deus, cuja conclusão perfeita é a predestinada união do Verbo com a carne. Agora a Virgem nasce, é alimentada com leite, plasmada e preparada como mãe para o Deus e rei de todos os séculos".

São Bernardo de Claraval (1091-1153), abade e escritor, encarnou o gênio religioso de sua época, cuja obra combinou espiritualidade com dedicação à Igreja. Deixou-nos mais de 400 cartas. Seus "Louvores à Virgem Maria" constituem o clássico livro sobre a devoção mariana. Escreveu: "Em Maria existe algo ainda maior que se deve admirar: a fecundidade unida à virgindade. De fato, jamais se ouviu dizer que uma mulher fosse, ao mesmo tempo, mãe e virgem".

No século XII Santo Elredo, abade, abordou, com muita precisão, vários aspectos da devoção mariana. Dizia: "Aproximemo-nos da esposa do Senhor, aproximemo-nos de sua ótima serva. (...) Mas que faremos? Que presentes lhe ofereceremos? E se pudéssemos, ao menos, dar-lhe de volta o que por justiça lhe devemos?! Nós lhe devemos honra, nós lhe devemos serviço, nós lhe devemos amor, nós lhe devemos louvor. Honra, porque é a Mãe de nosso Senhor. Quem não honra a mãe, sem dúvida alguma, despreza o filho. E a Escritura diz: 'Honra teu pai e tua mãe' (Dt 5,16)".

Santo Anselmo de Cantuária (1033-1109), bispo e teólogo, defendia que a fé é ponto de partida para a pesquisa. Deixou-nos belíssimas meditações sobre Nossa Senhora. Afirmou da Virgem Maria: "O céu e as estrelas, a terra e os rios, o dia e a noite, e tudo quanto obedece ou serve aos homens, congratulam-se, ó Senhora, porque a beleza perdida foi por ti de certo modo ressuscitada e dotada de uma graça nova e inefável".

Ainda no século XII Santo Amadeu, bispo de Lausane, refletia, em um de seus sermões, sobre Nossa Senhora como rainha: Maria, "assentada no mais alto cume das virtudes, repleta do oceano dos carismas divinos, do abismo das graças, ultrapassando a todos, derramava largas torrentes ao povo fiel e sedento. Concedia a saúde aos corpos e às almas, podendo ressuscitar da morte da carne e da alma. Quem jamais partiu de junto dela doente ou triste ou ignorante dos mistérios celestes? Quem não voltou para casa contente e jubiloso, tendo impetrado de Maria, a Mãe do Senhor, o que queria?".

Os antigos escritores, que promoviam a devoção mariana da Igreja, demonstraram muito amor e veneração para com aquela que aceitou ser Mãe do Salvador. Seus textos, que apresentam um valor perene, atravessam os séculos.

10. Concílios Ecumênicos e a Virgem Santíssima

Os Concílios Ecumênicos, que fazem parte da tradição e da vida da Igreja, constituem a expressão máxima do magistério eclesiástico. Os 21 Concílios são assembléias, convocadas e presididas pelo papa, que reúnem bispos do mundo todo para tratar de questões de doutrina e disciplina eclesiástica. Foram muito importantes na evolução da mariologia e na promoção da devoção mariana.

Realizado em 431, o Concílio de Éfeso definiu o dogma da maternidade divina de Nossa Senhora. Jesus Cristo, que une em si as naturezas divina e humana, é uma só Pessoa. Maria é a "Theotókos", isto é, a Mãe de Deus, que gerou em seu seio, por obra do Espírito Santo, Jesus Cristo, que é, ao mesmo tempo, Deus e Homem.

O Concílio de Calcedônia, celebrado em 451, reafirmou as duas naturezas, humana e divina, na única Pessoa de Jesus. Deixou claro que o "único e mesmo Filho, nosso Senhor Jesus Cristo, foi gerado pelo Pai eternamente segundo a divindade, e o mesmo nos últimos tempos foi gerado, por nossa causa e para a nossa salvação, de Maria virgem, Mãe de Deus, segundo a humanidade".

O Concílio de Constantinopla II, acontecido em 553, renovou a fé da Igreja em Jesus Cristo como Deus e Homem, declarando que a salvação é obra comum do Pai, do Filho de Deus e do Espírito Santo. Voltou ao dogma da maternidade divina de Nossa Senhora, ressaltando sua virgindade perpétua. Chamou a Mãe de Deus de santa.

Efetuado em 681, o Concílio de Constantinopla III ensinou que Jesus Cristo possui duas vontades e duas operações naturais, divinas e humanas, que não são opostas, mas cooperantes. Tratou de novo o dogma da maternidade divina de Maria.

Já o Concílio de Nicéia II, transcorrido em 787, deu golpe de morte contra os iconoclastas, os quais eram hereges que negavam a legitimidade do culto das imagens. Esse Concílio defendeu a liceidade do culto das imagens de nosso Senhor, de Nossa Senhora, dos anjos e santos.

Na mesma linha de Nicéia II, o Concílio de Constantinopla IV, acontecido em 869, confirmou o culto das imagens sagradas, coibindo por vez a iconoclastia.

O Concílio de Latrão IV, celebrado em 1215, corroborou que Jesus Cristo, o Filho de Deus, foi concebido de Nossa Senhora, sempre virgem, por obra do Espírito Santo.

Seguindo as orientações de Latrão IV, o Concílio de Lião II, realizado em 1274, reafirmou a virgindade perpétua de Maria, a qual concebeu Jesus Cristo por ação do Espírito Santo.

O Concílio de Florença, acontecido entre os anos 1438 e 1445, condenou Valetino, que dissera que o Filho de Deus nada havia recebido de Maria. Também rejeitou a posição de Ário, que defendera que o corpo assumido da Virgem Maria era privado de alma e no lugar da alma estava a divindade. Reafirmou que o Filho de Deus assumiu verdadeira e íntegra natureza de homem no seio de Nossa Senhora. Como pessoa humana, Jesus Cristo nasceu de fato.

O Concílio de Trento, realizado de 1445 a 1563, declarou que Nossa Senhora é considerada pela Igreja imune de toda culpa atual, mesmo que mínima. Reafirmou a veneração e a invocação de Maria e dos Santos. Renovou a legitimidade do culto das imagens sagradas.

O Concílio Vaticano II, transcorrido de 1962 a 1965, inseriu Maria no mistério de Cristo e da Igreja. Mãe de Deus e da Igreja, ocupa papel fundamental na história da salvação.

Esse Concílio propôs o tratado de Maria dentro da eclesiologia, com o documento Constituição Dogmática "Lumen Gentium". A Virgem Maria está no âmago do mistério de Cristo e da Igreja, pois Deus quis que Cristo, Cabeça da Igreja, nascesse de suas entranhas. Prenunciada no Antigo Testamento, ela aparece, no Novo Testamento, como aquela que aceitou ser a cooperadora do projeto de salvação, sempre associada à missão de Jesus Cristo. Por isso é venerada como a Mãe dos cristãos, na ordem da graça, experimentando a comunidade eclesial sua contínua intercessão.

Na visão desse Concílio, Nossa Senhora é o tipo da Igreja e o exemplo dos cristãos, por todo o mistério que nela se realizou e por sua vida evangélica. Ela deve ter um culto especial, distinto da adoração que se presta a Deus. Na Virgem Maria a Igreja vê sempre seu sinal de esperança e conforto.

11. Os Papas e a Virgem Santíssima

Ao longo dos séculos, muitos papas deixaram-nos testemunhos preciosos acerca do mistério de Maria, a Virgem Santíssima. Seus pronunciamentos são importantes porque o Sumo Pontífice, sucessor de São Pedro, constitui o pastor supremo da Igreja, sendo o cabeça do Colégio dos Bispos.

São Martinho I (649-653) realizou, em outubro de 649, o Sínodo Lateranense, que condenou os monotelitas. Declarada como heresia, o monotelismo sustentava que em Cristo existe uma só vontade, a divina. O Sínodo afirmou: "Se alguém não professa, segundo os Santos Padres, em sentido próprio e verdadeiro, que a santa, sempre virgem e imaculada Virgem Maria, Mãe de Deus – já que própria e verdadeiramente no fim dos tempos concebeu, sem colaboração humana, pelo Espírito Santo, e sem corrupção gerou o próprio Verbo de Deus, que antes de todos os tempos foi gerado por Deus – permaneceu virgem também depois do parto, seja condenado".

Inocêncio III (1198-1216), que organizou a cúria romana e iniciou as audiências públicas, aprovou e animou as novas ordens dos mendicantes, as quais foram grandes incentivadoras da autêntica devoção mariana. Em 1215, realizou o IV Concílio de Latrão, o mais brilhante da Idade Média pelo número de participantes e pela importância das decisões emanadas. O Pontífice disse: "Maria é lua da noite, aurora da manhã, sol do dia".

Paulo IV (1555-1559) empenhou-se seriamente na reforma da Igreja. Proclamou que Maria, a Mãe de Deus, permaneceu sempre virgem. Dizia textualmente que ela é virgem "antes do parto, no parto e perpetuamente depois do parto". Trata-se do dogma da Virgindade Perpétua de Nossa Senhora.

Pio IX (1846-1878), que governou a Igreja por 32 anos, promoveu o

Concílio Vaticano I, no qual houve o estabelecimento da infalibilidade do papa. Proclamou o dogma da Imaculada Conceição aos 8 de dezembro de 1854. Na Bula "Ineffabilis" Deus declarou: "A Bem-aventurada Virgem Maria, desde o primeiro instante de sua concepção, por um privilégio e uma graça única de Deus onipotente, em vista dos méritos de Jesus Cristo, Salvador do gênero humano, foi preservada imune de toda mancha da culpa original".

Leão XIII (1878-1903), memorável autor da Encíclica social "Rerum Novarum", fomentou os estudos e a união das Igrejas. Enfatizou a assistência e a intercessão de Nossa Senhora. Disse: "Foi sempre com grande empenho que os católicos se refugiaram em Maria e se entregaram a sua bondade maternal nos tempos perturbados e nas horas de perigo. Isso prova que a Igreja Católica pôs sempre e, com razão, sua confiança na Mãe de Deus. Com efeito, a Virgem Santíssima, escolhida para Mãe de Deus, e por esse mesmo fato associada a Ele na obra da redenção do gênero humano, goza junto de seu Filho favor e poder tais, que nunca os homens nem os anjos poderão atingir. Porque lhe é soberanamente grato conceder seu socorro e sua assistência aos que lhe pedem, não se pode duvidar que ela não se apresse a satisfazer as súplicas que a Igreja em todo o mundo lhe dirija".

São Pio X (1903-1914), que voltou sua ação para a pastoral, realizou várias reformas na liturgia. Ressaltou a maternidade espiritual de Nossa Senhora. Asseverou: "Ora, a Virgem Santíssima não concebeu o Filho de Deus somente para ele se fazer homem, assumindo dela a natureza humana, mas também para ser por meio desta natureza, o libertador dos homens. Por isso, todos nós somos filhos de Maria, e Maria é Mãe de todos. Mãe espiritual, sim, mas verdadeira, dos membros de Cristo, que somos nós".

Bento XV (1914-1922) fez um imenso e imemorável trabalho em favor da paz e do socorro aos que sofriam durante a Primeira Guerra Mundial. Afirmou a colaboração de Nossa Senhora na redenção do gênero humano. Disse: "Com seu Filho, paciente e moribundo, padeceu Maria, e pode-se dizer que quase morreu... de tal modo que com razão temos de confessar que com Ele redimiu o gênero humano".

Com suas declarações, os papas explicitam as verdades precípuas a respeito de Nossa Senhora. Mostram que ela teve e continua a ter um papel fundamental na história da salvação. Imune da culpa original desde sua concepção e virgem, Maria é a Mãe de Deus, que colabora com seu Filho na redenção do gênero humano. Os cristãos podem contar com sua assistência e sua intercessão.

12. Os Papas recentes falam de Maria

Fiéis à tradição da Igreja e a seus antecessores, os papas recentes têm feito pronunciamentos interessantes e profícuos sobre Nossa Senhora, esclarecendo sua inserção no mistério de Cristo e da Igreja. Têm buscado promover e orientar o povo para que possa adquirir uma devoção profunda e autêntica.

Pio XII (1939-1958), sábio e santo, teve grande ascendência em todo o mundo. Dirigiu numerosíssimas mensagens escritas e radiofônicas. Iniciou reformas litúrgicas, que foram precursoras do trabalho do Concílio Vaticano II. No dia 1º. de novembro de 1950 pronunciou a definição dogmática da Assunção de Nossa Senhora. Na Constituição Apostólica "Munificentissimus Deus" declarou: "A imaculada Mãe de Deus, a sempre virgem Maria, ao final de sua vida terrena, foi elevada em corpo e alma à glória celeste".

João XXIII (1958-1963) fez a convocação do Concílio Vaticano II, que começou em 1962. No dia 8 de dezembro de 1960 pronunciou belíssima mensagem mariana: "Ó Maria Imaculada, estrela da manhã que dissipa as trevas da noite, a vós recorremos com grande confiança. Dai-nos uma vida pura, preparai-nos um caminho seguro. Afastai de nosso caminho as numerosas tentações do prazer mundano da vida: dai força não só à juventude, mas também a todas as idades, igualmente expostas à tentação do maligno".

Concluindo o Concílio Vaticano II em 1965, Paulo VI (1963-1978) procurou implantar as decisões tomadas, buscando sempre a unidade da Igreja. Iniciou viagens apostólicas por todo o mundo, começando por Jerusalém. Declarou Maria Mãe da Igreja. Orientou a devoção mariana com a Exortação Apostólica "O Culto da Virgem Maria". Disse: "Maria é sempre o caminho que conduz a Cristo. Todo o encontro com ela não pode deixar de levar a um encontro com o próprio Cristo. E que outra coisa significa o contínuo recurso a Maria senão a certeza de encontrar entre seus braços, nela, por ela e com ela, a Cristo nosso Salvador, a quem os homens, nos desalentos e perigos desta terra, têm o dever e experimentam sem cessar a necessidade de dirigir-se, como o porto de salvação e fonte transcendente de vida?".

João Paulo I (1978), conhecido como o "Papa do Sorriso", morreu aos 33 dias de sua eleição. Sua frase, "Deus é Pai e Mãe", encantou o mundo. No domingo do dia 3 de setembro de 1978 deu impressionante testemunho de sua devoção mariana: "A Virgem Santíssima que guiou com delicada ternura a nossa vida de criança, de seminarista, de sacerdote e de bispo, continue a iluminar e dirigir nossos passos, para que, feito voz de Pedro, com os olhos e a mente fixos em seu Filho Jesus, proclamemos no mundo, com jubilosa firmeza, a nossa profissão de fé: 'Tu és o Cristo, o Filho de Deus vivo' (Mt 16,16)".

João Paulo II, que realiza em grande escala sua missão em viagens apostólicas por todo o mundo, tem promovido a devoção mariana, seja em suas alocuções e mensagens, seja em suas visitas aos diversos países. Em 1982, dirigindo-se a Nossa Senhora de Fátima, fez a belíssima oração: "Ó Mãe dos homens e dos povos, vós que acolheis todos os seus sofrimentos e as suas esperanças, vós que sentis maternalmente todas as lutas entre o bem e o mal, entre a luz e as trevas, que abalam o mundo contemporâneo, acolhei nosso clamor, que movidos pelo Espírito Santo, elevamos diretamente a vosso Coração, e abraçai com amor da Mãe e da Serva esse nosso mundo humano, que vos consagramos cheios de inquietação pela sorte terrena e eterna dos homens e dos povos. De modo especial vos entregamos e vos consagramos aqueles homens e aquelas nações, que desta entrega e desta consagração particularmente têm necessidade. A vossa proteção nos acolhemos Santa Mãe de Deus! Não desprezeis as nossas súplicas, pois nos encontramos na provação! Não desprezeis! Acolhei a nossa humilde confiança e a nossa entrega!".

Aos 25 de março de 1987, João Paulo II propôs a Carta Encíclica "Redemptoris Mater", que trata do papel da Virgem Maria na vida da Igreja que está a caminho. Insere Maria no mistério de Cristo e na vida do povo de Deus. No dia primeiro de janeiro do mesmo ano, conferiu oficialmente um belo título a Nossa Senhora: Memória da Igreja. O povo de Deus aprende de Nossa Senhora a conservar e meditar no coração os mistérios da fé cristã.

13. Os Bispos latino-americanos e a Mãe da Igreja

Fiéis aos documentos universais da Igreja e sempre preocupados com a realidade local, os bispos latino-americanos apresentam o mistério de Nossa Senhora a seus fiéis no nosso continente. Ressaltam que Maria é a Mãe da Igreja em sua ajuda, em seu exemplo e em sua inspiração.

A I Conferência Geral do Episcopado Latino-Americano foi celebrada no Brasil, na cidade do Rio de Janeiro, de 24 de julho a 4 de agosto de 1955. Sua preocupação central era a escassez de padres. No documento final encontramos quatro breves referências a Nossa Senhora. Os bispos declararam que ela é Mãe e Rainha da América Latina. Ressaltaram que na devoção mariana está "o segredo da fecundidade" do apostolado que os presbíteros e leigos "devem realizar nesta hora de tão graves responsabilidades para a América" (Declaração).

Realizada de 26 de agosto a 6 de setembro de 1968, em Medellín, na Colômbia, a II Conferência Geral do Episcopado Latino-Americano marcou a história da Igreja na América Latina, dando-lhe rosto e identidade. Buscou aplicar os resultados do Concílio Vaticano II à Igreja na América Latina. Os bispos fizeram duas referências a Nossa Senhora. Em uma delas, disseram: "Em torno a Maria, Mãe da Igreja, que com seu patrocínio assiste a esse continente desde sua primeira evangelização, imploramos as luzes do Espírito Santo e, perseverando em oração, alimentamo-nos do pão da Palavra e da Eucaristia" (Introdução às Conclusões, n. 8).

Seguindo as orientações de Medellín, a III Conferência Geral do Episcopado Latino-Americano foi realizada em Puebla, no México, de 27 de janeiro a 13 de fevereiro de 1979. Sua linha de trabalho foi a evangelização na América Latina. O documento é rico de reflexões e referências a respeito de Nossa Senhora. Dedica uma parte toda a Maria como Mãe e modelo da Igreja (n. 282-303), dentro do tratado da Igreja.

De acordo com os bispos latino-americanos, Maria é a realização mais alta da evangelização (n. 262). Ela "é, para a Igreja, motivo de alegria e fonte de inspiração por ser a estrela da evangelização e a Mãe dos povos da América Latina" (n. 168). "Desde os primórdios – em sua aparição e invocação de Guadalupe – Maria tornou-se o grande sinal, de rosto materno e misericordioso, da proximidade do Pai e de Cristo com quem ela nos convida a entrar em comunhão. Maria foi também a voz que deu impulso à união dos homens e dos povos. Como em Guadalupe, os outros santuários marianos do continente são sinais do encontro da fé da Igreja com a história latino-americana" (n. 282).

Com afeto de piedade filial, a Igreja venera Maria como Mãe (n. 296). Torna-se Mãe de Deus, Mãe de Jesus Cristo em seu "sim" da anunciação. É Mãe da Igreja porque é Mãe de Cristo, Cabeça do Corpo Místico. Com seu amor cooperou no nascimento da família dos redimidos (n. 287). Maria não apenas vela pela Igreja, também intercede ante o Senhor da História por todos os povos. É educadora da fé. Cuida para que o Evangelho penetre intimamente na vida e cultura dos povos latino-americanos (n. 288-290).

Nossa Senhora é modelo da Igreja, pois sua vida foi entrega total a Deus. Acreditou com uma fé que é, ao mesmo tempo, dom e fidelidade. O canto do "Magnificat" mostra sua alma vazia de si mesma e cheia de confiança no Pai do Céu. A virgindade de Maria revela sua doação, reunindo duas realidades importantes: ela é toda de Cristo e servidora dos homens. Em sua imaculada conceição e em sua assunção, é a realização perfeita do projeto de Deus sobre a humanidade. Nela Deus dignifica a mulher. A Igreja, em Nossa Senhora, já atingiu a perfeição (n. 292-299).

A IV Conferência Geral do Episcopado Latino-Americano aconteceu em Santo Domingo, de 12 a 28 de outubro de 1992. Seu lema central foi "Jesus Cristo, ontem, hoje e sempre". Tratou de três temas: nova evangelização, promoção humana e cultura cristã. Os bispos apresentam Maria como modelo e figura da Igreja (n. 163). "Maria, mulher fiel, foi plenamente evangelizada, é a mais perfeita discípula e evangelizadora (cf. Jo 2,1-12). É o modelo de todos os discípulos e evangelizadores por seu testemunho de oração, de escuta da Palavra de Deus e de pronta e fiel disponibilidade ao serviço do Reino até a cruz" (n. 15).

14. Os Bispos brasileiros e a Mãe de Deus

O povo brasileiro é muito devoto de Nossa Senhora. Entre as 189 catedrais no Brasil, 104 são dedicadas a Maria. Das 8.069 paróquias do território brasileiro, 3.216 são dedicadas a ela, com os mais diversos e curiosos títulos. Temos 189 cidades brasileiras com o nome da Mãe de Deus.

Sensíveis à religiosidade do povo, os bispos brasileiros procuram evangelizá-lo, promovendo e orientando sua devoção mariana. No documento 26, "Catequese Renovada", apresentam excelente síntese mariológica, dentro da verdade sobre a Igreja.

Na exposição dos bispos Maria é Mãe de Deus e modelo da Igreja, pois "não se pode falar de Igreja sem que esteja presente Maria" (n. 230). Para as comunidades de fé, ela é a realização mais alta do Evangelho, o rosto materno e misericordioso de Deus. Nossa Senhora convida-nos a entrar em comunhão com Jesus Cristo.

O nosso povo, em suas alegrias e sofrimentos, identifica-se profundamente com Nossa Senhora. Por isso, ela "se torna a mediação mais completa da vivência evangélica" (n. 230). A Igreja venera Maria com afeto e piedade filial. A Sagrada Escritura mostra como em Maria se dá a vitória definitiva sobre o mistério do mal (cf. Gn 3,15). Ela é a nova Eva, que em seu "sim" obediente (cf. Lc 1,45) vence o "não" da primeira Eva. É a primeira a crer (cf. Lc 1,45) e misteriosamente associada à redenção (cf. Jo 2,1-11; 19,25-27).

Maria é Mãe de Deus e da Igreja. É "Mãe de Deus, Mãe de Jesus Cristo em seu sim da anunciação. É Mãe da Igreja, porque é Mãe de Cristo, Cabeça do Corpo Místico. Além disso, é nossa Mãe, por ter cooperado com seu amor no momento em que do coração trespassado de Cristo nascia a família dos redimidos; por isso, é nossa Mãe na ordem da graça" (n. 231).

Nossa Senhora não vela apenas pela Igreja, mas também intercede junto a Deus por todos os povos. "Enquanto peregrinamos, Maria será a Mãe e educadora da fé. Ela cuida para que o Evangelho penetre intimamente em nossa vida e nossa cultura, e produza em nós frutos de santidade" (n. 232).

Maria é modelo de vida cristã, porque sua existência significa uma entrega total a Deus, uma comunhão plena com seu Filho Jesus. Sua fé foi dom, abertura, resposta e fidelidade. O canto do "Magnificat" "espelha sua alma vazia de si mesma e plena de confiança no Pai. É o poema da espiritualidade dos pobres de Javé e do profetismo da Antiga Aliança; modelo daqueles que não aceitam passivamente as circunstâncias adversas da vida pessoal e social, e não são vítimas da alienação, mas antes proclamam com ela que Deus exalta os humildes e depõe do trono os soberbos" (n. 233).

A virgindade de Maria é exemplo de doação a Deus, sempre inseparável da fé, da pobreza e da obediência. Por isso tornou-se fecunda pelo Espírito Santo. "No mistério da Igreja, essa virgindade reúne duas realidades: Maria é toda de Cristo e toda servidora dos homens. Assim quer ser a Igreja: unida a Cristo e Mãe de todos os homens" (n. 234).

Imaculada e assunta aos céus, Nossa Senhora é a realização perfeita do projeto de Deus sobre a humanidade. O dogma da Imaculada Conceição de Maria manifesta a face da pessoa redimida, já refeita em sua criação. Já a Assunção de Maria manifesta o destino do corpo santificado pela graça; revela a criação toda participando da ressurreição de Jesus Cristo; e mostra o ser humano todo, corpo e alma, já na comunhão com Deus (n. 235).

Maria é bendita entre todas as mulheres. É o protótipo da mulher realizada. "Em Maria, o Evangelho penetrou a feminilidade, remiu e exaltou-a, dignificando extraordinariamente a mulher" (n. 236).

Nossa Senhora é nossa esperança. Por isso, para ela volvemos nosso olhar. Nela a Igreja já atingiu sua perfeição. Como povo de Deus, nós nos esforçamos para crescer em santidade de modo a vencer o pecado e a participar da vida divina. Para isso nós contemplamos em Maria o exemplo de virtude. Ela já chegou à santidade. Com ela e contando com seu auxílio, podemos ser santos (n. 237).

Tendo sede de Deus, nós recordamos que a Virgem Maria, sob o título de Nossa Senhora da Conceição Aparecida, é "a grande catequista que sustenta a fé e a esperança do povo brasileiro" (n. 319). Com ela e inspirando-nos nela, nós conseguimos adquirir a maturidade da fé, comprometendo-nos com Jesus e sua Igreja.

IX A VIRGEM MARIA NAS CONSIDERAÇÕES DOS SANTOS

1. Os Santos falaram de Nossa Senhora

Os santos são venerados pela Igreja com piedade e amor. Revelam a bondade e a vitória do próprio Deus que os santificou. "Deus venceu não só em Cristo. Venceu também em seus membros, naqueles que creram em Cristo e dele deram testemunho. Eis por que Deus é admirável não só em Cristo, mas também nos santos" (Fr. Alberto Beckhäuser, liturgista brasileiro).

Os santos também falaram de Maria, a Mãe de Jesus Cristo. Tiveram devoção especial por ela e lhe tributaram honra e valor em seus escritos. Deram testemunho valoroso de Nossa Senhora. "Houve algum que não falou de Maria? Não a invocou? Se Jesus foi encontrado nos braços de Maria, alguém poderia chegar a Jesus, ser santo, se não por Maria? Esse é o testemunho de todos os santos" (Mons. José Lélio Mendes Ferreira, escritor mariano).

Acometido por uma febre letal, São João Berchmans (1599-1621), ao perceber o fim iminente, segurou nas mãos o crucifixo, o livro da Regra da Companhia de Jesus e o rosário, e disse aos presentes: "São estes os meus três tesouros, em cuja companhia quero morrer". Beijou-os com reverência e, depositando-os sobre o peito, repetiu até o último suspiro: "Jesus, Maria!". Afirmou: "Não me abandoneis, Maria, não confundais as minhas esperanças, sou vosso filho, sabeis que jurei. Agora posso morrer!".

Santa Teresa d'Ávila (1515-1582), reformadora do Carmelo e Doutora da Igreja, deixou-nos obras imortais: "O Caminho de Perfeição", "As Moradas" e "A Autobiografia". Fez belíssima oração mariana: "Mãe de Misericórdia, eu vos escolho para serdes minha mãe. Aceitai essa pobre orfãzinha no número de vossas filhas!".

Santo Afonso Maria de Ligório (1696-1787), fundador da Congregação do Santíssimo Redentor e Doutor da Igreja, teve uma devoção toda particular para com a Imaculada Conceição. Eco e testemunho de sua devoção mariana são os cânticos populares, dois quais o mais célebre é "Ó minha bela esperança". Pintor da "Madona", escreveu o famoso livro "As Glórias de Maria", publicado em dois volumes em 1750. Escreveu: "Minha esperança é Jesus Cristo, e depois dele, Maria Santíssima".

Santa Isabel (1270-1336), rainha de Portugal, dedicou uma atenção especial aos pobres e doentes. Nas dores da agonia, ela repetia essa jaculatória: "Ó Maria, Mãe das Graças, Mãe de Misericórdia, defendei-me contra o espírito maligno e recebei-me na hora da morte". Trezentos anos depois da morte, seu corpo foi encontrado intacto.

São Bernardo (1090-1153), da Ordem Cisterciense, participou em todo o movimento mariano de seu tempo. Escreveu várias obras marianas, com vários sermões sobre o papel de Maria no plano da salvação. Escreveu: "Se perturbado pelas culpas que pesam na consciência, atemorizado pelo terror do juízo, começas a afogar-te no abismo da tristeza, nos perigos, nas angústias, nas dúvidas, pensa em Maria, invoca Maria. Nunca ela se aparte de teu coração; e para que possas alcançar o auxílio de suas súplicas, não deixes nunca o exemplo de sua vida".

Santa Beatriz da Silva (1424-1490), fundadora das Monjas Concepcionistas, consagrou sua virgindade a Nossa Senhora mesmo antes de ser religiosa. Conseguiu salvar sua vida por proteção da Virgem Maria, quando foi fechada num caixão durante três dias, por ordem da rainha Isabel, esposa do rei João de Castela, a quem servia como dama de honra. Sob a inspiração de Maria Imaculada, fundou a Ordem de estrita clausura. Em sua alma ardiam três amores: o amor a Maria Imaculada, a Paixão de Jesus Cristo e a Santíssima Eucaristia. Dizia: "Eu me consumi de zelo pela glória de minha Mãe Imaculada e ela me livrou de muitas tribulações".

Santo Antônio Maria de Claret (1807-1870), fundador da Congregação dos Missionários Filhos do Imaculado Coração de Maria, foi arcebispo de Santiago de Cuba, cujo pastoreio colocou sob a proteção de Maria Santíssima no Santuário Nacional de Nossa Senhora do Cobre. A seu nome de batismo acrescentou o de Maria, argumentando que "Nossa Senhora é minha mãe, minha madrinha, minha mestra, meu tudo, depois de Cristo". Escreveu: "Embora tenhamos de viver num século tão corrompido como o nosso, seremos rosa no meio dos espinhos, se nos acolhermos ao Coração de Maria".

2. Testemunhos marcantes de outros Santos

Em todos os tempos, os santos deixaram-nos um testemunho marcante de sua devoção mariana. Seus escritos transparecem o amor muito profundo e esclarecido que tinham para com a Mãe de Jesus. Evidenciam uma relação muito afetuosa e próxima para com ela.

Santa Teresa de Lisieux (1873-1897), conhecida por Teresinha do Menino Jesus, era carmelita. Doutora da Igreja, deixou-nos a célebre obra: "História de uma alma". Com profunda devoção mariana, testemunhou: "Oh! Como eu amo a Virgem Maria, ela é mais Mãe do que Rainha. A Virgem Santíssima tornou-se bela, tão bela que jamais encontrei expressões para reproduzir essa beleza divina. Seu rosto respirava uma doçura, uma bondade, uma ternura inefável. Mas, o que me penetrou até o fundo d'alma, foi seu sorriso encantador! Nesse mesmo momento, todos os meus sofrimentos se desvaneceram: duas grossas lágrimas jorraram de minhas pálpebras e correram silenciosamente... a Virgem Santíssima adiantou-se para mim e me sorriu!... Ah! O que eu senti aos pés de Nossa Senhora, não o saberei dizer!... Compreendi que ela velava por mim, que eu era sua filha".

São Francisco Xavier (1506-1552), jesuíta, desenvolveu a missão evangelizadora entre os povos da Ásia. Dizia: "Tenho encontrado o povo rebelde em receber o Evangelho, todas as vezes em que ao lado da cruz do Salvador esqueci-me de colocar a venerada figura de sua Mãe".

São Francisco de Assis (1182-1226), fundador Ordem dos Frades Menores (Franciscanos), abraçou a pobreza e a simplicidade para seguir mais perfeitamente o exemplo de Cristo. Escreveu: "Quando digo Ave, Maria, os céus sorriem, os anjos rejubilam, o mundo se alegra, treme o inferno, e fogem os demônios. Vós sois, ó Maria, a Filha do Altíssimo Pai Celestial, a Mãe de Nosso Senhor Jesus Cristo, e a Esposa do Divino Espírito Santo".

Santa Joana Francisca de Chantal (1572-1641), religiosa, pertencia à Confraria da Visitação de Maria, idealizada por São Francisco de Sales. Muito devota de Maria, dizia: "Tudo canta na terra vosso nome; Deus mesmo, com amor, sua Mãe vos chama, e os tesouros que destina ao homem, por vossa augusta mão os derrama. Sois no céu rainha e intercessora, e tudo quanto ao Rei tendes pedido, em favor de quem triste aqui vos implora, tem sido ao mesmo instante concedido".

Santa Paula Frassinet tinha profunda devoção mariana. Recomendava a todos a terem amor a Nossa Senhora e a imitarem suas virtudes grandiosas. Dizia: "Recorrei a Maria em todas as necessidades, estudai suas virtudes para imitá-las e pedi-lhe com grande fervor que vos prenda à cruz de seu Jesus, para que vivendo e morrendo crucificados com Ele, possais para sua maior glória, ressuscitar e possuí-lo eternamente na pátria feliz dos santos".

São Luiz Maria Montfort (1673-1716) foi canonizado por Pio XII, aos 20 de julho de 1947. Entre os 164 cânticos manuscritos, que totalizam mais de 20 mil versos, 24 cantam a Virgem Maria. Seu "Segredo Admirável do Santíssimo Rosário" é um curto resumo da "Roseira Mística" de Antônio Thomas, O. P., insistindo muito no dinamismo espiritual e pastoral desta grande devoção do povo.

"O Amor da Sabedoria Eterna", de São Luiz Maria Montfort, que sintetiza sua espiritualidade centrada em Jesus Cristo, dedica o último capítulo à devoção mariana, a qual é vista como meio privilegiado para a união com o Salvador, Sabedoria de Deus. "O Segredo de Maria" apresenta um método de união pessoal a Jesus por Maria.

A obra célebre de São Luiz Maria Montfort é "O Tratado da Verdadeira Devoção à Santíssima Virgem", que apresenta uma vida espiritual para viver plenamente Cristo com Maria, válida para todos os cristãos. Se Maria formou a Cabeça do Corpo, que é Cristo, então é ela quem deve formar seus membros, que somos nós. O batismo, ao fazer-nos membros de Cristo, faz-nos também filhos de Nossa Senhora. A consagração não faz senão reconhecer e viver essa relação filial.

Para São Luiz Maria Montfort, a vida cristã traz a marca essencial de devoção mariana. Maria cooperara com Jesus na salvação dos homens. Dizia: "No céu Maria impera nos anjos e nos bem-aventurados. Como recompensa de sua profunda humildade, deu-lhe Deus o poder e o encargo de encher de santos os tronos deixados vazios pela orgulhosa queda dos anjos apóstatas".

3. Santo Afonso e Nossa Senhora

Santo Afonso Maria de Ligório exerceu grande influência sobre a mariologia e a piedade mariana de nosso povo. É considerado um dos autores marianos mais lidos na Igreja, ao lado de São Bernardo e São Luís Maria de Montfort. Está na lista dos servos de Maria.

Santo Afonso nasceu em Nápoles, Itália, aos 27 de setembro de 1696.

Aos 16 anos, formou-se em advocacia, tornando-se doutor em direito civil e eclesiástico. Exercendo bem sua profissão, ele se sobressaiu por sua competência, sua ética e seus sucessos no foro de Nápoles.

Entretanto, conhecendo a corrupção no mundo jurídico, resolveu abandonar a brilhante carreira. Vencendo a oposição do pai, que era contra sua decisão, seguiu a vocação sacerdotal. Ordenou-se presbítero aos 21 de dezembro de 1726, aos 30 anos de idade.

Em 9 de novembro de 1732, na cidadezinha de Scala, no Reino de Nápoles, Itália, Santo Afonso, compadecido da situação dos pobres e abandonados, fundou a Congregação do Santíssimo Redentor.

Nomeado bispo de Santa Águeda dos Godos em 1762, Afonso dirigiu a diocese com zelo exímio durante 13 anos, cuidando da orientação do povo de Deus e da formação do clero. Debilitado pela doença e pela idade, renunciou ao episcopado e retornou para o aconchego de sua Congregação, em 1775, com seus 79 anos. Morreu piedosamente entre seus congregados em Nocera dei Pagani, na região da Campanha, no dia 1º de agosto de 1787, aos 91 anos de idade.

Para alimentar a vida cristã entre o povo, Afonso escreveu mais de cem livros, principalmente de teologia moral e de espiritualidade, ciências em que é considerado mestre. Foi brilhante erudito e escritor popular. Suas obras estão traduzidas para 61 idiomas, no mínimo, possuindo várias edições.

Afonso era também poeta, pintor e músico consumado. Vários hinos que compôs ainda são extremamente populares na Itália e em outros lugares.

Pela influência que exerceu e exerce na piedade mariana, Afonso é considerado o exímio mestre da mariologia e do culto a Nossa Senhora, a Mãe do Redentor. Toda a sua vida, caracterizada por uma devoção mariana profunda e afetuosa, está marcada por intervenções da Mãe de Deus que o curou de diversas doenças e o favoreceu com aparições e comunicações sobrenaturais.

Afonso reconheceu a presença forte e significativa de Maria em sua vida. Ele mesmo afirmou: "Tudo o que de bem me aconteceu: a minha conversão, a minha santa vocação e tantas outras graças, tudo, reconheço-o, me foi dado por Vossa Intercessão. Sabeis ainda que, para vos ver amada de todos, como mereceis, para vos testemunhar também, de algum modo, o meu reconhecimento por vossos inúmeros benefícios, dediquei-me, sempre e em toda parte, em público e em privado, a falar de vós e a comunicar a todos a vossa doce e salutar devoção" (As Glórias de Maria, súplica).

Eco e testemunho da devoção mariana de Afonso são também os cânticos populares, dos quais o mais célebre é: "Ó minha bela esperança".

Afonso deixou-nos a célebre obra mariana, que é uma verdadeira e preciosa pérola na mariologia: "As Glórias de Maria". Publicada em dois volumes em 1750, é fruto de longos anos de trabalho. Procura fazer exposição positiva "para que os fiéis, com sua leitura, facilmente se inflamem no amor a Maria; para, sobretudo, proporcionar aos sacerdotes os materiais convenientes para difundirem, pela pregação, a devoção a essa divina mãe" (As Glórias de Maria, introdução).

"As Glórias de Maria" alcançaram o maior sucesso. É considerado um best-seller dos livros marianos, com 1100 edições em diversas línguas. Trata-se de "uma obra-prima de teologia orante e contemplativa, aparecida num mundo a desmoronar-se" (E. Böminghaus).

"As Glórias de Maria" são excelente subsídio pastoral e teológico para o culto mariano do povo. Na obra, Afonso, "querendo revalorizar a piedade popular, conseguiu elevá-la, alimentá-la de teologia. O método afonsiano apresenta-se como um estimulante para os agentes da pastoral, que procuram elaborar uma espiritualidade mariana popular para o nosso tempo" (S. de Fiores, teólogo).

Vasco Fernandes

X O CULTO DA VIRGEM MARIA

1. Culto mariano, prática da Igreja

Hoje, diante de tantos desafios e perplexidades, nós precisamos renovar e aprofundar nosso culto mariano, que já faz parte do patrimônio da religiosidade popular e da espiritualidade de nossa Igreja. "Em suas alegrias e sofrimentos nosso povo identifica-se profundamente com Maria, de modo que ela se torna a mediação mais completa da vivência evangélica. A Igreja, instruída pelo Espírito Santo, venera Maria como Mãe muito amada, com afeto e piedade filial" (CNBB. Doc. Catequese Renovada, n. 230).

O culto mariano tem servido como alimento de fé, de esperança e de amor para o povo de Deus. Esse culto significa a honra e a veneração que os cristãos prestam a Mãe de Jesus Cristo, por respeito ao próprio Deus. Tem sido uma prática constante desde as origens do cristianismo.

Os evangelhos e os escritos neotestamentários registram e celebram a memória da pessoa e a missão de Maria na história da salvação (Lc 1,26-38; At 1,14; Gl 4,4). O próprio evangelista Lucas enuncia as palavras da Mãe de Jesus: "Chamar-me-ão bem-aventurada todas as gerações, porque fez em mim grandes coisas o Poderoso" (Lc 1,48).

Nas catacumbas, como a de Priscila (Roma), há impressões da Virgem Santíssima com o menino Jesus. Existente no Egito, pelos séculos III e IV, a antífona "Sob a teu amparo" constitui importante documento mariano e litúrgico. O Símbolo Apostólico traz a fórmula "nascido da Virgem Maria". No século IV temos o Hino Acatisto, de origem oriental.

Nos séculos IV e V são construídas as basílicas dedicadas a Nossa Senhora e estabelecem-se as festas marianas. Ao declarar solenemente o dogma da maternidade divina de Maria, o Concílio de Éfeso (431) fomentou a devoção mariana no meio do povo. No século V temos a dedicação da Basílica de Santa Maria Maior.

No primeiro milênio, o culto mariano desenvolve-se e configura-se paulatinamente. Em 1179, o Concílio de Latrão preconizou o dogma da Virgindade Perpétua de Maria. A partir do século XI, a devoção a Nossa Senhora é praticada pelo povo com peregrinações, irmandades, relíquias e crenças em aparições e milagres. Anselmo de Cantuária, Bernardo de Claraval e outras figuras proeminentes testemunham e pregam o culto a Virgem Maria, orientando as práticas populares.

Reagindo às críticas dos reformadores do século XVI e aos exageros da piedade popular, o Concílio de Trento (1545-1563) defende, esclarece e orienta o culto mariano. A partir de 1600, Maria continua sendo venerada pelo povo, surgindo novas devoções, novos santuários e novas festas. Aparecem na Igreja diversas congregações religiosas que dão destaque à devoção mariana. Os séculos XIX e XX são ocasiões de aparições, como Lourdes (1858) e Fátima (1917). Em 1854, Pio IX definiu a Imaculada Conceição de Maria como dogma. A Assunção de Maria foi o último dogma proclamado por Pio XII, em 1950. Nos últimos séculos, são construídos novos santuários, organizam-se peregrinações e congressos marianos, com a publicação de extensa literatura mariana.

O Concílio Vaticano II (1962-1965) "admoesta a todos os filhos da Igreja que fomentem com generosidade o culto à Santíssima Virgem" (SC, n. 103). Insere Maria no mistério de Cristo e da Igreja. Reunidos na Conferência de Puebla, no México, em 1979, os bispos latino-americanos reconhecem que Nossa Senhora tornou-se, entre nossos povos, o "grande sinal, de rosto materno e misericordioso, da proximidade do Pai e de Cristo com quem ela nos convida a entrar em comunhão" (Doc. Puebla, n. 282). Contemplam em Maria a Mãe e modelo da Igreja.

Orientando a catequese de nosso povo, os bispos do Brasil, reunidos na 21ª Assembléia Geral, em 1983, colocam Maria na vida e na missão da Igreja, mostrando que a Mãe de Jesus é "modelo de vida cristã, pois toda a sua existência é uma plena comunhão com o Filho, uma entrega total a Deus em todos seus caminhos, numa união única que culmina na glória" (Doc. Catequese Renovada, n. 233). Nosso culto mariano leva-nos a reconhecer a dignidade e a missão de Nossa Senhora na história da salvação e na comunhão dos santos, levando-nos a seu amor e a sua imitação.

2. Características do culto mariano

O culto a Nossa Senhora ocupa um lugar muito especial na devoção e na piedade do povo de Deus. Esse culto significa a honra que os cristãos prestam a Maria, Mãe de Deus e da Igreja.

O objetivo do culto a Maria é a própria adoração devida a Deus. Ao reconhecer as perfeições dela e ao glorificá-la, os devotos reconhecem os dons de Deus a ela. "Maria, representando toda a humanidade, recebeu o Salvador e o concebeu aos homens. Assim, Deus é admirável pelas grandes coisas realizadas em Maria. Por isso, a Igreja se reúne, conforme a profecia de Nossa Senhora mesma, para através, das gerações, proclamá-la bem-aventurada, reconhecendo assim que Deus realizou nela grandes coisas (cf. Lc 1,18-29)" (Fr. Alberto Beckhäuser, liturgista).

O culto mariano tem suas fontes na própria Bíblia. "Não é uma criação do sentimento religioso. O papel de Maria na libertação do povo de Deus manifesta-se na Bíblia. Ao prestar culto os católicos submetem-se à palavra de Deus que está na Bíblia. Não se afastam da Bíblia como norma da fé e da religião" (J. Comblin, teólogo latino-americano).

O culto mariano procede da fé e não de uma simples emoção religiosa. O Concílio Vaticano II é taxativo: "A verdadeira devoção não consiste num estéril e transitório afeto, nem numa certa vã credulidade, mas procede da fé verdadeira pela qual somos levados a reconhecer a excelência da Mãe de Deus, excitados a um amor filial para com nossa Mãe e à imitação das suas virtudes" (Concílio Vaticano II. LG, n. 67). Em virtude disso, o culto mariano deve receber as orientações dos Santos Padres, dos Concílios e de toda a Tradição da Igreja.

O culto mariano deve guardar característica trinitária. É parte integrante do culto cristão na Igreja. Esse culto cristão é "por sua natureza, culto ao Pai, ao Filho e ao Espírito Santo, ou, conforme se expressa na liturgia, ao Pai, por Cristo, no Espírito Santo" (Papa Paulo VI. O Culto da Virgem Maria, n. 25). Todo o culto a Nossa Senhora não pode deter-se nela, mas deve transformar-se em ato de louvor e ação de graças à Santíssima Trindade. O Deus uno e trino fez de Maria a obra-prima da criação e da salvação.

O culto mariano deve ter característica eminentemente cristológica. Em Maria tudo se refere a Cristo e dele depende. "Na Virgem Maria, de fato, tudo é relativo a Cristo e depende dele: foi em vista dele que Deus Pai, desde toda a eternidade, a escolheu Mãe toda santa e a ornou com dons do Espírito Santo, a nenhum outro concedidos" (Papa Paulo VI. O Culto da Virgem Maria, n. 25). Na história da salvação, tudo está em função de Jesus Cristo, também sua Mãe. À medida que a honra a Maria for, efetivamente, uma expressão do culto ao Salvador, mais Ele será conhecido, amado, seguido e glorificado.

Outra nota do culto mariano é a pneumatológica. Esse aspecto evidencia a importância da ação do Espírito Santo em Maria, recuperando uma grande riqueza espiritual e teológica da tradição da Igreja. Ao honrar Nossa Senhora, o cristão deve perceber que é ela sempre foi dócil ao Espírito Santo. Ela é o Santuário do Espírito Santo, pois Ele a santificou e operou nela a encarnação do Verbo de Deus. No Cenáculo, ela estava em oração com a primitiva comunidade cristã, suplicando a infusão do Espírito Santo sobre a vida e a missão da Igreja (At 1,12-14).

O culto mariano é também eclesial, pois Nossa Senhora, depois de Cristo, ocupa o lugar mais importante e mais próximo de nós. A presença de Maria na Igreja, como Mãe e Mestra, deve aparecer nas devoções marianas. "A ação da Igreja no mundo é como um prolongamento da solicitude de Maria" (Papa Paulo VI. O Culto da Virgem Maria, n. 28). O carinho maternal de Nossa Senhora, que transpareceu em sua trajetória histórica, deve encontrar eco na missão da Igreja, que se preocupa, de maneira atenta e cuidadosa, com a salvação integral dos homens. Os devotos devem estar conscientes de que o amor pela Igreja deve traduzir-se em amor para com Nossa Senhora, como também o culto mariano deve resultar em compromisso vivo com a comunidade cristã.

O culto mariano não pode ser um sentimentalismo intimista e estéril, desligado do conjunto da fé cristã e da vida da Igreja. Ao contrário, deve estar inserido no culto cristão da Igreja. Deve favorecer e aprofundar o seguimento de Jesus Cristo na comunidade cristã.

3. Orientações do culto mariano

O culto mariano manifesta a devoção que os cristãos têm para com a Mãe de Jesus. Pelo culto, eles expressam por palavras, atitudes e gestos seu relacionamento íntimo, afetivo e religioso que experimentam para com Nossa Senhora.

O culto mariano deve ter um cunho bíblico. É um postulado da piedade cristã atual, pois a Bíblia é o livro fundamental de oração. Ao apresentar o projeto de Deus a respeito da salvação dos homens, a Palavra de Deus introduz os cristãos no mistério do Salvador e contém referências à Mãe do Messias, desde o Gênesis ao Apocalipse. Nossa Senhora é compreendida melhor dentro dos textos, dos símbolos e das imagens das Sagradas Escrituras. O culto mariano deve estar "permeado pelos grandes temas da mensagem cristã" (Papa Paulo VI. O Culto da Virgem Maria, n. 30).

No culto mariano as fórmulas de canto e de oração devem ter inspiração na Bíblia. Os cristãos, ao se dirigirem a Nossa Senhora na oração, sentem-se iluminados pela Palavra de Deus e impulsionados a agir de acordo com os valores das Sagradas Escrituras.

O culto mariano deve ter também orientação litúrgica. Os atos de piedade mariana devem estar em harmonia com a liturgia, pois dela derivam e para ela conduzem o povo de Deus. A liturgia "constitui regra de ouro para a piedade cristã" (Papa Paulo VI. O Culto da Virgem Maria, n. 23). Por isso, a oração litúrgica deve realizar um papel educador da devoção popular. O Anjo do Senhor e o Rosário são duas práticas marianas populares que se deixam impregnar do espírito litúrgico.

Hoje o culto mariano deve ter um caráter ecumênico. A veneração de Maria não pode ser obstáculo, mas fator de encontro para a unidade dos cristãos. O ecumenismo leva-os a colocarem em comum e a compartilharem as riquezas e os patrimônios sobre Maria e sua devoção. Nossa Senhora é Mãe de todo o Corpo Místico, que é a Igreja. Sua maternidade espiritual une os cristãos como a Mãe une seus filhos.

Muitas confissões cristãs oferecem valiosas contribuições para a piedade. As Igrejas Ortodoxas trazem-nos prática e doutrina profundas ao venerarem Maria como Mãe de Deus e ao aclamarem-na como Esperança dos Cristãos. Entre os anglicanos, os teólogos clássicos evidenciavam a sólida base escriturística do culto mariano, bem como os teólogos atuais destacam a importância do lugar de Maria na vida cristã. Os protestantes e outros cristãos que nasceram da Reforma expressam seu amor pelas Sagradas Escrituras, através das quais contemplam o mistério da Mãe de Jesus. É alegria para toda a Igreja que entre os cristãos não faltem "aqueles que dão a devida honra à Mãe do Senhor e Salvador" (Concílio Vaticano II. LG, n. 69).

Como aquisição dos tempos atuais, hoje destaca-se a dimensão antropológica do culto mariano. Mais do que nunca, nos tempos atuais deve-se considerar o acento que se coloca sobre a pessoa humana no plano religioso, cultural e social. O mistério de Maria deve ser apresentado dentro da mentalidade de nosso tempo, sem perder seus traços típicos. Nossa Senhora é modelo de pessoa humana plenamente realizada, equilibrada em todos os aspectos. Ela deve ser tomada não apenas como exemplo de vida escondida, humilde e pobre, mas como aquela que, em sua situação concreta, "aderiu total e responsavelmente à vontade de Deus" (Papa Paulo VI. O Culto da Virgem Maria, n. 35).

Maria pode ser vista como protótipo de valores que as pessoas mais evidenciam hoje. Ela pode ser compreendida como "modelo naquilo a que mais aspiram os homens de nosso tempo" (Papa Paulo VI. O Culto da Virgem Maria, n. 37). Na cena da anunciação, ela dá exemplo maravilhoso de consentimento ativo e responsável diante da proposta de Deus. No canto do "Magnificat", é a mulher profética e corajosa que proclama a preferência de Deus pelos pequenos e pobres. No Calvário, junto a seu Filho que morre pela salvação da humanidade, é a pessoa forte e fiel, que persevera até o fim no Reino de Deus.

Considerando todas as orientações do culto mariano, os devotos não podem esquecer-se de que a "finalidade última do culto à Bem-aventurada Virgem Maria é glorificar a Deus e levar os cristãos a aplicarem-se numa vida absolutamente conforme a sua vontade" (Papa Paulo VI. O Culto da Virgem Maria, n. 39).

4. Raízes bíblicas do culto mariano

O culto mariano, que é a veneração dos cristãos para com a Mãe de Deus, é parte integrante da genuína piedade da Igreja. É "elemento intrínseco do culto cristão" (Papa Paulo VI. O Culto da Virgem Maria, n. 56). Isso significa que o culto mariano é inerente à piedade da Igreja, sendo inseparavelmente vinculado a ela, e não algo acrescentado ou secundário.

O culto mariano constitui norma de oração e norma da fé cristã. A veneração que a Igreja presta à Virgem Santíssima está presente em todos os lugares e em todas as épocas, desde a saudação com que Santa Isabel bendiz a Mãe do Senhor (Lc 1,42-45) até as expressões de louvor e de súplica dos tempos atuais.

O culto mariano tem raízes nas Sagradas Escrituras. O Evangelho de Lucas registra que o arcanjo Gabriel não só transmite a Maria de Nazaré a proposta de ser Mãe do Salvador, mas lhe dirige palavras profundas e belas, que traduzem admiração e louvor: "Alegra-te, cheia de graça! O Senhor está contigo... Não tenhas medo, Maria! Encontraste graça junto de Deus... O Espírito Santo descerá sobre ti, e o poder do Altíssimo te cobrirá com sua sombra" (Lc 1,28-35).

Cheia do Espírito Santo, Santa Isabel exalta a grandeza da pessoa e da conduta de Maria: "Bendita és tu entre as mulheres e bendito é o fruto de teu ventre! Como mereço que a mãe do meu Senhor venha me visitar? Logo que a tua saudação ressoou nos meus ouvidos, o menino pulou de alegria no meu ventre. Feliz aquela que acreditou, pois o que lhe foi dito da parte do Senhor será cumprido!" (Lc 1,42-45). São palavras bíblicas que antecipam a veneração futura da Igreja, expressa na oração da Ave-Maria.

No Evangelho de Lucas a voz da mulher anônima, que permaneceu estática e admirada diante das palavras e das ações de Jesus Cristo, manifesta a exaltação da Mãe do Salvador: "Feliz o ventre que te trouxe e os seios que te amamentaram" (Lc 11,27). Esse louvor da Mãe de Jesus é apenas indireto, mas muito significativo por nascer justamente da exaltação do Salvador, fato esse que constitui o verdadeiro motivo da exclamação da mulher anônima. Por isso, indica que o culto mariano redunda em louvor a Deus, uma vez que as funções e os privilégios de Maria Santíssima têm como fim Jesus Cristo, origem de toda verdade, santidade e devoção.

No canto do "Magnificat" encontramos o testemunho profético da própria Maria, que revela sua consciência clara das conseqüências maravilhosas que decorriam da intervenção de Deus na sua humilde existência humana. Declara Nossa Senhora: "Todas as gerações, de agora em diante, me chamarão de feliz, porque o Todo-Poderoso fez para mim grandiosas coisas" (Lc 1,48). Esse texto é citado pelo magistério da Igreja como justificativa do culto mariano. O próprio "Magnificat" é canto que faz parte da liturgia cristã e da piedade do povo de Deus.

O magistério da Igreja vê no texto do Evangelho de Mateus a legitimidade do culto mariano, expondo o seguinte argumento: nele Maria é apresentada como a Virgem Mãe do Emanuel, o Deus-Conosco (Is 7,14), que vem para salvar o povo de seu pecado (Mt 1,21-23). Se ela é Mãe do Deus Salvador, logo Maria tem direito a um louvor e a uma veneração especiais.

O magistério da Igreja também extrai do Evangelho de João o fundamento bíblico do culto mariano. Pregado na cruz, Jesus Cristo, sofrendo pela salvação da humanidade, entrega sua Mãe ao apóstolo São João (Jo 19,25-27). A tradição contempla nesse gesto o fato do Salvador entregar Maria, na pessoa de João, a todos os cristãos, membros da Igreja, como seus filhos espirituais. A maternidade divina de Nossa Senhora é ampliada para a maternidade espiritual. Por isso, em atenção à vontade de Jesus, o cristão é convidado a estabelecer um relacionamento cada vez melhor e mais profundo de devoção e de amor filial para com sua Mãe.

Os argumentos bíblicos são aptos para demonstrar o fundamento sólido e seguro sobre o qual repousa o culto mariano. Embora não sejam numerosos, são suficientes para firmar a legitimidade e o valor que Igreja confere à veneração especial para com a Virgem Santíssima. Esse culto "tem raízes profundas na Palavra revelada" (Papa Paulo VI. O Culto da Virgem Maria, n. 56).

5. Valor teológico do culto mariano

Ao longo da tradição e em seus documentos, a Igreja tem reafirmado explícita e solenemente o valor teológico do culto mariano. Firmada nas Sagradas Escrituras, a Igreja venera, com amor e piedade especiais, a Mãe de Jesus Cristo.

A Igreja afirma que o culto prestado a Nossa Senhora se coloca acima do culto dirigido a qualquer outra criatura, porque ela foi, "por graça de Deus, exaltada, depois do Filho, acima de todos os anjos e de todos os homens" (Concílio Vaticano II. LG, n. 66). Ela é a Mãe de Jesus, estando mais próxima dele na comunhão dos santos.

O culto mariano nasceu espontaneamente da fé e do amor filial do povo de Deus, que tributou a Nossa Senhora uma honra especial. Tornou-se parte inerente da piedade cristã da Igreja. Sob o impulso do Espírito Santo, a Igreja é sujeito e autora da veneração particular para com a Mãe de Jesus. Por isso ela tem a tarefa de regular, guiar e estimular a devoção dos fiéis. Conta com o auxílio científico dos teólogos, que justificam e fundamentam o culto mariano com argumentos teóricos e espirituais.

Em texto clássico, O Culto da Virgem Maria, de 2 de fevereiro de 1974, o Papa Paulo VI, de saudosa memória, reuniu os argumentos teológicos que justificam o culto mariano de maneira clara e didática, sempre fiel à tradição da Igreja e à contribuição dos teólogos. Podemos encontrar esses argumentos nos números 56 e 57 do referido texto.

De acordo com Paulo VI, Nossa Senhora possui a dignidade singular de Mãe do Filho de Deus. Por isso é filha predileta do Pai e templo privilegiado do Espírito Santo. Em virtude desse dom extraordinário de graça, ela ultrapassa e precede de muito todas as outras criaturas, quer os homens, quer os anjos e santos. Portanto, o culto mariano é superior e peculiar.

Nossa Senhora ocupa lugar importante nos três momentos principais e decisivos da história da salvação: na Encarnação do Filho de Deus, que se faz pessoa humana no seio puríssimo dela (Lc 1,26-38); na Páscoa de Jesus, que, pendente na cruz, constitui Maria, na pessoa de João, Mãe do gênero humano (Jo 19,25-27); e em Pentecostes, quando ela, junto aos apóstolos, recebeu o Espírito Santo qual membro eminente da Igreja (At 1,12-14). Por isso, essa cooperação na obra da salvação é de caráter único e não pode ser comparada à das criaturas. Só Maria é a Mãe do Salvador, a segunda Eva, a verdadeira Mãe dos viventes.

Pelo mistério de sua imaculada conceição, a santidade de Maria já se revela como plenitude. Mesmo assim, sua santidade continuou a progredir à medida que foi aderindo à vontade do Pai, ao longo de sua existência humana. Prosseguiu aumentando enquanto ela foi percorrendo o caminho do amor, do sofrimento, da obediência e da abnegação de si mesma. Cresceu também, de maneira constante, por suas atitudes de fé, de caridade e de esperança. Assim ela torna-se modelo de vida cristã.

A missão de Nossa Senhora dentro do povo de Deus aparece absolutamente como única e especial. Da Igreja ela é membro excelentíssimo e, simultaneamente, modelo puríssimo e mãe amorosíssima.

Já na glória celeste, Nossa Senhora exerce intercessão incessante e eficaz, na Igreja, em favor dos cristãos que imploram sua ajuda. Ela também reza por aqueles que não professam a fé cristã ou a ignoram.

A glória pessoal de Nossa Senhora enobrece todo o gênero humano, porque ela é verdadeira filha da raça humana, irmã de todos os homens na natureza, que compartilha plenamente com todos a condição humana. Embora isenta do pecado original, é a mulher humilde e pobre, que conseguiu realizar plenamente a vocação humana. Dizia o poeta Dante Alighieri a respeito de Maria: "Tu és aquela que a natureza humana / nobilitaste de tal modo, que seu Autor / não desdenhou fazer-se sua feitura" (Divina Comédia, Paraíso XXXIII, 4-6).

O culto mariano tem sua razão suprema e última na vontade de Deus, livre e imperscrutável. Como é caridade eterna e infinita, o Senhor decide tudo de acordo com seu projeto de amor. Deus amou Maria e nela operou grandes coisas (Lc 1,49). Por isso, quer também que nós a amemos. Ele deu-a a si mesmo e deu-a também a nós. Nota-se crescente consenso entre os cristãos de várias confissões a respeito da necessidade e da legitimidade do culto, embora as motivações sejam diferentes.

6. Valor pastoral do culto mariano

O culto mariano, que integra a piedade da Igreja, tem grande e profundo valor pastoral. O Papa Paulo VI reconhece que esse culto "tem grande eficácia pastoral e constitui uma força renovadora dos costumes dos cristãos" (Paulo VI. O Culto da Virgem Maria, n. 57).

O culto mariano plasma, na vida dos devotos, a figura de Cristo. É caminho que leva a aprofundar e a consolidar a fé em Jesus. Toda a missão de Nossa Senhora, em suas diversas facetas, orienta o devoto para que possa fazer seu encontro com o Salvador e adquirir seus valores, sua mentalidade e sua vida nova. Orienta para a única finalidade: "reproduzir nos filhos as feições do Filho primogênito" (Paulo VI. O Culto da Virgem Maria, n. 57).

Os agentes de pastoral devem ajudar os fiéis, ao realizarem o culto mariano, para que possam chegar ao Cristo através de Maria, sua Mãe. O esforço apostólico é cultivar e manter a dimensão cristológica da piedade dos cristãos. A pastoral mariana lembra: "Fazei tudo o que Ele vos disser" (Jo 2,5). Como nas bodas de Caná, Nossa Senhora conduz os seres humanos a Jesus Cristo.

A verdadeira pastoral mariana, que orienta os fiéis na piedade para com a Virgem Santíssima, não se afasta da centralidade de Jesus Cristo, nem a nega ou a diminui. Pelo contrário, procura mantê-la sempre, porque o Salvador é o único Mediador, o caminho que nos leva ao Pai (Jo 14,4-11). Nosso Senhor é o modelo supremo, ao qual o cristão deve conformar a própria conduta (Jo 13,15). O objetivo do discípulo é ter os mesmos sentimentos do Mestre de Nazaré (Fl 2,5), viver de sua vida e possuir seu Espírito (Gl 2,20; Rm 8,10-11).

Todavia, a mediação de Jesus não exclui a missão de Maria. Na história da salvação, a missão de Maria facilita e ressalta a mediação de Cristo, pois ela foi escolhida como Mãe, sua colaboradora, sua companheira na realização da redenção. É por isso que a Igreja a invoca como Consoladora dos Aflitos, Saúde dos Enfermos e Refúgio dos Pecadores.

Por outro lado, a pastoral mariana transmite aos fiéis que a própria Nossa Senhora torna-se exemplo de seguidora de Jesus, porque ela brilha, para toda a comunidade cristã, "como modelo de virtudes" (Concílio Vaticano II. LG, n. 65). As virtudes de Maria são sólidas, evangélicas e vigorosas. É mulher de fé e de dócil aceitação da Palavra de Deus (Lc 1,26-28.45; 11,27-28; Jo 2,5). A obediência generosa, a humildade genuína, a caridade solícita e a sabedoria reflexiva transparecem em sua vida (Cf. Lc 1,38; 1,48; 1,39-56; 1,29.34; 2,19-33.51).

Virtuosa, Maria vivencia a piedade para com Deus. Aparece como alegre no cumprimento dos deveres religiosos (Lc 2,21ss). É agradecida a Deus pelos dons recebidos (Lc 1,46-49). É oferente no Templo de Jerusalém (Lc 2,22-24) e orante na comunidade apostólica (At 1,12-14). Manifesta sua fortaleza no exílio (Mt 2,13-23) e nos sofrimentos (Lc 2,34-35.49; Jo 19,25). Revela a solicitude vigilante para com seu Filho Jesus, desde seu nascimento até a morte de cruz (Lc 2,1-7; Jo 19,25-27). Traços encantadores dela são a delicadeza previdente (Jo 2,1-12), a pureza virginal (Mt 1,18-25) e o forte e casto amor conjugal (Lc 1,26-38; 2,1-51).

A pastoral mariana apresenta a figura bela de Maria, que pode ser imitada pelos devotos em todas as suas virtudes. Os cristãos podem reparar e contemplar as virtudes marianas, para se revestirem delas, de modo que possam traduzi-las em sua vida, de acordo com sua condição existencial e histórica. Ao seguir o exemplo de Maria, eles podem progredir na vida virtuosa, de maneira que experimentam que é possível ser discípulo de Jesus. Nossa Senhora torna-se caminho seguro e certo para o seguimento do Cristo. O culto mariano torna-se ocasião de crescimento do cristão na fé.

Apoiada em toda a sua tradição evangelizadora de séculos, a Igreja reconhece que o culto mariano constitui auxílio eficaz e verdadeiro para a pessoa humana em luta pela conquista da plena realização da vocação humana. "Maria, a Mulher nova, está ao lado de Cristo, o Homem novo, em cujo mistério, somente, encontra verdadeira luz o mistério do homem; e está aí, qual penhor e garantia de que numa simples criatura – nela – se tornou já realidade o plano de Deus em Cristo, para a salvação de todo o homem" (O Culto da Virgem Maria, n. 57). Hoje as pessoas, atormentadas pela angústia de suas próprias limitações, encontram nela a visão serenadora e pacificante.

7. A questão das aparições de Nossa Senhora

As aparições de Nossa Senhora constituem um fenômeno que tem acontecido ao longo da história da Igreja. Os mariólogos citam diversas manifestações de Maria na antigüidade, como as aparições a Gregório Taumaturgo († 270), a Teófilo (relato muito difundido na Idade Média), a Maria Egípcia, e o milagre de São João Damasceno (séc. VIII), ao qual a Virgem Santíssima teria restituído a mão cortada pelo emir de Damasco.

O fenômeno das aparições de Nossa Senhora tem ocorrido, com maior freqüência, nos últimos séculos. Entre os séculos XIX e XX, contam-se cerca de 310 aparições marianas. No Brasil o fato começou a intensificar-se a partir de 1960.

Os santuários marianos atraem multidões recordes. Em Guadalupe, são mais de 8 milhões de peregrinos por ano. Lourdes acolhe, por ano, quatro milhões e meio. Fátima é o centro de peregrinações mais concorrido de Portugal e um dos mais visitados do mundo.

As aparições são manifestações extraordinárias de Nossa Senhora aos videntes, constituindo-se dons especiais à Igreja "não para propor doutrinas novas, mas sim para guiar a nossa conduta" (João XIII. Radiomensagem no Centenário de Lourdes. 18/2/1959). Graças ao Espírito Santo, a "Virgem Maria irrompe visivelmente em nossa história, de maneira milagrosa e surpreendente, confirmando o fato de sua presença entre nós e garantindo a mensagem de que se faz portadora" (Ir. Aleixo Maria Autran, escritor).

Em face às aparições de Nossa Senhora, a Igreja é extremamente prudente, fazendo um exame minucioso e lento dos fatos, antes de emitir seu parecer oficial. Para avaliar se uma aparição é verdadeira ou não, a Igreja estabeleceu certos critérios, formulados desde Bento XIV (1740-1758). Em primeiro, é preciso examinar a pessoa do vidente, considerar sua vida, suas virtudes, sua saúde psicofísica, seu equilíbrio mental e sua honestidade.

Outro critério é a qualidade e o conteúdo da mensagem da aparição. A mensagem do vidente deve estar de acordo com o Evangelho de Jesus e com a doutrina e caminhada da Igreja. "O conteúdo da aparição não pode contradizer nem a razão humana, por falso, maldoso ou imoral, nem a Revelação divina, aos dogmas e à doutrina magisterial da Igreja. Esses elementos são suficientes para dispensar ulteriores exames e considerar falsa a aparição. Tudo o que contradiz a Palavra de Deus, os ensinamentos dos Padres da

Igreja, ou vai contra Deus, só pode ser considerado como fenômeno demoníaco ou mistificação. O mesmo se diga se elas tratam de coisas inúteis, estranhas e curiosas. Nestes casos, a aparição não se apresenta com o sinal de que vem de Deus" (CNBB. Aparições e revelações particulares. Subsídios doutrinais 1, p. 53).

A Igreja também examina o fato das próprias aparições, começando por estabelecer esse fato em sua realidade histórica para, depois, verificar sua natureza sobrenatural. Em seu discernimento, busca o auxílio das ciências e da Teologia. Outrossim, considera os frutos das aparições como importantes. Se "o movimento de uma aparição leva muitos cristãos a viver melhor na fé, na esperança e na caridade, é um bom sinal. Também as curas e milagres podem dizer-nos que Deus está agindo ali de maneira especial" (Ir. Afonso Murad, mariólogo).

Tendo em vista que as aparições não fazem parte da Revelação Pública, do Credo da Igreja e dos dogmas cristãos, o cristão não é obrigado a crer nelas. Tem a plena liberdade de aceitá-las ou não. Essas aparições estão integradas nas revelações particulares. "Levamos ao conhecimento geral que a autorização dada pela Igreja a uma revelação privada nada mais é do que o consentimento concedido depois de atento exame, a fim de que essa revelação seja conhecida, para a edificação e o bem dos fiéis. A essas revelações, mesmo aprovadas pela Igreja, não se deve conceder assentimento de fé católica. Segundo as normas de prudência, deve-se dar-lhes o assentimento da fé humana, enquanto tais revelações são prováveis e piamente críveis" (Papa Bento XIV).

As aparições de Nossa Senhora são "um testemunho de sua presença ativa na vida da Igreja" (J. Giens, escritor). Constituem uma expressão particular de seu amor maternal que a "faz cuidar dos irmãos de seu Filho, que caminham ainda na terra, até chegarem à feliz pátria" (Concílio Vaticano II. LG, n. 62).

XI AS IMAGENS MARIANAS

1. O significado das imagens marianas

As imagens de Nossa Senhora fazem parte da história e da vida da Igreja, sendo muito valorizadas pela cultura do povo. São inúmeras as imagens de Maria em afrescos, ícones, mosaicos, baixos-relevos, estátuas, quadros, telas, medalhas, monumentos, casas, igrejas e outros tipos.

A Igreja reconhece a importância das imagens de Maria e seu culto na vida cristã. "Para fomentar a santificação do povo de Deus, a Igreja recomenda à veneração especial e filial dos fiéis a Bem-aventurada sempre Virgem Maria, Mãe de Deus, a quem Cristo constituiu Mãe de todos os homens, bem como promove o verdadeiro e autêntico culto dos outros Santos, por cujos exemplos os fiéis se edificam e pela intercessão dos quais são sustentados" (Código de Direito Canônico, cân. 1186).

O culto mariano constitui uma prática constante da Igreja desde as origens do cristianismo. Nas paredes das catacumbas há representações de Maria. Na catacumba de Priscila, há a impressão da jovem Mãe de Jesus que apresenta seu menino à estrela profetizada por Balaão (Nm 24,15-19), remontando ao final do século II para o início do século III. Havia também as imagens de Maria Orante, representadas de pé, rezando com os braços abertos, e em cenas de sua vida, narradas pelos textos da Bíblia e dos livros apócrifos.

Imagens pintadas sobre a madeira de acordo com uma técnica particular, os ícones de Maria eram comuns na Igreja antiga. De diversos tipos, os mais antigos ícones marianos, que chegaram até nós, são dos séculos IV, V e VI. Expressão e apoio de oração eram frutos de uma longa contemplação dos pintores.

Condenando os iconoclastas, partidários da luta contra as imagens religiosas, o Concílio de Nicéia II, em 787, defendeu e difundiu a validade do culto mariano. Definiu que "as veneráveis e santas imagens, bem como as representações da cruz preciosa e vivificante, sejam elas pintadas, de mosaico ou de qualquer matéria apropriada, devem ser colocadas nas santas igrejas de Deus, sobre os utensílios e as vestes sacras e em quadros, nas casas e nas estradas, tanto a imagem de Nosso Senhor, Deus e Salvador, Jesus Cristo, quanto a de Nossa Senhora, a puríssima e santíssima mãe de Deus, dos santos anjos, de todos os santos e dos justos. Quanto mais os fiéis contemplarem essas representações, mais serão levados a se recordar dos modelos originais, a se voltar para eles, a lhes testemunhar uma veneração respeitosa, sem que isso seja adoração, pois essa só convém, segundo a nossa fé, a Deus" (Sessão de 13 de outubro). Posteriormente, o Concílio de Trento (1545-1563) confirmou estas linhas do Concílio de Nicéia.

Reafirmando a legitimidade do culto mariano (LG, n. 67), o Concílio Vaticano II (1962-1965) recomenda: "Firme permaneça o costume de propor nas igrejas as sagradas imagens à veneração dos fiéis" (SC, n. 125). Orienta para que os cristãos cultuem com amor especial a Mãe de Deus (SC, n. 103). Coloca o culto mariano dentro da única mediação de Cristo (LG, n. 68). Destaca Maria como membro eminente da comunidade cristã, seu modelo de realização e sua intercessora (LG, n. 63-65). Integra a devoção na celebração litúrgica (SC, n. 103).

Desde o primeiro momento da evangelização até nossos dias, a América Latina tem sido um continente onde a figura de Maria é marcante. Sensíveis à religiosidade do povo, nossos bispos, fiéis à tradição eclesial e às orientações do

Concílio Vaticano II, corroboram e esclarecem o culto mariano, reconhecendo que Nossa Senhora, desde sua aparição e invocação de Guadalupe, "tornou-se o grande sinal, de rosto materno e misericordioso, da proximidade do Pai e de Cristo com que ele nos convida a entrar em comunhão". (Doc. de Puebla, n. 282). Ela é mãe e modelo da Igreja (Doc. de Santo Domingo, n. 1, 15, 104 e 163). É componente significativo da religiosidade popular (Doc. de Puebla, n. 454).

Nos países latino-americanos e em outras nações, as imagens de Maria são interessantes porque podem favorecer a espiritualidade dos cristãos. São João Damasceno já dizia: "A beleza e a cor das imagens estimulam a minha oração. É uma festa para os meus olhos, tanto quanto o espetáculo do campo estimula meu coração a dar glória a Deus" (Imag., 1.27). Contemplando a imagem, as pessoas invocam a Mãe de Deus, já glorificada no céu, que escuta suas preces e intercede por elas junto de seu Filho, dentro da comunhão dos santos. Numa civilização audiovisual como a nossa, sentem a necessidade de imagens que, pelo caminho da beleza e da contemplação, as conduzam Àquela que é o modelo de fé, incitando-as ao seguimento consciente e generoso de Jesus (Jo 2,5).

2. Os católicos adoram as imagens de Nossa Senhora?

Os católicos não adoram as imagens de Nossa Senhora, nem outras imagens religiosas. Quem faz essa acusação à Igreja Católica, precisa conhecer o sentido de imagem religiosa na Bíblia e na Tradição.

As imagens religiosas são apenas representações de Nosso Senhor, da Virgem Maria, dos Anjos ou dos Santos, que ajudam os cristãos a lembrar deles, a amá-los e a invocá-los. Quando nós olhamos para as fotografias, é nas pessoas que elas representam que estamos pensando, e não nas fotos enquanto um pedaço de papel. Assim, quando contemplamos as imagens religiosas, estamos dirigindo-nos àqueles que elas representam.

A Bíblia não proíbe fazer imagens, mas ídolos. No Antigo Testamento era proibido fazer representações de divindades pagãs e de ídolos, porque levavam ao povo de Deus a julgar que as estátuas ou as pinturas eram deuses ou tinham propriedades divinas (Êx 20,4-5; 34,17; Dt 5,6-10; Lv 19,4). A idolatria constitui desvio sério da fé autêntica e, por conseguinte, deve ser combatida e preterida (Sl 115,4s.8; 2Rs 1,4-8).

Por outro lado, as Sagradas Escrituras permitem e incentivam as imagens religiosas dentro do povo de Deus. Moisés é orientado por Deus a fazer dois querubins de ouro e a colocá-los por cima da Arca da Aliança (Êx 25,10-22). Essas imagens são sinais da presença e da proteção de Deus.

Outrossim, Deus ordena que Moisés faça uma serpente de bronze e a coloque por cima duma haste, para curar os membros do povo de Deus mordidos pelas serpentes venenosas (Nm 21,8-9). Essa imagem representa a proteção de Deus, que conduz o povo para a realização de seu projeto de salvação, entre os perigos da caminhada história. O Evangelho de São João aplica essa imagem a Jesus Crucificado, sinal de salvação (Jo 3,14).

Ao construir o Templo de Jerusalém, Salomão coloca imagens que servem de adorno e de lição para o povo, como querubins, palmas, flores, bois e leões (1Rs 6,23-28; 7,23-26). O Antigo Testamento ainda apresenta muitos outros textos que se referem ao uso de imagens (Ez 41,17; 1Cr 28,18; 2Cr 3,10).

No Novo Testamento não há nenhuma proibição de fazer imagens. A única proibição que permanece é a da idolatria. Fiel ao projeto do Pai, Jesus Cristo assim declara: "Adorarás ao Senhor teu Deus e só a Ele servirás" (Lc 4,8). São Paulo combate claramente a idolatria (1Ts 1,9; 1Cor 5,10; Ef 5,5). São João recomenda o cuidado dos cristãos com a idolatria (1Jo 5,18-21).

O culto cristão às imagens religiosas fundamenta-se no mistério da encarnação do Filho de Deus. Desde toda a eternidade, Deus é invisível. Mas, em seu amor pela humanidade, na plenitude dos tempos, Deus se faz presente entre os seres humanos de modo visível. O Verbo Deus assume a nossa natureza humana, tornando-se pessoa humana. Jesus Cristo "é a imagem do Deus invisível" (Cl 1,15).

No Novo Testamento há símbolos, figuras e imagens para se referir a Deus, como no Antigo Testamento (Dn 7,9-10). Em sua missão Jesus Cristo comunica a mensagem do Reino de Deus, utilizando imagens de seu tempo, parábolas e alegorias da cultura do povo (Mt 13,1-52; Lc 8,4-18). O Espírito Santo é apresentado pelas figuras de pomba e de línguas de fogo (Mt 3,16; Lc 3,22; At 2,3).

Desde seus primórdios, a Igreja valorizou as imagens religiosas, no culto, de maneira positiva. Os primeiros cristãos adornavam as catacumbas com afrescos de Cristo, da Virgem Maria e dos Santos, com cenas e passagens da Bíblia. Depois, a comunidade cristã passou a decorar suas igrejas com ricos e trabalhados mosaicos, pinturas e estátuas.

As imagens de Nosso Senhor, da Virgem Maria e dos Santos são muito úteis na espiritualidade cristã. Apresentam uma fisionomia humana. Essa representação ajuda os cristãos a lembrar-se deles e invocá-los na oração.

São Tomás de Aquino (1224-1274), grande intelectual cristão, assim se expressava: "O culto da religião não se dirige às imagens em si como realidades, mas as considera em seu aspecto próprio de imagens que nos conduzem ao Deus encarnado. Ora, o movimento que se dirige à imagem enquanto tal não termina nela, mas tende para a realidade da qual é imagem". Ao cultuar Nossa Senhora através da imagem, nós estamos prestando-lhe nossa homenagem filial e fazendo nossa veneração com espírito de fé e de oração.

3. Os ícones e a Virgem Maria

A arte procura representar o corpo e o rosto da Virgem Maria de diversas formas. Desde a antigüidade, os artistas têm o costume de fazer imagens da Mãe de Deus em quadros, afrescos, mosaicos, esculturas, estátuas, medalhas e ícones. Por sua importância e projeção, os ícones da Mãe de Jesus, vindos do Oriente, são muito belos e impressionantes.

Nós, do Ocidente, estamos descobrindo a beleza e a espiritualidade dos ícones marianos. Na própria civilização audiovisual, como a nossa, os cristãos sentem a necessidade de imagens que, pelo caminho do sensível, os conduzam a contemplar o mistério de Nossa Senhora. Os ícones marianos servem de fonte para que os discípulos de Jesus possam empregar seu tempo na contemplação daquela que gerou o Salvador para a humanidade. Que significado tem o ícone?

O ícone constitui um termo de origem grega ("eikón"), que significa imagem, pintura ou quadro. Trata-se de uma pintura sagrada, feita em madeira, segundo técnicas e tradições seculares. Os ícones representam Jesus Cristo, a Virgem Maria, os Anjos ou os Santos. Obedecem a normas bem precisas sob o ponto de vista artístico e teológico.

O ícone tem como fundamento a encarnação do Verbo de Deus. A encarnação é o mistério cristão básico no qual a Igreja reconhece que a Segunda Pessoa da Santíssima Trindade se fez homem no seio da Virgem Santíssima por obra do Espírito Santo (Mt 1,18-25; Lc 1,26-38). Encarnando-se, o Filho de Deus tornou-se visível (Jo 1,1-17; 6,1-6). O ícone procura representar esse Deus divino e humano.

O ícone é uma espécie de sacramental, um sinal da graça, um auxílio para a vida espiritual dos cristãos. Assim como Jesus Cristo, Aquele que assume a história humana e torna-se a revelação concreta da Palavra de Deus, é a imagem de Deus invisível (Cl 1,15; Hb 1,3), o ícone é a imagem artística e religiosa do Transcendente e Invisível, levando à oração e à meditação aqueles que o contemplam.

Para os cristãos orientais, a arte é caminho de salvação e de santificação. De acordo com a concepção oriental, os ícones entraram na Igreja por inspiração do Espírito Santo. Não se pode pensar na Igreja oriental sem os ícones. Eles estão colocados nas igrejas e santuários, sendo expostos à veneração dos fiéis, ou venerados em procissões. Abençoados, os ícones recebem um culto especial. Diante deles os cristãos fazem orações e acendem velas. Eles incensam e beijam os ícones. Em suas casas as famílias erguem seu pequeno altar com os ícones, acendendo suas velas votivas. Antes mesmo de saudar os moradores da casa, o visitante inclina-se e faz um gesto de veneração diante do ícone. De manhã e à tarde, a família reúne-se para suas preces diante do ícone.

A veneração dos ícones também ocupou um lugar importante na piedade da Igreja ocidental. Por sinal, o Ocidente ostenta uma rica tradição iconográfica, principalmente no período anterior ao Renascimento. Residências, capelas e igreja expunham os ícones para a veneração e para a oração.

Os ícones tiveram rica história na vida dos cristãos. No século VI, principalmente em Constantinopla, os ícones destacaram-se pela grandiosidade e pelo sublime. Nos séculos X e XII, as representações iconográficas eram mais adaptadas ao universo humano. A partir do século XIV, há a idade de ouro dos ícones, de maneira especial na Rússia.

Os iconoclastas, que lutavam contra as imagens sagradas em geral e os ícones em particular, desencadearam seu empreendimento maléfico a partir, sobretudo, nos séculos VIII e IX. Negavam a legitimidade do culto às imagens religiosas. Os concílios de Nicéia II e de Constantinopla IV condenaram-nos como hereges e defenderam o uso das imagens.

No Oriente e no Ocidente, os ícones apareceram em abundância. Os ícones mais antigos que se conservam são os sinaíticos, pintados no Convento de Santa Catarina, no Monte Sinai, no século VI. Os ícones podem ser classificados em dois grupos: os ícones que representam as pessoas, servindo para o culto; e os ícones que representam as cenas bíblicas e os santos. Um dos mais famosos e clássicos é o ícone Trindade, pintado por Andrei Rublev em 1425, que se encontra hoje na galeria Tretiakov, em Moscou.

4. Os ícones marianos, imagens da Mãe de Deus

Os ícones marianos figuram na arte sacra. Os iconógrafos, que são os pintores dos ícones, retrataram o mistério da Virgem Maria em suas pinturas, com genialidade e piedade, sempre em sintonia com a fé cristã. Os ícones marianos são essencialmente cristológicos, pois representam a Mãe de Deus no mistério de Jesus Cristo, o único Salvador.

Observando os ícones marianos, os estudiosos da arte sacra os classificaram em vários grupos temáticos. A "Theotókos" representa a Mãe de Deus em ícone. Geralmente majestosa, solene e hierática, Maria é apresentada como Senhora e Mãe do Senhor. Retoma o dogma da maternidade divina, propugnado pelo Concílio de Éfeso em 431. Teve a grande capacidade artística de propagar essa verdade mariana.

A Odigitria representa a Mãe de Deus que, em posição frontal, segura no braço o Menino Jesus que abençoa e, com o outro, o aponta a quem olha para o quadro. Oferece Jesus aos homens, pois é para Cristo que Ela quer guiar e conduzir as pessoas. A Virgem Maria é o caminho que leva ao Salvador.

A Eleúsa representa a Mãe terna, misericordiosa com o Menino Jesus. Ele está encostado afetuosamente na mãe, face a face, passando o braço em volta do pescoço dela ou acariciando seu rosto. Acentua o afeto que une mãe e Filho. Exalta a humanidade de Cristo. A Eleúsa apareceu no século XI ou um pouco antes.

A Déesis representa a Mãe dos homens orante. Designa um grupo de ícones formados por Cristo, sentado ou de pé, geralmente em atitude de juiz, tendo à direita Maria e à esquerda São João Batista. Essas figuras estão voltadas para Jesus com os braços erguidos, em gesto de súplica. Às vezes, o quadro compreende os apóstolos, os anjos e santos dispostos em fila às costas de Maria e João Batista, com os mesmos gestos. A atitude de Nossa Senhora é a da oração, quer contemplando o mistério de Deus, quer intercedendo pelos homens.

A Agiosoritissa representa Maria sozinha, em meio busto ou de pé. Tem os braços erguidos, em gesto de súplica. Apresenta o olhar fixo de Nossa Senhora para quem a encara. Retrata bem a atitude de oração e de santidade da Mãe de Jesus.

A Blachernitissa apresenta Maria em meio busto ou em corpo inteiro, com os braços abertos e erguidos para o céu, em atitude de intercessão pelas pessoas humanas, com o Menino Jesus apertando contra si ou, outras vezes, sem Ele. Sua denominação decorre do Santuário de Blacherne, em Constantinopla, onde era conservado em meio a grandes honras.

A Galaktotrofusa representa a Mãe de Jesus com o Menino no seio. Lembra a função materna de Maria para exaltar sua dignidade, já ressaltada na Bíblia (Lc 11,27). As mais antigas imagens provêm do Egito e datam do século VI. Salientam a condescendência de Deus e a honra que cabe à Mãe do Salvador.

A Tricherusa representa Maria com três mãos. A imagem original remonta a São João Damasceno, lembrando o milagre operado pela Virgem Santíssima, que lhe teria restituído o braço que os iconoclastas lhe haviam decepado. Foram feitas muitas cópias dela, fato esse que demonstra o grande apreço que o ícone gozava.

A Virgem do Sinal representa Maria de corpo inteiro ou em meio busto. Cristo aparece pintado contornado por um círculo sobre o peito da Virgem Santíssima. O nome do ícone provém da realização da profecia de Isaías (Is 7,14) na encarnação do Verbo de Deus, no seio puríssimo de Maria (Mt 1,22-23). Está claro a centralidade de Jesus Cristo na história da salvação e a participação de Maria nela.

A Kyriotissa representa Maria sentada no trono, com veste de imperatriz. Ela está vestida de púrpura, sentada como rainha. O Menino Jesus está sentado em seu colo e tem a mão direita levantada em sinal de bênção. A solenidade provém de sua posição estática e a de seu Filho, no mesmo eixo vertical. Apresenta Nossa Senhora como trono da Sabedoria.

Maria é também representada em muitos ícones festivos. É pintada nos ícones das solenidades do Cristo e das festas marianas. É retratada em cenas com episódios do Novo Testamento e em representações marianas inspiradas no Antigo Testamento. Está associada também em ícones de santos e em representações marianas como comentários de hinos litúrgicos.

Guido Reni

XII ORAÇÕES À VIRGEM MARIA

1. Orações marianas, expressões do Povo de Deus

As orações marianas são preces que o povo de Deus, em atitude de fé e de confiança, efetuam a Nossa Senhora, contando com sua intercessão junto a Deus. A Igreja acredita que ela já está viva e glorificada no céu, na comunhão dos santos, participando da vida e da santidade de Deus. A "Virgem Imaculada vive agora imersa no mistério da Trindade, louvando a glória de Deus e intercedendo pelos homens" (Doc. Puebla, n. 293).

A confiança que o povo de Deus expressa na oração mariana baseia-se na eficácia da intercessão de Nossa Senhora. "Maria intercede junto de seu Filho com todo o poder da sua oração maternal" (Pio IX).

Se nós confiamos em Nossa Senhora, é porque Ela está totalmente unida a Jesus e a sua obra salvífica. "Toda a oração sincera pode ser apresentada por Maria a Jesus, na esperança de que ela, que a integra na sua homenagem maternal, transmitirá ela própria seu acolhimento favorável" (H. Holstein, teólogo).

Junto de Jesus, na glória celeste, a Virgem Santíssima cuida, com amor maternal, dos homens, tendo em seu coração as necessidades e os sofrimentos de todos que a recorrem. "O estado de glória, longe de tornar Maria insensível aos sofrimentos dos homens, permite-lhe simpatizar mais plenamente com eles, porque esse estado dilata seu coração segundo as dimensões do amor divino. Maria vibra mais com o eco do sofrimento ou com a percepção das necessidades humanas desde que se encontra no céu. Sua intercessão procede de uma autêntica compaixão de nós, e os sentimentos de piedade e de misericórdia que se lhe reconhecem não são uma simples metáfora" (J. Galot, teólogo).

A intercessão de Maria depende da mediação de Jesus. "No céu, Maria não é mediadora junto ao mediador, mas n'Ele e por Ele; ela está em comunhão total com Cristo. Assim, a mediação universal de Maria, no sentido que temos hoje, nada mais é que sua maternidade universal em relação aos homens (cf. Jo 19,25-27). Logo, quando o povo de Deus, iluminado pelo Espírito Santo, recorre a Maria em suas necessidades, sabe que a mediação dela depende da única mediação de Cristo, que todas as graças têm a mesma fonte: o Coração aberto de seu Filho" (Dom Murilo S. R. Krieger, scj, escritor mariano).

Os cristãos, que se aproximam de Nossa Senhora, invocam seu auxílio e contam com sua intercessão, formulando-lhe orações espontâneas, cheias de piedade e amor. São preces que brotam dos corações dos devotos, seja para suplicar, seja para louvar a Mãe de Deus. Várias pessoas e famílias ostentam seus oratórios particulares, com imagens da Virgem Santíssima, com diversos títulos e invocações, a fim de rezar e expressar seus pedidos.

Ao longo da história da Igreja, os cristãos formularam muitas orações marianas, que fazem parte de nosso patrimônio espiritual e litúrgico. Desde as origens do cristianismo, a oração mariana é uma prática constante na vida dos discípulos de Jesus. A antífona "À vossa proteção" constitui um importante documento espiritual do século III, encontrado no Egito por pesquisadores do século XX.

Nos séculos IV e VI, constroem-se basílicas dedicadas a Nossa Senhora e estabelecem-se festas marianas. As declarações dogmáticas a respeito da maternidade divina de Maria nos concílios de Éfeso, em 431, e de Constantinopla, em 553, favoreceram muito a devoção mariana, o que possibilitou ao povo a formulação de muitas orações na liturgia e na vida espiritual cotidiana.

As belíssimas orações da "Ave-Maria", "Salve-Rainha", "Angellus", "Lembrai-vos" e as tantas outras são recitadas pelo povo com muito fervor e constância. Os pais e as catequistas transmitem essas orações para as novas gerações, as quais as aprendem com naturalidade. "A Ave-Maria normalmente é a primeira oração que a mãe ensina para seus filhos pequenos. De alguém muito ignorante em matéria de religião, costuma-se dizer que 'não sabe nem a Ave-Maria'. Desde cedo, nos ambientes católicos, a criança começa a tomar contato com os elementos marianos da cultura dos adultos" (Ir. Afonso Murad, mariólogo).

Evangelizando o povo em sua religiosidade popular, a Igreja orienta que os devotos rezem as fórmulas tradicionais de oração marina não só com os lábios, mas também com o coração e a mente.

2. À Vossa Proteção, mais antiga oração mariana

A afirmação de Nossa Senhora como nosso refúgio remonta à consciência da Igreja dos primeiros séculos. Mesmo antes do Concílio de Éfeso (431), os cristãos, em seu culto mariano, concebiam Maria como seu refúgio.

A mais antiga oração a Nossa Senhora, "À vossa proteção", fala do refúgio de Nossa Senhora. Assim se expressa a antiga prece:

"À vossa proteção nos refugiamos, Santa Mãe de Deus, não desprezeis as nossas súplicas em nossas necessidades, mas livrai-nos sempre de todos os perigos, ó Virgem gloriosa e bendita. Amém".

"À vossa proteção" constitui uma prece egipciana, do ano 200. A Biblioteca John Ryland, de Manchester, Inglaterra, adquiriu, em 1917, essa oração, que constitui um fragmento de papiro, do século III. O fragmento de papiro mede 18 por 9,4 cm. Em 1939 identificou-se o conteúdo da prece, detectando que se tratava de uma oração dirigida a Nossa Senhora.

O Concílio Vaticano II fez referência à prece "À vossa proteção". Dizia o Concílio: Maria "é merecidamente honrada com culto especial pela Igreja. Com efeito, desde remotíssimos tempos a Bem-aventurada virgem é venerada sob o título de Mãe de Deus, sob cuja proteção os fiéis se refugiam súplices em todos os seus perigos e necessidades" (Concílio Vaticano II, LG, n. 66).

A prece "À vossa proteção" revela uma expressiva dimensão antropológica. Em sua condição humana, a pessoa constitui um ser carente, que tem necessidades e enfrenta perigos em seu peregrinar histórico. Quem de nós não passou ou passa por momentos difíceis e não precisa de socorro? Súplices, nós nos refugiamos em Maria, recorrendo a sua ajuda e socorro em todos os momentos de nossa vida, principalmente nos mais dramáticos. Portanto, nossa devoção mariana tem profunda raiz antropológica.

A Santa Mãe de Deus, por incumbência de Deus, desempenhou um papel importante na história da salvação. Assumiu sua missão materna, gerando em seu corpo, por obra do Espírito Santo, Jesus Cristo, o Salvador da humanidade. Durante toda a sua vida histórica, colaborou estreitamente com Jesus em sua obra salvadora. Colocou-se ao lado de seu Filho, preocupando-se com a salvação dos homens e empenhando-se, com amor, em favor deles. Sabe interceder ao Cristo pelos outros (Jo 2,1-12).

Entretanto, a missão de Maria em favor da humanidade não terminou no momento de ser elevada à gloria do céu. Continua, ao lado de Cristo, o autêntico Mediador por excelência, a exercer uma função de medianeira subsidiária, cooperando com Jesus e pelos méritos dele na salvação da humanidade. Na comunhão dos santos, Maria, como Mãe dos homens, intercede por Eles junto de seu Filho.

O Concílio Vaticano II especifica muito bem a mediação maternal de Nossa Senhora, afirmando assim: "A maternidade de Maria estende-se a toda economia da graça, desde o consentimento que fielmente deu na Anunciação e que manteve firme na cruz, até a definitiva e eterna coroação de todos os eleitos. Tendo subido aos céus, não abandonou esse papel, mas continua a interceder pela obtenção de nossa eterna salvação. Cuida com amor materno dos irmãos e irmãs de seu Filho, que ainda caminham entre os perigos e as dificuldades desta terra, até que alcancem a felicidade da pátria" (Concílio Vaticano II, LG, n. 62).

Nosso Senhor Jesus Cristo é o único mediador entre Deus e os homens. O próprio São Paulo deixa claro: "Porque um só é Deus, também há um só Mediador entre Deus e os homens, o homem Cristo Jesus, que se entregou para redenção de todos" (1Tm 2,5-6). Isso porque só Ele pode unir por virtude própria e de maneira eficaz os homens com Deus: pois Ele é o Homem-Deus. Ele une inseparavelmente em sua Pessoa Divina e Eterna a natureza humana e a natureza divina.

Mesmo que Jesus seja nosso mediador, isso não impede a existência de outros mediadores secundários, dependentes dele, como a Virgem Maria. A ação maternal de Nossa Senhora tira toda a sua eficácia da salvação de Jesus, a quem está unida, como membro de seu Corpo Místico. O próprio Concílio Vaticano II diz: "A atuação salutar de Maria com os homens não provém de uma necessidade objetiva qualquer, mas do puro beneplácito divino, fluindo da superabundância dos méritos de Cristo. Funda-se, pois, na mediação de Cristo, de que depende completamente e da qual tira sua força. Não coloca nenhum obstáculo à união imediata dos fiéis com o Cristo, mas até a favorece" (Concílio Vaticano II, LG, n. 60).

Sob a proteção de Nossa Senhora, a Santa Mãe de Deus, nós podemos refugiar-nos certos de sua acolhida amorosa e de seu cuidado maternal. Confiemos na mediação maternal de Nossa Senhora, de maneira que ela possa interceder por nós junto a Jesus Cristo, nosso único Salvador e Redentor.

3. A oração da Ave-Maria

A Ave-Maria é antiga e popular oração em honra da Santíssima Virgem Maria, composta de versos do Evangelho de Lucas (Lc 1,28-42) e de uma súplica muita antiga formulada pela Igreja. Desde pequenos, rezamos essa prece, expressando nossa confiança na proteção de Nossa Senhora porque ela é a Mãe de Jesus e nossa Mãe.

A nossa oração cristã deve estar em comunhão com a Santa Mãe de Deus. Como Cristo assumiu a humanidade de Maria, ela deve ser parte integrante de nossa vida de oração. "Em virtude de sua cooperação singular com a ação do Espírito Santo, a Igreja gosta de rezar em comunhão com a Virgem Maria, para exaltar com ela as grandes coisas que Deus realizou nela e para confiar-lhe súplicas e louvores" (Catecismo da Igreja Católica, n. 2682).

A Ave-Maria constitui uma saudação mariana por excelência. Sua parte evangélica foi bem cedo empregada pela celebração da Igreja e pela devoção dos fiéis. Tornou-se oração usual no Ocidente a partir do século XII. Foi progressivamente completada, a partir do século XV, com a súplica da Igreja.

A Ave-Maria é aberta pela saudação do anjo Gabriel a Nossa Senhora: "Alegra-te" (Lc 1,28). "Ave" é termo latino, que pode ser traduzido por "Salve". No contexto bíblico, é normal reconhecer em Maria a alegria messiânica anunciada pelos profetas à filha de Sião, personificação do Resto de Israel (Cf. Sf 3,14-17; Zc 9,9). Reflete o alto conceito que Deus tem por sua humilde serva.

O nome "Maria" origina-se da língua aramaica, "Myriam", que pode ser traduzido por "Senhora", "Princesa", "Muito Amada". Por amor, o Pai escolheu Nossa Senhora para ser a Mãe de Jesus Cristo, o Salvador.

"Cheia de graça" (Lc 1,28) exprime o permanente favor de Deus a Maria. Ela é a amada de Deus por excelência. Sinaliza a personificação do povo de Deus escolhido e amado pelo Senhor. Está repleta da graça de Deus.

"O Senhor é convosco" (Lc 1,28) mostra que Deus está com Maria, pelo fato de ter recebido missão tão especial. Na história do povo de Deus, a mesma expressão indica a presença de Deus que auxilia e orienta o escolhido para uma missão específica (Êx 3,12; Jz 6,12).

"Sois bendita entre as mulheres e bendito é o fruto do vosso ventre" (Lc 1,42) é a bênção pronunciada por Isabel. Essa expressão aparece em Judite (Jt 13,23). Maria é bendita porque acreditou na realização da palavra do Senhor. Por sua fé, ela se tornou a mãe dos que crêem porque graças a ela todos os povos recebem Aquele que é a bênção do próprio Deus.

"Santa Maria, Mãe de Deus, rogai por nós" é a prece dirigida pela Igreja, com toda a confiança, à Mãe de Deus. Ela, unida ao Cristo, intercede por nós. A comunhão dos santos encontra sua suprema realização no amor maternal de Maria que, pela sua oração, olha continuamente pelos irmãos de Jesus.

Nossa Senhora foi e é santa. Por ser a Mãe de Jesus Cristo, foi preservada de toda a mancha do pecado. Participou e participa da santidade de Deus. "Mãe de Deus" constitui um título que manifesta a fé da Igreja na encarnação do Filho de Deus, nascido de Maria para nos salvar. Foi aprovado solenemente pelo Concílio de Éfeso, em 431.

Pedindo a Maria que reze por todos, nós nos reconhecemos como pobres pecadores. Essa expressão recorda a prece humilde e reverente do publicano no evangelho: "Tem piedade de mim, que sou pecador!" (Lc 18,13). Em nossa condição humana, nós abrimos nosso coração a Nossa Senhora e derramamos nossos sonhos, expectativas, alegrias, angústias, necessidades, esperanças e fervores.

Como pobres pecadores, nós nos refugiamos em Maria, a fim de encontrar nela a segurança, a orientação e o socorro em todo o nosso trajeto histórico rumo ao Pai. Dizemos que ela rogue por nós "agora" e "na hora de nossa morte". Essa cláusula, "Agora e na hora de nossa morte", acrescentada à oração no século XIX, atualiza a nossa súplica, no meio das nossas preocupações diárias. Maria, que estava ao pé da cruz, é para nós refúgio de esperança. Nós nos entregamos a Nossa Senhora "agora", isto é, no hoje de nossas vidas. E nossa confiança aumenta para desde já entregarmos em seus cuidados misericordiosos "a hora de nossa morte", ou seja, nossa passagem pela morte, com Cristo, em direção à casa do Pai.

4. Salve-Rainha, antífona antiga

A Salve-Rainha é uma oração antiga, dedicada à Virgem Maria. Trata-se de uma das mais belas antífonas marianas, muito recitada pelos cristãos. É do século XI, de autoria do monge Germano Contractus.

A Salve-Rainha começa com um termo típico: "Salve". Essa palavra vem do latim, "salvere", que significa "ter saúde", "passar bem". No português, exprime saudação. Em oração, o devoto se dirige à Virgem Maria e faz sua saudação com amor e respeito.

Com piedade, o devoto saúda Nossa Senhora como rainha. Esse título foi atribuído a ela pela tradição cristã, a partir do século IV, para evidenciar sua preeminência e seu poder. Ela é rainha enquanto participa da realeza de Jesus Cristo, auxiliando-o e colaborando com Ele na realização de seu Reino no mundo. Ela é "associada de seu Filho nascido de Deus em sua procriação terrestre, em seu governo, em sua glória" (H. Cazelles, teólogo).

A saudação continua enumerando belíssimas invocações marianas: "Mãe de Misericórdia, vida, doçura e esperança nossa". Ela é a Mãe de Jesus Cristo, que revela em si mesmo a misericórdia e a bondade de Deus (Tt 3,4). Vida, doçura e esperança da humanidade, ela, como Mãe, cuida das pessoas com carinho e as encaminha para Jesus, o Salvador. Já glorificada e rainha do céu, ela "brilha aqui na terra como sinal de esperança segura e do conforto para o povo de Deus em peregrinação, até que chegue o dia do Senhor" (Concílio Vaticano II. LG, n. 68).

Com confiança e fé, os devotos suplicam a Nossa Senhora: "A vós bradamos, os degredados filhos de Eva". Essa expressão significa que eles estão pedindo ajuda de maneira veemente. Bradar quer dizer pedir, gritar por socorro, rogar compaixão. Degredados são aqueles que são forçados a viver longe, presos, sozinhos. Isso faz referência à expulsão do ser humano do paraíso na criação, causada pelo pecado (Cf. Gn 4,23-24). Assim, os seres humanos, que estão na terra, longe do céu, gritam a Mãe de Jesus, rogando-lhe ajuda em sua miséria, pois buscam a pátria definitiva (Hb 13,14).

Na Salve-Rainha, os devotos prosseguem rezando: "... a vós suspiramos, gemendo e chorando neste vale de lágrimas". Com essas palavras, eles continuam suplicando o socorro da Mãe do Salvador, pois sua situação humana é caracterizada, muitas vezes, pelo sofrimento, pela fragilidade e pelo desânimo.

A Salve-Rainha mostra que a segurança dos devotos, que ainda peregrinam no mundo, é a Virgem bondosa: "Eia, pois, advogada nossa, esses vossos olhos misericordiosos a nós volvei". A interjeição "eia" serve para animar, estimular. Assim Maria é a advogada dos seres humanos, que os anima e os acalenta, assume sua defesa e seu socorro, para que eles possam resolver suas dificuldades, permanecendo fiéis ao projeto de Deus. Com seus olhos misericordiosos, ela os ajuda a enfrentar os perigos e os males presentes na história da salvação.

A Salve-Rainha não deixa de se voltar para Jesus Cristo, o Filho bendito de Maria: "E, depois deste desterro, mostrai-nos Jesus, bendito fruto do vosso ventre". Essa prece pede que ela mostre aos seres humanos Jesus, em sua entrada para a glória. A morte não é fim trágico, mas porta para a eternidade feliz, que é comunhão plena com a Santíssima Trindade. Jesus é o caminho que leva aqueles que acreditam nele ao Reino do Pai do Céu (cf. Jo 14,1-14).

Os devotos ainda lembram o amor de Nossa Senhora, rezando: "... ó clemente, ó piedosa, ó doce, sempre Virgem Maria". Com essas palavras, eles louvam e elogiam a Mãe de Jesus, que está sempre disposta a auxiliar e a cuidar, com bondade maternal, daqueles que recorrem a ela. São expressões que despertam neles a confiança em seus corações. Com solicitude, ela é a Mãe clemente e compassiva, que compreende seus filhos, olha para eles com misericórdia e os acolhe com ternura, para conquistá-los pelo amor.

Ao terminar a Salve-Rainha, os devotos rezam uma jaculatória, que foi acrescentada a ela: "Rogai por nós, santa mãe de Deus, para que sejamos dignos das promessas de Cristo". Com isso, eles pedem que Maria os ajude junto ao Salvador, para que possam receber o que Ele prometeu, isto é, o Reino de Deus. Com fé, caridade e esperança, confiam nas promessas de Cristo e buscam alcançá-las com a intercessão certa da Mãe de Deus.

5. Acatisto, hino venerável a Mãe de Deus

O Acatisto constitui um venerável e belo hino à Mãe de Deus, uma das mais altas e célebres expressões da piedade mariana da tradição oriental. No rito bizantino, ocupa lugar privilegiado. É cantado ou recitado, em parte, nos primeiros sábados da quaresma e, de forma completa, no quinto sábado.

Atualmente, o Acatisto está sendo mais conhecido e apreciado no Ocidente. Há muitas traduções nas línguas modernas. Várias celebrações comunitárias e eclesiais já estão usando esse hino mariano. Alguns livros cristãos já trazem seu texto, para que os cristãos possam conhecer e rezar.

O nome "acatisto" provém da expressão grega "akáthistos", que significa "não sentado". Esse hino da Igreja grega antiga foi assim chamado porque, quase privado de espaço para sentar-se, todo o povo, durante a noite toda, o recitava em pé, expressando toda gratidão à Mãe de Deus pela proteção conseguida junto a Deus em favor dele. É rezado em pé em sinal de reverência e de respeito.

O Acatisto é composto de 24 estrofes longas e breves, alfabéticas, concluindo alternadamente com o "salve, esposa virgem" e "aleluia". Enquadra-se no gênero hínico antigo chamado "kontákion", que se baseia no acento tônico que anima os versos. A estrutura métrica do texto original é precisa e bem feita, pois as estrofes são arquitetadas, os versos ordenados, as acentuações predispostas, as sílabas numeradas e a pausas fixadas. É esplêndida peça de poesia destinada às comunidades orantes, que celebram o mistério da Mãe de Deus.

O Acatisto pode ser dividido em duas partes, muito embora estejam em profunda conexão. A primeira parte (estrofes de 1 a 12) é mais narrativa. Seguindo o evangelho da infância (Lc 1-2; Mt 1-2), focaliza o aparecimento e a primeira revelação histórica de Deus na carne humana assumida, com os efeitos salvíficos que daí resultam. Maria recebe a proposta de Deus, da parte do anjo, e aceita ser a Mãe do Salvador da humanidade.

As primeiras seis estrofes (de 1 a 6), de caráter cristológico, mostram a descida do Verbo de Deus e sua manifestação às primeiras testemunhas: a Virgem Maria, João Batista, Isabel e José. As estrofes seguintes de (de 7 a 12), de cunho eclesial, apontam para a manifestação de Deus no mundo, trazendo luz e graça a todos. Os personagens e os beneficiários são os pastores, os magos, os povos pagãos e o justo Simeão, exemplo de espera de Israel.

A segunda parte (estrofes de 13 a 24) é temática. Expõe a profissão dos dogmas de fé, próprios da Igreja antiga, que estão relacionados com Nossa Senhora. Destaca Maria como Virgem e Mãe de Deus, Mãe da Luz, Templo de Deus e Advogada, que livra o povo peregrino dos perigos e do mal.

As primeiras seis estrofes (de 13 a 18) apresentam Maria imersa no mistério de Cristo. Já as últimas (de 19 a 24) ressaltam o presente no mistério da Igreja em desenvolvimento.

De acordo com os estudiosos, o autor do Acatisto é desconhecido. "Certamente seu autor foi um grande poeta, um insigne teólogo, um consumado contemplativo: tão grande que soube traduzir em síntese de oração a fé professada pela igreja; tão humilde que desapareceu anonimamente. Seu nome é conhecido por Deus e ignorado pelo mundo. É melhor que assim seja: desse modo, o hino é de todos, porque é da Igreja" (Ermanno Toniolo, professor de teologia e mariólogo).

Conforme os pesquisadores, a data de elaboração do Acatisto situa, aproximadamente, na segunda metade do século V e nos primeiros anos do século VI. Suas fontes inspiradoras são os textos da Bíblia, a doutrina definida nos Concílios Ecumênicos de Nicéia (325), de Éfeso (431) e de Calcedônia (451), os documentos litúrgicos da época e a reflexão dos Santos Padres do Oriente.

O Acatisto representa um autêntico valor e uma base para promover o ecumenismo. Esse hino, "que é o fruto maduro da tradição mais antiga da Igreja indivisa em honra de Maria, é apelo e invocação para a unidade dos cristãos sob a proteção da Mãe do Senhor" (Congregação para o Culto Divino e a Disciplina dos Sacramentos. Diretório sobre Piedade Popular e Liturgia, n. 207). Serve de ponte entre o Oriente e o Ocidente.

O Acatisto constitui obra de literatura e de teologia, que encerra, em forma de oração, tudo em que a Igreja dos primeiros séculos acreditou a respeito de Nossa Senhora, com consenso universal. Inspirou composições musicais e pinturas. Merece o conhecimento, a atenção e a prática dos devotos, que queiram expressar seu culto à Mãe de Deus.

Murillo

XIII A ORAÇÃO DO ROSÁRIO

1. Rosário, Coroa de Rosas

O Rosário tem origem histórica antiga. É uma palavra proveniente do latim "rosariu", que significa "jardim de rosas" ou "coroa de rosas", em virtude da prática tradicional do coroar a Virgem Maria com uma coroa de rosas. Reflete o costume dos cristãos em saudar e em homenagear Nossa Senhora como Mãe de Deus e mãe espiritual de todo o povo de Deus.

A história do Rosário remonta à piedade mariana medieval, que consagra uma longa evolução da devoção para com a Mãe de Jesus. Nos inícios do século XII propagou-se a prática da recitação da Ave-Maria no nosso Ocidente.

A saudação angélica, que constitui a primeira parte da oração da Ave-Maria, era conhecida pelos cristãos já antes do século XII, pois se encontra no texto da Bíblia (Lc 1,28.42). Até o século VII era antífona ofertorial do quarto domingo do tempo do advento, marcado por especial acento mariano.

O costume de rezar cento e cinqüenta Ave-Marias iniciou nos mosteiros da Europa, onde os religiosos reuniam-se várias vezes por dia para recitar os salmos da Bíblia. Havia monges analfabetos ou de pouco estudo. Por isso, em vez de pronunciar os salmos, eles rezavam as cento e cinqüenta Ave-Marias, divididas em três grupos de cinqüenta.

No século XV, são introduzidos na oração da Ave-Maria o nome de Jesus e o Amém final. Em 1483 difundiu-se a segunda parte da Ave-Maria, agregada à primeira parte dessa prece mariana.

Já no século XIV, o monge cartuxo Henrique de Kalkar dividiu as cento e cinqüenta Ave-Marias em quinze dezenas. Em cada dezena inseriu a oração do Pai-Nosso.

São Domingos (1170-1221) e seus frades pregadores difundiram bastante a devoção mariana. As confrarias marianas, fundadas por São Pedro de Verona, grande seguidor de São Domingos, contribuíram muito para a propagação da piedade para com a Virgem Maria.

A partir do século XV, os cristãos começaram a meditar em cada dezena do Rosário algum episódio da vida de Jesus Cristo. Entre os anos 1410 e 1439, Domingos da Prússia, monge cartuxo de Colônia, propunha a cada Ave-Maria um texto bíblico referente ao acontecimento salvífico, sob a forma de refrão.

Continuando a obra de Domingos da Prússia, o frade dominicano Alano de La Roche colocou, em 1470, as meditações no Rosário, que eram feitas junto às Ave-Marias, mas, com o tempo, foram reduzidas para cada dezena.

Em 1521, o também frade dominicano Alberto Castelo simplificou a estrutura do Rosário, estabelecendo apenas quinze mistérios para a oração e meditação dos devotos de Nossa Senhora. As confrarias marianas, que estavam espelhadas pela Europa toda, encarregaram-se em rezar e difundir tal devoção mariana.

Mesmo com o clima anti-religioso e anti-mariano, que se experimentou com o surgimento de movimentos humanistas e modernos, o Rosário foi afirmando-se na piedade popular e eclesial, de tal modo que diversos escritores, dos mais diferentes matizes, passaram a considerar e a aprofundar tal forma de espiritualidade mariana.

Tivemos vários documentos pontifícios que abordaram o Rosário e seu valor espiritual e teológico. A bula de Pio V, "Consueverunt romani Pontifices", de 1569, foi uma pedra miliar, um ponto de referência, definindo oficialmente e consagrando a forma dessa devoção que temos hoje.

Paulatinamente, o Rosário tornou-se uma oração de toda a Igreja. Desde as pequenas paróquias até as grandes catedrais, essa devoção atingiu as diversas esferas e regiões do povo cristão. Passou a ser rezado por pessoas simples e cultas, ricos e pobres, gente da roça e da cidade, de todas as categorias, idades, profissões e condições culturais.

Desde sua origem até nossos dias, o Rosário vem sendo rezado pelos cristãos, que, através dessa devoção, manifestam seu desvelo pela Virgem Maria. Essa oração tem fortalecido e garantido a fé dos cristãos nas mais diferentes épocas e culturas. Já dizia Leão XIII que "o cristão acha no Rosário meios abundantes para alimentá-la e fortalecê-la".

O Rosário ajuda os cristãos a aprofundarem sua fé dentro dos parâmetros bíblicos. Constitui uma belíssima síntese do Evangelho. Isso porque rezar o Rosário "é 'passear pelo Evangelho' em união com Maria Santíssima. É contemplar os mistérios fundamentais da história da salvação com seu olhar" (Dom Murilo S. R. Krieger, bispo e escritor).

2. Rosário, oração bíblica

Os teólogos, que são os estudiosos da fé, têm aprofundado o valor e os fundamentos do Rosário no conjunto das verdades de nossa religião cristã. Seus estudos têm chegado a nós através de congressos, revistas e livros.

Os teólogos apresentam o Rosário como oração bíblica. Seu conteúdo e suas expressões são tirados das Sagradas Escrituras. Dos textos bíblicos provêm tanto as orações como a formulação dos mistérios que são contemplados. O Pai-Nosso constitui a oração mais perfeita e bela ensinada por Jesus Cristo a seus discípulos (Lc 11,1-4; Mt 6,7-13).

Em sua primeira parte, a Ave-Maria reúne a saudação do anjo Gabriel a Maria com o elogio de Isabel a Mãe de Jesus (Lc 1,28.42). Mesmo a segunda parte, que foi composta pela tradição da Igreja, revela sua inspiração genuína na Bíblia.

A oração do Glória constitui fórmula de louvor à Santíssima Trindade, pela qual entramos em comunhão com o Deus de nossa fé. Seu conteúdo é claramente bíblico (Mt 28,19; Lc 1,30.32.35; Mc 1,9-10; Jo 1,1.10,10.38; Rm 8,9-11; 2Cor 13,13).

Os mistérios, que são contemplados no Rosário, resumem os fatos fundamentais da história da salvação, centrada em Jesus Cristo, que é Palavra definitiva do Pai. Descrevem as principais etapas do mistério de Cristo, sua encarnação, sua vida pública, sua paixão e sua glória. Esses eventos estão contidos nas Sagradas Escrituras (Fl 2,6-11; At 2,14-36). Os quatro evangelhos focalizam o desenrolar desses acontecimentos salvíficos.

Por ser bíblico, o Rosário é prece cristocêntrica, isto é, centrada na pessoa e na missão de Jesus Cristo, o Filho de Deus, que assumiu nossa condição humana em Maria. "O constante louvor que o Rosário tributa a Maria tem seu fundamento em Jesus. Os louvores a ela dirigidos querem simplesmente proclamar e defender, com toda a severidade, a fé em Jesus como Deus e como homem. Cada Ave-Maria recitada em sua eterna memória lembra-nos que houve alguém que não rejeitou, por amor dos pecadores, o corpo da Virgem" (John Henry Newman, Cardeal da Igreja e escritor).

Ao homenagear a Mãe de Jesus, nós reconhecemos, no Rosário, Aquele que fez nela maravilhas, tendo em vista a encarnação de seu Filho. Louvando Nossa Senhora, "nada mais fazemos senão proclamar e anunciar continuamente a graça que a fez mãe de Deus, anunciando e proclamando definitivamente a encarnação do Filho de Deus" (Ennio Domenico Staid, teólogo).

Ao nos levar a Jesus Cristo, o Rosário nos coloca no seio de sua Igreja. É uma oração eclesial, pois todo o povo de Deus a reza em todos os lugares. Tem sido, ao longo dos séculos, "uma oração verdadeiramente eclesial. Embora não oficial – como o ofício divino -, historicamente vem sendo a oração da Igreja inteira" (João M. Mohana, escritor católico). É devoção tanto dos eruditos como dos analfabetos.

A Igreja é o povo de Deus convocado à salvação mediante a fé em Jesus Cristo. O Rosário permite-nos conhecer Jesus e seu projeto de salvação e, por conseguinte, provoca nossa adesão humilde, confiante e grata a Ele. Colocando-nos na atitude de oração, nós expressamos e renovamos, como comunidade, nosso ato de fé. O que rezamos com os lábios confessamos com o coração. "O Rosário é o credo feito oração" (John Henry Newman).

Como oração eclesial, o Rosário tem sido a prática de cristãos, quer em grupos, quer sozinhos. "O Rosário, lentamente recitado e meditado – em família, em comunidade, pessoalmente – vos fará penetrar pouco a pouco nos sentimentos de Jesus Cristo e de sua Mãe, evocando todos os acontecimentos que são a chave de nossa salvação" (Papa João Paulo II).

Como povo de Deus, nós podemos conhecer e assimilar os sentimentos de Jesus e de Nossa Senhora por intermédio da oração do Rosário, para que possamos viver, dentro de nossas comunidades, os laços da fé e do amor, próprios da Igreja, desde os primórdios do cristianismo (At 1,12-14; 2,42-47;

4,32-37). Unidos em Cristo Jesus, com Maria, nós podemos viver e crescer em comunidade no mundo de hoje.

O Rosário é a oração da Igreja, que se inspira na genuína riqueza dos sagrados textos da Bíblia. Por tal prece, nós, como cristãos, elevamos ao céu "a mais autêntica voz dos filhos de Maria, que pretende coroar a fronte de sua Mãe com rosas nascidas no campo bíblico da história da salvação" (Alfonso Milagro, escritor espiritual).

3. Os valores espirituais do Rosário

Quando lemos livros e documentos sobre o Rosário, percebemos que os autores ressaltam vários valores espirituais dessa prece do povo de Deus. Trata-se de uma oração dos cristãos que se integra muito bem em sua espiritualidade.

Os escritores afirmam que o Rosário é uma oração simples. Notamos a simplicidade de sua estrutura e de seu ritmo. Leva-nos ao núcleo do mistério do cristianismo. Proclama e reza os dados fundamentais de nossa fé mediante orações que todos conhecem: Pai-Nosso, Ave-Maria e Glória. Mesmo as pessoas mais simples e humildes recitam e meditam o Rosário. É uma devoção que nos ensina a ter um coração aberto e pobre, disponível para os planos de Deus.

O Rosário constitui uma oração contemplativa, que nos leva a meditar os mistérios de Jesus Cristo, nosso Salvador e Libertador. "O Rosário é escola de contemplação, porque nos habitua a olhar ora um ora outro episódio da vida do Salvador, em sua atitude que desperta alegria, sofrimento e exultação simples e profunda, todos estes elementos que alimentam o coração e a inteligência" (Ennio Domenico, professor de teologia dogmática e mariologia).

O Rosário é uma prece catequética, pois é um meio muito acessível de apresentação da fé cristã e de suas implicações na vida concreta. Consegue enuclear as principais verdades da doutrina da Igreja, de tal maneira que o devoto reza aquilo que ele crê. Isso favorece meditar os principais mistérios cristãos e interiorizá-los de maneira pedagógica. Essa devoção "ensina-nos como cultivar em nosso dia-a-dia as atitudes de Maria diante da vontade de Deus" (Dom Murilo S. R. Krieger, bispo e escritor).

É interessante observar que o Rosário é uma oração que respeita os ritmos da vida e traz para dentro da meditação momentos próprios da existência. Como a nossa história, essa devoção é eivada de momentos de alegria, de tristeza e de vitória. A repetição da Ave-Maria manifesta o nosso ato de amor por Maria e, através dela, a Jesus Cristo. Na oração do Rosário, nós revemos e regeneramos a estrutura de nossa existência à luz da fé cristã.

Quando rezado com seriedade e atenção, o Rosário torna-se uma oração criativa e renovadora para nós. Leva-nos a confrontar nossa vida com a vida de Jesus. Ao meditar seus mistérios, nós comparamos nossos sentimentos com os de Jesus, o nosso agir com seu, o nosso pensar com o dele, as nossas preocupações com as dele e nossos projetos com os que Ele propõe. Isso favorece a nossa revisão de vida, de tal maneira que podemos corrigir nossos erros, purificar nossos motivos e intenções, para que possamos ser mais fiéis ao Evangelho de Cristo.

Outrossim, podemos ver a relação fecunda e estreita que existe entre o Rosário e a liturgia da Igreja. O Rosário é uma oração que introduz a liturgia e a favorece. Podemos ver que o Rosário é "um pio exercício que à liturgia foi buscar sua motivação e que, se for praticado de acordo com sua inspiração originária, a ela conduz, naturalmente, sem no entanto transpor seu limiar. A meditação dos mistérios do Rosário, de fato, ao tornar familiares à mente e ao coração dos fiéis os mistérios de Cristo, pode constituir uma ótima preparação, e vir a ser, depois, um eco prolongado da celebração dos mesmos mistérios nos atos litúrgicos" (Paulo VI. O Culto da Virgem Maria, n. 48).

O Rosário constitui uma prece popular que se harmoniza facilmente com a liturgia, que é o culto oficial do povo de Deus. Ele também tem uma índole comunitária, alimenta-se das Sagradas Escrituras e gravita em torno do mistério de Jesus Cristo, o Filho de Maria. Ambos recordam os mesmos mistérios salvíficos, embora cada um tenha seu valor e sua natureza própria.

Considerando esses valores, o Rosário é uma das preces mais apreciadas por muitas pessoas. Nós também somos convidados a rezar sempre essa devoção. Quando esteve no Santuário Nacional de Nossa Senhora da Conceição Aparecida (Aparecida, SP), o Papa João Paulo II fez a seguinte recomendação: "Conservai zelosamente esse terno e confiante amor à Virgem que vos caracteriza. Não o deixeis nunca arrefecer! Não seja um amor abstrato, mas encarnado! Sede fiéis àqueles exercícios de piedade mariana tradicionais na Igreja: oração do Ângelus, o mês de Maria e, de maneira toda especial, o Rosário".

4. Os Papas e o Rosário

Os Papas valorizaram o Rosário na espiritualidade da Igreja. Em sua Carta Apostólica "Rosarium Virginis Mariae", João Paulo II declarou que eles "atribuíram grande importância a essa oração" (n. 2).

Pio V (1556-1565), que levou à prática as decisões do Concílio de Trento, fixou a forma do Rosário, que temos hoje, em 1569. Dizia: "A essência do Rosário consiste em meditar os mistérios da vida de nosso Senhor Jesus Cristo".

Pio IX (1845-1878), que reuniu o Concílio Vaticano I, definiu o dogma da Imaculada Conceição. Afirmava: "As minhas queridas esperanças do triunfo da Santa Igreja fundam-se no Rosário".

Leão XIII (1878-1903), que fomentou os estudos e a união das Igrejas, escreveu a famosa Encíclica "Rerum Novarum", ponto de referência para a Doutrina Social da Igreja. Pregava: "O Rosário é um remédio salutar para afastar as calamidades de nosso tempo". Neste período surgiu a prática de consagrar o mês de outubro a essa oração.

O Papa Bento XV (1914-1922), que assistiu à Primeira Guerra Mundial, promoveu um grandioso trabalho em favor da paz e do auxílio àqueles que sofriam com os horrores desse conflito sangrento. Dizia: "A oração do rosário é a que, mais que outra, tem o caráter de súplica coletiva e doméstica".

Pio XI (1922-1939), figura sábia, de grande energia e fé, incentivou as missões, a Ação Católica e a Doutrina Social da Igreja. Testemunhou: "Jamais adormeci sem haver desfiado as contas do rosário, sem haver testemunhado a Maria, desfolhando ao menos 50 rosas, de todo o meu carinho e amor filial".

Pio XII (1939-1958), expoente intelectual, teve grande influência, dirigindo inúmeras mensagens escritas e radiofônicas. Trabalhou muito pela paz e para minimizar os sofrimentos causados pela Segunda Guerra Mundial. Escreveu sobre o Rosário uma encíclica e oito cartas, sem contar muitos outros discursos. De forma lapidar, afirmou que o Rosário é "síntese de todo o evangelho, meditação dos mistérios do Senhor, sacrifício vespertino, coroa de rosas, hino de louvor, oração da família, compêndio da vida cristã, penhor seguro dos favores celestes, refúgio para a espera de salvação".

João XXIII (1958-1963) encantou o mundo por sua simplicidade e sabedoria. Demonstrou grande preocupação com a questão social. Sua marca histórica imemorável foi a convocação do Concílio Vaticano II, o qual teve enorme influência sobre a vida e a missão da Igreja atual. Pronunciou o seguinte compromisso: "Faço promessa formal e solene de recitar, com especial devoção, o santo Rosário, todas as noites. O Rosário bendito de Maria é a devoção própria dos sacerdotes, a respiração serena de nossos sacerdotes".

Paulo VI (1963-1978) empenhou-se em levar a termo as resoluções e as orientações do Concílio Vaticano II. Iniciou viagens apostólicas pelos países, visitando por primeiro Jerusalém. Chegou a visitar as Nações Unidas em 1965. Orientou os cristãos na devoção mariana com as seguintes palavras: "É nossa intenção convocar os fiéis à recitação do Rosário, convencidos como estamos da eficácia desta oração, como todos reconhecem".

João Paulo II, que sucedeu Paulo VI em 1978, é o primeiro papa não italiano desde Adriano VI (1522-1523). Destaca-se por suas viagens apostólicas por todo o mundo. Manifesta grande sensibilidade social por suas encíclicas e pronunciamentos. Certo dia confidenciou com sinceridade: "O terço é minha oração predileta. A todos exorto, cordialmente, que o rezem".

Em seu magistério, os papas reconheceram a legitimidade da oração do Rosário. "Todos os papas deram aprovação e recomendaram a oração do Rosário de Nossa Senhora desde o início de sua divulgação na Igreja" (Elias Leite, escritor mariano). Incentivaram o Rosário como devoção popular e fonte de piedade mariana.

Os papas destacam que o Rosário constitui uma oração bíblica, tanto em seu conteúdo como em suas expressões. É uma prece cristocêntrica, porque o louvor que se tributa a Nossa Senhora tem seu fundamento em Jesus Cristo. Apresenta-se como uma oração eclesial, recitada por todo o povo de Deus, que vive o seguimento do Salvador da Humanidade. Os papas buscaram aprofundar a mensagem do Rosário, como também a renovação de sua recitação entre os fiéis.

5. O Rosário na visão de João Paulo II

O Papa João Paulo II publicou a Carta Apostólica "Rosarium Virginis Mariae" (Rosário da Virgem Maria), aos 16 de outubro de 2002, apresentando sua visão sobre o Rosário. O documento é bastante rico, cheio de reflexões oportunas e atuais.

Na introdução, o Papa diz que o Rosário é oração amada por numerosos santos e estimulada pelo magistério da Igreja Católica. É prece cristológica, ou seja, concentra-se em Jesus e em sua mensagem de salvação. Com o rosário, os cristãos freqüentam a escola de Nossa Senhora para contemplar o rosto de Cristo e deixar-se tocar pelo amor do Salvador. Os Papas da Igreja destacaram a importância dessa oração eclesial, pela qual os devotos suplicam pela paz e pela família.

No primeiro capítulo o Papa insiste que, com o Rosário, os cristãos contemplam Jesus Cristo tendo como referência Nossa Senhora. O Rosário é uma oração contemplativa, que os ajuda a penetrar no mistério de

Jesus Cristo e em sua mensagem de salvação. Não pode ser uma repetição mecânica de fórmulas. Pelo contrário, requer um ritmo tranqüilo e uma atitude de interiorização, para que possam meditar os mistérios de Jesus que estão rezando.

Nossa Senhora é modelo de contemplação. Durante sua vida ela soube contemplar o rosto de seu Filho Jesus, sua presença viva e imediata, seu olhar compassivo, seus gestos, suas palavras, sua morte e sua ressurreição. Soube viver com os olhos fixos em Cristo e guardar cada palavra sua (Lc 2,19.51). Quando os cristãos recitam o Rosário, sintonizam-se com a atitude contemplativa de Maria e aprendem com ela a penetrar nos mistérios de Jesus Cristo, o Salvador.

A partir da experiência de Nossa Senhora, o Rosário é uma oração profundamente contemplativa. Com Maria e a partir dela, os cristãos recordam o Cristo, aprendem com Ele, configuram-se com Ele, suplicam-lhe a e anunciam-no ao mundo de hoje. O Rosário conserva toda a sua força e permanece um recurso indispensável na bagagem pastoral de todo autêntico evangelizador.

No segundo capítulo João Paulo II afirma, com clareza, que o Rosário é compêndio do Evangelho. Nele os cristãos voltam-se para Jesus Cristo, louvam-no, crescem no conhecimento dele e contemplam alguns de seus mistérios, descritos pelos textos bíblicos. Para aprofundar ainda mais a contemplação do Salvador, o Papa acrescenta ao Rosário os mistérios da luz, que se referem à vida pública de Jesus.

Os mistérios gozosos, luminosos, dolorosos e gloriosos oferecem oportunidade aos cristãos para que possam abrir-se mais facilmente a um conhecimento profundo e empenhado de Jesus Cristo. É preciso ressaltar que os mistérios de Cristo são também, de certo modo, os mistérios de Maria, mesmo quando ela não está diretamente envolvida, pelo fato de a Virgem de Nazaré viver de Cristo e para Ele.

No terceiro capítulo o Sumo Pontífice afirma que o Rosário é caminho para que os cristãos possam meditar e assimilar os mistérios de Cristo. Se a repetição da Ave-Maria se dirige diretamente a Nossa Senhora, com ela e por ela, é para Jesus que, em última análise, vai o ato de amor dos devotos que estão recitando o Rosário. Essa oração é um método válido, mas que deve e pode ser melhorado na vida dos cristãos.

A meditação dos mistérios do Rosário pode ser acompanhada da proclamação da leitura dos textos bíblicos, que aludem aos episódios contemplados. Isso é muito útil para escutar e aprofundar a Palavra de Deus. Após a enunciação do mistério do Rosário e da proclamação do texto bíblico pode-se fazer um curto período de silêncio.

No Rosário a oração do Pai-Nosso coloca o devoto em diálogo com o Pai do Céu, que demonstra seu amor pela humanidade. As Ave-Marias, que são dirigidas a Nossa Senhora, não diminuem a dimensão de Jesus, mas a sublinham e a exaltam. O Glória mostra que a meta de toda a oração é a Santíssima Trindade.

Na conclusão, o Papa diz que a Igreja sempre reconheceu a eficácia do Rosário, uma oração popular tão simples, mas de rica profundidade teológica. É uma prece que livrou a comunidade cristã de muitos perigos. É uma oração orientada para a paz, porque leva o cristão a contemplar Jesus Cristo, o Príncipe da Paz. Produz também frutos de caridade.

6. Os Mistérios da Luz na Oração do Rosário

Aos 16 de outubro de 2002, o Papa João Paulo II, grande devoto de Nossa Senhora, publicou a Carta Apostólica "Rosarium Virginis Mariae" (Rosário da Virgem Maria), dirigida a toda Igreja. Propõe que os cristãos possam redescobrir o valor e a espiritualidade do Rosário, oração muito rica e de fácil acesso a todos.

A novidade da Carta Apostólica é o acréscimo que o Papa faz ao esquema temático do Rosário. Aos três mistérios tradicionais, gozosos, dolorosos e gloriosos, incluiu os mistérios da luz. Sua estrutura não muda. Só que, em vez de três mistérios, o Rosário passa a ter quatro.

Os mistérios da luz referem-se à vida pública de Jesus Cristo. São eles: Batismo de Jesus, Bodas de Caná, Proclamação do Reino de Deus, Transfiguração de Jesus e Instituição da Eucaristia. Cada um desses mistérios mostra o Reino de Deus já realizado na pessoa de Jesus Cristo, o Missionário do Pai do Céu. Ele é a luz do mundo (Jo 8,12).

O primeiro mistério contempla o batismo de Jesus no Rio Jordão (Mt 3,13-17). Já adulto, Jesus foi da Galiléia para o rio Jordão, a fim de se encontrar com João e ser batizado por ele. Todavia, João procura impedi-lo, dizendo: "Sou eu que devo ser batizado por ti, e tu vens a mim?". Mesmo assim, Jesus lhe respondeu: "Por enquanto deixe como está! Porque devemos cumprir toda a justiça". E João concordou. Depois de ser batizado, Jesus logo saiu da água. Então o céu se abriu, e Jesus viu o Espírito Santo, descendo como pomba e pousando sobre ele. E do céu veio uma luz, dizendo: "Esse é o meu Filho amado, que muito me agrada". Jesus realiza plenamente a vontade do Pai e seu projeto salvador.

O segundo mistério medita as Bodas de Caná, quando Jesus realiza o milagre de transformar a água em vinho (Jo 2,1-12). Jesus participa de uma festa de casamento em Caná, na Galiléia. Estavam com ele seus discípulos e Maria. Todavia, faltou vinho e Maria disse a Jesus: "Eles não têm mais vinho!". Jesus, porém, respondeu-lhe: "Mulher, que existe entre nós? Minha hora não chegou". Maria disse aos serventes: "Façam tudo o que ele mandar". Jesus pediu aos serventes que enchessem de água os seis potes, que tinham capacidade de 100 litros cada um, e os levassem ao mestre-sala. Eles levaram os potes ao mestre-sala, que provou a água transformada em vinho. O mestre-sala achou o vinho bom e questionou o noivo de que deveria ter servido o melhor vinho no início da festa. Esse foi o primeiro sinal de Jesus, o qual mostra que Ele é o Salvador, que traz a vida nova à humanidade.

O terceiro mistério reflete a proclamação do Reino de Deus, realizada por Jesus (Mc 1,14-15). Depois que João Batista foi preso por Herodes, Antipas, Jesus Cristo retornou para a Galiléia, sua terra natal. Pregou a Boa Notícia do Reino, dizendo: "O tempo já se cumpriu, e o Reino de Deus está próximo. Convertam-se e acreditem na Boa Notícia". Em Jesus, o Reino de Deus já não é mais promessa, mas realidade. O Reino de Deus é o amor do Pai que transforma e salva a vida da humanidade.

O quarto mistério apresenta a transfiguração de Jesus no Monte Tabor (Lc 9,28-36). Jesus tomou consigo Pedro, João e Tiago, e subiu ao Monte para rezar. Lá o rosto de Jesus mudou de aparência e sua roupa ficou muito branca e brilhante. Com ele apareceram Moisés e Elias na glória. Conversaram sobre o êxodo de Jesus, que iria acontecer em Jerusalém. Os apóstolos dormiam profundamente. Quando acordaram, viram a glória de Jesus e os dois que estavam com ele. Pedro disse a Jesus que seria bom ficar ali e armar três tendas: uma para Jesus, outra para Moisés e outra para Elias. Quando ele ainda estava falando, uma nuvem desceu e os encobriu com uma sombra. Da nuvem saiu uma voz que dizia: "Esse é meu Filho, o Escolhido. Escutem o que ele diz!". Quando a voz cessou, Jesus estava sozinho e os discípulos ficaram calados. Jesus Cristo é o Filho de Deus, que, ao passar pela morte, chega à ressurreição. Seus discípulos devem ouvir Jesus e segui-lo sempre e com fidelidade.

O último mistério evoca a instituição da Eucaristia (Mc 14,22-31). Na última ceia com seus discípulos, na véspera de sua paixão, Jesus instituiu a Eucaristia, que é o sacramento de sua nova e eterna aliança. Ele se faz alimento com seu Corpo e seu Sangue sob os sinais do pão e do vinho, testemunhando radicalmente seu amor pela humanidade.

Rafael Sanzio

XIV LADAINHA DE NOSSA SENHORA

1. As ladainhas marianas

As ladainhas marianas fazem parte do patrimônio espiritual da Igreja. Existe uma ampla variedade de ladainhas diferentes, nos diversos lugares, ao longo dos séculos. Os formulários das ladainhas, que foram usados no passado, estão conservados em manuscritos de arquivo e livros, encontrados em bibliotecas históricas.

As ladainhas venezianas foram cantadas e recitadas na Basílica de São Marcos, em Veneza, onde permaneceram em uso até 1820. Não foram compostas em Veneza, mas em Aquiléia. O mais antigo manuscrito encontra-se na Biblioteca Nacional de Paris, remontando ao século XII e trazendo 42 invocações. De 1716, um texto veneziano enumera 43 invocações. Contando as invocações dos diversos códices, constata-se que o número chega até 76.

As ladainhas venezianas abarcam uma série de invocações a Nossa Senhora, centradas em sua virgindade e maternidade, com apelativos de origem muito antiga, sem uma ordem lógica. Estão vinculados entre si por razões de assonância, contraste, paralelismo e outros fatores.

Já as ladainhas deprecatórias exprimem súplicas a Nossa Senhora, confiando em sua intercessão junto a Deus. Cada uma das fórmulas de louvor à Virgem Santíssima é seguida por uma súplica. Cada uma das frases é acompanhada pela respectiva motivação.

O mais antigo formulário da ladainha deprecatório é um manuscrito de Mogúncia, de origem cartuxa, proveniente do século XIII. Trata-se de composição de uso estritamente privado. Por causa de sua estrutura e comprimento, não era apropriado para as orações públicas, especialmente as procissões. Há também outros formulários de ladainhas deprecatórias dos séculos XII a XV, elaborados em diversos lugares.

As ladainhas famosas são as lauretanas, que encontraram o apoio do magistério oficial da Igreja para sua difusão e consolidação. Essas ladainhas tornaram-se populares, propagando-se por toda a parte, quando pelo século XVI os peregrinos começaram a recitá-las e cantá-las no Santuário de Loreto, Itália. Todavia, não surgiram neste lugar, nem nesta época. Já se encontram transcritas em documentos mais antigos. Do século XII, um manuscrito é conservado na Biblioteca Nacional de Paris. Outro códice, que contém um processional do século XIV, permanece na Biblioteca Capitular de Pádua.

Originalmente, as ladainhas lauretanas registravam 66 invocações. O primeiro grupo das invocações era formado por títulos marianos retomados da Ladainha dos Santos. O segundo grupo apresentava invocações a Nossa Senhora como Mãe e, depois, como Mestra. Essa última parte desapareceu mais tarde, não se encontrando mais nas atuais ladainhas lauretanas. O terceiro grupo a considera como Virgem, com apelativos de origem bíblica. E a parte final exalta-a como Rainha de todos os que estão no céu, começando pelos anjos.

Os estudiosos apontam outros tipos de ladainhas, que provêm dos séculos XIV a XVI. Os pesquisadores mencionam uns 28 textos de ladainhas marianas, sobretudo do século XVI, que já foram editados. As ladainhas eram muito usadas nos santuários marianos, nas festas de Nossa Senhora, nas procissões, nos ofícios marianos, nos dias de sábado e em outras oportunidades.

Vários institutos religiosos produziram textos de ladainhas marianas, usadas de forma privada. Os religiosos recitam-nas e cantam-nas em seus capítulos, ofícios, festas, reuniões, orações, celebrações e outras ocasiões.

Há também as ladainhas peruanas, que foram introduzidas no Peru pelo bispo São Turíbio Afonso de Mongrovejo, em 1592. Inicialmente, eram cantadas na Catedral Metropolitana de Lima. Em 1605, o Papa Paulo IV não só aprovou seu uso, mas enriqueceu-as até com uma indulgência particular. Já em uso na Europa, os textos foram, possivelmente, compilados em Lima, pelos franciscanos.

Em 1981 foi editado o ritual oficial para a coroação das imagens de Nossa Senhora, que traz ladainha mariana, por iniciativa da Congregação para o Culto Divino e a Disciplina dos Sacramentos. Em algumas ocasiões, essa ladainha pode ser uma eficaz alternativa para o formulário lauretano, conforme orienta a própria Congregação romana.

A Congregação para o Culto Divino e a Disciplina dos Sacramentos permite também que possa rezar textos antigos ou novos de ladainha mariana, que estão em uso junto às Igrejas locais ou institutos religiosos, notáveis pelo rigor estrutural e pela beleza das invocações.

2. A origem das ladainhas marianas

A origem das ladainhas marianas é antiga, reportando aos tempos da Idade Média. Seu surgimento e seu desenvolvimento acompanham a história do próprio culto cristão.

Na evolução do culto cristão, ladainha designava, originalmente, a procissão de rogações e penitência que, em Roma, se fazia freqüentemente de uma igreja à outra. Posteriormente, passou a designar a oração do povo, consistindo em uma série de invocações e súplicas.

As raízes longínquas da ladainha remontam aos usos da cultura hebraica e dos povos pagãos. Encontra-se vestígio dela na Bíblia, especificamente na Primeira Carta de Timóteo, quando São Paulo diz: "Antes de tudo, recomendo que façam pedidos, orações, súplicas e ações de graças em favor de todos os homens" (1Tm 2,1).

Particularmente, as ladainhas marianas decorrem da ladainha dos Santos, datada do século VII, em Roma. Essa ladainha "é expressão da confiança da Igreja na intercessão dos Santos e da sua experiência na comunhão de vida entre a Igreja da Jerusalém celeste e a Igreja ainda peregrina na cidade terrena" (Congregação para o Culto Divino e a Disciplina dos Sacramentos. Diretório sobre piedade popular e liturgia, n. 235). Os missionários irlandeses difundiram-na pela Europa.

Outra inspiração foram os textos de pregações e de hinos, principalmente orientais. Desde o século V, os pregadores religiosos costumavam dirigir-se a Nossa Senhora com expressões elevadas. São Tarcísio, bispo de Constantinopla, enalteceu a Virgem Maria em sua homilia, durante a festa de Apresentação dela, quando no final a saudou com diversos títulos, inspirados no texto bíblico de Lucas (Lc 1,28). Por 13 vezes, ele dirigiu-se à Mãe do Salvador, com altos apelativos, repetindo "ave" em cada saudação.

Os hinos também traziam ricos títulos e louvores marianos. Entre eles, destacava-se o Acatisto, hino venerável à Mãe de Deus. Seu nome significa "cantado em pé". Representa "uma das mais altas e célebres expressões de piedade mariana da tradição bizantina. Obra de arte de literatura e de teologia, encerra, em forma de oração, tudo o que a Igreja dos primeiros séculos acreditou a respeito de Maria com consenso universal" (Congregação para o Culto Divino e a Disciplina dos Sacramentos. Diretório sobre piedade popular e liturgia, n. 207). Consta de 24 antífonas alfabéticas que enquadram 12 estrofes de saudações a Nossa Senhora.

As ladainhas marianas surgiram no século XII, constituindo-se textos autônomos em relação a outros do mesmo gênero. As ladainhas venezianas, lauretanas e deprecatórias foram sendo compostas a partir dessa época, integrando-se na piedade do povo. De origem cartuxa, a ladainha de Mogúncia provém do século XIII. Entre os séculos XIV e XVI, nota-se grande desenvolvimento e difusão das ladainhas marianas.

A expansão das ladainhas de Nossa Senhora foi favorecida pelo incremento da piedade mariana na Igreja. Os cristãos costumavam cantar as laudes da Virgem Maria, particularmente aos sábados. Os Servos de Maria contribuíram muito, celebrando as laudes, organizando os corais e propagando a espiritualidade mariana. Inclusive produziram textos de ladainha mariana.

No século XV, os trombeteiros florentinos, por ordem do município, acompanhavam o canto das laudes da Virgem Maria na Igreja da Santíssima Anunciada. Naquela ocasião os cristãos cantavam um texto livremente reelaborado a partir das ladainhas tradicionais. Na segunda metade do século XVI, as ladainhas marianas foram, paulatinamente, afirmando-se na vida da Igreja.

A partir do século XVII, as ladainhas lauretanas foram estabelecidas para toda a Igreja latina. Aos 6 de setembro de 1601, o Papa Clemente VII fixou o texto oficial das ladainhas lauretanas, prescrevendo-o como obrigatório para todas as igrejas, com a proibição de se fazerem mudanças ou acréscimos.

Posteriormente, os diversos papas foram oficializando acréscimos às ladainhas lauretanas. Foram introduzidas as seguintes invocações: "Auxílio dos cristãos", "Rainha concebida sem pecado", "Rainha do rosário", "Mãe do bom conselho", "Rainha da paz", "Rainha assunta ao céu", "Mãe da Igreja" e "Rainha da família".

Houve concessões particulares para dioceses e institutos religiosos, as quais puderam introduzir e empregar novas invocações marianas na ladainha, sempre limitadas a seu âmbito de atuação.

3. Ladainha lauretana

A ladainha lauretana já está profundamente enraizada na piedade do povo. Muitas vezes, faz parte de orações e celebrações que trazem consigo uma homenagem à Virgem Maria. Os cristãos costumam recitá-la ou cantá-la após o Rosário, durante procissões ou peregrinações, nos santuários, nas igrejas, nas capelas e nos oratórios. As famílias se reúnem para saudar a Mãe de Deus com a ladainha.

A ladainha lauretana constitui uma das mais belas preces que os cristãos dirigem a Nossa Senhora. Ladainha procede do termo grego, "litaneia", que significa oração de súplica. A ladainha consiste "essencialmente numa série prolongada de invocações dirigidas à Virgem, as quais, sucedendo-se uma a outra com ritmo uniforme, criam um fluxo de oração caracterizada por um insistente louvor-súplica" (Congregação para o Culto Divino e a Disciplina dos Sacramentos. Diretório sobre piedade popular e liturgia, n. 203).

A ladainha lauretana é caracterizada por dois elementos básicos do culto cristão: o louvor e a súplica. O louvor é expresso através de invocações de Nossa Senhora, proclamando-a com um título especial: Santa Maria, Mãe de Jesus Cristo, Virgem Prudentíssima, Espelho de Justiça, Auxílio dos Cristãos, Rainha dos anjos e outros. Atualmente, consta de 51 títulos. "Através dos títulos de Nossa Senhora, a Igreja contempla toda a economia da salvação, desde Deus criador, passando por Cristo e pela Igreja, até a glória que espera a todos nós" (Fr. Alberto Beckäuser, liturgista).

Cada louvor vem acompanhado, em seguida, pela súplica, repetida pelos cristãos: "Rogai por nós". Com confiança, eles pedem o auxílio de Nossa Senhora, para que interceda por todos junto a Deus. A Virgem Maria é modelo e caminho de santidade. Contando com sua maternal proteção e imitando suas virtudes, os homens e as mulheres, que ainda peregrinam na história atual, poderão chegar ao Reino definitivo de Deus. "Cremos que a Santíssima Mãe de Deus, nova Eva, Mãe da Igreja, continua no Céu sua função materna em relação aos membros de Cristo" (Paulo VI. Credo do Povo de Deus, n. 15).

A ladainha abre-se com a invocação do Deus Uno e Trino. Os cristãos dirigem-se a cada Pessoa da Santíssima Trindade, suplicando-lhe: "Tende piedade de nós". Por duas vezes, clamam a Jesus Cristo, dizendo-lhe: "Escutai-nos" e "Atendei-nos". A ladainha termina invocando Jesus, o Salvador, como "Cordeiro de Deus, que tira o pecado do mundo". A finalidade última da veneração que se presta a Maria, na ladainha, é culto a Deus. "Ao reconhecer as perfeições de Maria e ao glorificá-la, os católicos reconhecem os dons de Deus a Maria e nada mais" (José Comblin, teólogo latino-americano).

Quanto à denominação de "lauretana", é devido ao Santuário de Loreto, na Itália, onde os devotos veneram, desde o século XIII, a casa de Nazaré, da Sagrada Família (Maria, José e Jesus). Neste local os peregrinos costumavam recitar ou cantar a ladainha de Nossa Senhora. Aí se firmou e daí se irradiou para toda a Igreja. É a ladainha mais difundida e conhecida no mundo cristão.

A ladainha lauretana constitui rica coleção das mais belas e encantadoras invocações com que a Igreja venera Nossa Senhora. Das 51 invocações, 3 intitulam-na de "Santa", 12 de "Mãe", 6 de "Virgem", 13 de "Rainha", 3 de "Vaso", 2 de "Torre" e 12 de nomes diversos.

A ladainha lauretana, muito valorizada pela tradição da Igreja, traz aos cristãos uma mensagem interessante e atual. A percorrer cada título, são convidados a contemplar o significado bíblico, teológico e espiritual das invocações marianas, colocando-se numa atitude de orante e aprendiz. Como um todo, a ladainha ajuda-os a penetrar, pouco a pouco, na realidade e no mistério da pessoa de Maria e de seu papel na história da salvação.

A ladainha lauretana reflete o carinho que o povo tem para com a Mãe de Deus. Ao pronunciá-la, os cristãos estão derramando seu amor profundo e consciente por ela. "A ladainha é fruto de um impulso natural de quem ama. Quando estamos encantados com alguém, brotam ladainhas de nossos lábios. Que se veja o Cântico dos Cânticos. O rei Davi, ao saber da morte de Jônatas, amigo incomparável, deixou derramar-se o coração: 'Sofro por ti, Jônatas, meu irmão, suavíssimo amigo, mais importante para mim que o amor de todas as mulheres' (2Sm 1,25-26)" (Pe. Pascoal Rangel, escritor mariano).

4. Ladainha lauretana nos livros e na arte

Vários escritores e artistas têm dedicado obras à ladainha lauretana. Em diversos países e regiões, encontram-se livros, poesias, músicas, pinturas e peças de arte que procuram retratar e interpretar as diversas invocações marianas.

As editoras têm publicado muitos livros e poesias sobre a ladainha lauretana. Os comentários são numerosos e diversos, sendo que alguns são mais de cunho doutrinal e outros de caráter devocional. Entre eles, citamos os clássicos dos seguintes autores: J. Miekhow, Genty de Bonqueval, cônego Jourdain, jesuíta A. Guillaume, Francisco Xavier Dornn, frade conventual Domingos Serafini, Eduard Barthe, bispo Caetano Malchiodi e cardeal Hans Hermann Gröer.

No Brasil, há preciosos comentários publicados, dentre os quais destacamos: "Ladainhas de Nossa Senhora", de G. Basadonna e G. Santarelli; "Louvores à Virgem Maria", de Veremundo Toth; "Maria, Maria... Ladainha: invocações e metáforas feitas para louvar", de Paschoal Rangel; e "Temas Marianos", de José Geraldo Vidigal de Carvalho.

O Dicionário de Mariologia, dirigido por Stefano de Fiores e Salvatore Meo, traz excelente pesquisa sobre a origem, o desenvolvimento, o significado e as perspectivas futuras das ladainhas. O Dicionário Mariano, coordenado por H. Cazelles e outros, e o Pequeno Dicionário de Nossa Senhora, de Antonio Maia, apresentam breves resumos sobre o verbete.

Grandes e pequenos poetas têm inspirado seus versos na ladainha mariana. Fr. Danilo Marques da Silva, poeta mineiro, publicou 54 sonetos em seu livro "A Ladainha de Nossa Senhora em Sonetos". Em um opúsculo, Ives Gandra da Silva Martins, renomado jurista brasileiro, comenta, de forma poética, cada invocação da ladainha.

Antônio Cariotti, arcipreste da colegiada de São Mateus em Scicli (Ragusa), publicou em 1732 uma obra com o título "Il Parnaso Lauretano", na qual comenta, em forma de sonetos, as invocações da ladainha e, em forma de versos livres, as expressões deprecatórias. O abade Pellegrino Salandri (1723-1771) também fez sonetos clássicos.

São inúmeros os textos musicados da ladainha lauretana. Há nomes famosos, tais como: Pierluigi da Palestrina e Orlando di Lasso, do século XVI; Giovanni Paolo Colonna, do século XVII; Giovanni Baptista Martini e Giocamo Scolart, dos séculos XVIII e XIX; e Lourenzo Perosi, do século XX.

Wolfgand A. Mozart compôs duas versões musicais célebres. Elaborou a primeira em maio de 1771, quase um ano depois de sua peregrinação ao Santuário de Loreto, articulando-a para coro a quatro vozes, três trombetas, arcos e órgãos. Redigiu a segunda em princípios de 1774, para coro, dois oboés, arcos e órgão.

Nicolau Zingarelli (1752-1837) compôs dezesseis versões musicais da ladainha lauretana. Francisco Basili (1767-1850) legou doze. Paulo Bonfichi (1769-1840) escreveu cinco. Luigi Vecchiotti (1804-1863), o renomado compositor da

Missa de Réquiem para os caídos da batalha de Castelfidardo, compôs oito. Roberto Amadei (1840-1913) elaborou oito. Corrado Barbieri († 1929) escreveu cinco. Quirino Lazzarini (1863-1940) fez uma "com a resposta do povo", além de algumas invocações isoladas. Turíbio Baruzzi (1893-1936) musicou quatro. Remo Volpi (1979) formulou quatro, enquanto Adamo Volpi (1911-198), seis.

Muitos artistas reproduziram, em suas obras, a ladainha lauretana como um todo ou invocações separadas, de acordo com sua sensibilidade e inspiração. Há exemplares insignes de arte figurativa que a ilustram de forma encantadora e profunda.

As invocações da ladainha mais famosas da arte gráfica foram gravadas pelos irmãos alemães Klauber, de Augsburgo, por volta de 1750. Eles ilustraram o comentário de Francisco Xavier Dornn, com cinqüenta e sete desenhos. Em 1850, foi publicado o comentário de Eduard Barthe na França, trazendo cinqüenta e oito ilustrações dos irmãos Klauber, em dimensões pequenas. O gravador francês P. A. Marin reproduziu-as com algumas variantes, mas de maneira magistral.

O Santuário lauretano de Hegiswaldo, perto de Luzerna, traz, em sua volta, trezentos quadros pintados, com motivos marianos, alguns dos quais se referem às invocações da ladainha lauretana.

César de Maccari, de Siena, fez belíssimas e sugestivas pinturas, de inspiração na ladainha, no Santuário de Loreto, Itália, no final do século XIX e início do século XX. Outras igrejas e capelas trazem pinturas com motivos inspirados na ladainha.

Guercino

XV A ORAÇÃO DO ANJO DO SENHOR

1. O Anjo do Senhor, oração da Igreja

O Anjo do Senhor constitui uma prece tradicional na Igreja, já considerada clássica. É muito usual seu título latino: "Angelus Domini".

Juntamente com o Rosário, O Anjo do Senhor é um dos exercícios piedosos mais difundidos no Ocidente. Comemora o anúncio do anjo Gabriel a Maria e a encarnação do Verbo de Deus. É "lembrança do evento salvífico pelo qual, segundo o desígnio do Pai, o Verbo, por obra do Espírito Santo, se fez homem no seio da Virgem Maria" (Congregação para o Culto Divino e a Disciplina dos Sacramentos. Diretório sobre piedade popular e liturgia, n. 195). Honra a Virgem Santíssima, que aceita a missão de ser Mãe do Salvador.

A estrutura muito simples e essencial do Anjo do Senhor facilita sua memorização e recitação. Compõe-se de três versículos com responsórios alternados com a Ave-Maria, seguidos por uma oração conclusiva.

O Anjo do Senhor é aberto pelas seguintes expressões: "O anjo do Senhor anunciou a Maria. E Ela concebeu do Espírito Santo". São um resumo dos versículos 26 a 35, capítulo 1, do Evangelho de Lucas.

No segundo momento, a prece continua nos seguintes termos: "Eis aqui a serva do Senhor. Faça-se em mim segundo a vossa palavra". Esses termos provêm do versículo 38, capítulo 1, do Evangelho de Lucas.

A terceira parte diz: "E o Verbo se fez carne. E habitou entre nós". Essa parte é extraída do Evangelho de João, capítulo 1, versículo 14. Conforme se percebe, essa prece é, eminentemente, bíblica. "Temos aqui um resumo sintético e eficaz do mistério da encarnação e um raro exemplo de devoção popular referida em tudo e unicamente ao Evangelho" (Angelina Nicora, escritora mariana).

O Anjo do Senhor prossegue com súplica breve a Mãe de Deus: "Rogai por nós, Santa Mãe de Deus, / para que sejamos dignos das promessas de Cristo". Com confiança, os devotos recorrem a Nossa Senhora para que interceda por eles junto a Jesus Cristo, de maneira que possam obter o que Ele prometeu, ou seja, o Reino de Deus.

A oração conclusiva é muito expressiva: "Infundi, Senhor, em nossas almas a vossa graça, a fim de que conhecendo, pelo anúncio do anjo, a encarnação de Jesus Cristo, vosso Filho, cheguemos, pelos merecimentos de sua paixão e morte, à glória da ressurreição. Pelo mesmo Cristo Senhor Nosso. Amém". Essa oração final "é uma síntese admirável do mistério da páscoa. Pedimos a Deus que também nós, tomando conhecimento da encarnação, e seguindo os passos de Cristo por sua paixão e morte, possamos participar de sua ressurreição e glória" (Fr. Alberto Beckhäuser, liturgista).

É costume antigo recitar o Anjo do Senhor às 6h, às 12h e às 18h, podendo tocar pausadamente os sinos da igreja do lugar. Com essa prática, os cristãos buscam santificar os diversos momentos do dia. No meio da agitação diária essa prática devocional ajuda-os a viver sua vocação de criaturas orantes, banhando seu ritmo de vida com as luzes e as perspectivas da fé.

Seguindo os passos de seus predecessores, o Papa Paulo VI, na Exortação Apostólica "O Culto da Virgem Maria", juntamente com o exercício piedoso do Rosário, considera, de maneira explícita, o Anjo do Senhor convidando vivamente a "manter o uso da recitação, onde e quando for possível" (n. 41). O Papa ressalta o significado perene e profundo dessa prática popular.

Continuando sua reflexão, Paulo VI evidencia a riqueza e as características da oração do Anjo do Senhor: a "estrutura simples, o caráter bíblico, a origem histórica que a liga à invocação da incolumidade na paz, o ritmo quase litúrgico que santifica momentos do dia, a abertura para o mistério pascal – em virtude da qual, ao mesmo tempo em que comemoramos a encarnação do Filho de Deus, pedimos para ser conduzidos, 'pela sua paixão e morte na cruz, à glória da ressurreição – fazem com que ele, à distância dos séculos, conserve inalterado seu valor e intacta sua frescura" (n. 41).

João Paulo II convida os cristãos a rezarem, com consciência e piedade, o Anjo do Senhor, destacando seu valor e fascínio. Afirma o Papa: "Também a tradicional oração do 'Angelus' convida a meditar o mistério da encarnação, exortando o cristão a tomar Maria como ponto de referência nos diversos momentos da própria jornada, para a imitar na sua disponibilidade a realizar o plano divino da salvação. Essa oração faz-nos como que reviver o grande evento da história da humanidade, a encarnação, à qual cada 'Ave-Maria' faz referência. Aqui estão o valor e o fascínio do 'Angelus', tantas vezes expresso não só por teólogos e pastores, mas também por poetas e pintores" (Jornal L'Osservatore Romano, 08/11/1997).

2. O Anjo do Senhor, prece do povo cristão

O Anjo do Senhor, também chamado "Angelus", constitui prece do povo cristão. Essa oração "está profundamente enraizada na piedade do povo cristão" (Congregação para o Culto Divino e a Disciplina dos Sacramentos. Diretório sobre Piedade Popular e Liturgia, n. 195). Os cristãos a recitam em suas casas e nas igrejas.

A história da formação do Anjo do Senhor é resultado de um processo que perdurou longos séculos. O desenvolvimento dessa prática popular é longo. Nas comunidades dos primeiros séculos, os cristãos costumavam contemplar a cena evangélica do anúncio do anjo Gabriel a Maria de Nazaré, o que favoreceu a compreensão e a celebração do mistério da encarnação do Verbo de Deus.

Atesta-se que desde o século IV, no Oriente, havia o uso de repetir a saudação do anjo a Maria com intenção cultual. As anáforas e os hinos antigos fazem referência à saudação angélica. Os cristãos copiavam as palavras da saudação angélica em óstracos ou em folhas separadas de papiros, recitadas nas celebrações.

No Ocidente, por volta do século VI, a saudação angélica foi introduzida na liturgia, dentro do ofertório do quarto domingo do advento. Os antigos antifonários registram seu uso litúrgico, que foi feito de forma diversificada.

Paulatinamente, o uso da saudação angélica foi generalizando-se, penetrando, cada vez mais, na piedade do povo cristão. Pelo século XII, seu uso difundiu-se pelas igrejas locais. Dirigido pelo bispo Odon de Soliac, o Concílio de Paris, acontecido em 1197, prescrevia a recitação da saudação angélica. Outros concílios locais fizeram a mesma recomendação.

A evolução da saudação angélica foi favorecida pela piedade medieval, que acentuava a devoção à humanidade de Jesus Cristo, particularmente os mistérios de sua vida terrena, ou seja, seu nascimento, sua paixão e sua morte na cruz. A religiosidade mariana influenciou não só a invocação, mas também obras de arte e de literatura. As cenas da anunciação do anjo a Maria eram reproduzidas nas igrejas, bem como tratadas em coleções de textos literários, acessíveis ao povo.

Inicialmente, a saudação angélica começou a ser recitada à noite. A partir de 1259, o Bem-aventurado Bento Sinigardi, companheiro de São Francisco de Assis, difundiu, em seu convento de Arezzo e na região, a prática de cantar a antífona "O Anjo disse a Maria", depois das Completas, acompanhada pelo toque dos sinos. Os Capítulos Gerais dos Franciscanos de 1263, em Pisa, e de 1269, em Assis, estabeleceram que os frades deviam ensinar o povo a saudar o mistério da encarnação e a Virgem Maria, ao som dos sinos das Completas, hora em que se acreditava que houvesse ocorrido o anúncio do anjo Gabriel.

Pelos fins do século XIII, na Abadia de Montecassino e nas igrejas subordinadas, emergiu o costume de recitar-se a sudação angélica não só nas Completas como também na Prima, soando os sinos pela manhã. No século XV, esse costume já se havia generalizado pela Europa.

Já a saudação angélica ao meio-dia surgiu nos fins do século XV. Em 1472, Luiz XI, rei da França, ordenou que se recitasse a saudação angélica ao meio-dia, rezando pela paz e pela unidade de seu Reino. Gradativamente, essa prática foi estabelecendo-se em outros lugares.

No século XVI, foi introduzido também o costume de separar as três Ave-Marias com a recitação dos três versículos, assim como hoje é recitado. Essa fórmula foi documentada pela primeira vez em um catecismo, publicado em Veneza, em 1560. Também foi impressa no Pequeno Ofício, publicado em 1571, durante o pontificado de Pio V (1566-1572). São Pedro Canísio, jesuíta, integrou a fórmula em seu Manual Católico, editado em 1588.

Em 1742, o Papa Bento XIV (1740-1758) atribuiu indulgências à prática do Ângelus, mas prescreveu que durante o tempo pascal, em lugar desta oração, se rezasse Rainha do Céu, destacando a ressurreição do Senhor. Os Papas valorizaram e incentivaram para que os cristãos recitassem o Anjo do Senhor.

O Papa Pio XII (1939-1958) promoveu a prática do Angelus ao meiodia, recitando-o pessoalmente com os visitantes e peregrinos, no Vaticano.

Com a inauguração da Rádio Vaticana em 11 de fevereiro de 1952, esse ato mariano passou a ser transmitido para o vasto público de ouvintes.

Quando começou a conceder a bênção apostólica nos dias festivos, o Papa João XXIII (1958-1963) deliberou que a bênção seria precedida pelo Anjo do Senhor. Essa prática foi continuada por seus sucessores, tornando-se um dos encontros tradicionais de oração do Papa com seus fiéis.

3. O Anjo do Senhor, oração densa e profunda

O Anjo do Senhor constitui oração muito densa e profunda, trazendo valores teológicos e espirituais muito ricos. Os teólogos, os biblistas e outros estudiosos publicaram reflexões interessantes sobre o conteúdo cristão dessa prece.

A primeira antífona mostra a saudação do anjo Gabriel a Maria de Nazaré: "O Anjo do Senhor anunciou a Maria". Essa primeira parte da antífona evidencia que Deus intervém na história da salvação, realizando a grande expectativa do povo de Deus no Antigo Testamento: o anjo anuncia a chegada do Salvador, o Messias esperado. Maria aparece como a filha de Sião, que é chamada à alegria messiânica, a mesma esperança que os profetas, durante séculos, dirigiam a Jerusalém, o centro religioso do povo de Deus.

Comentando os versículos 28 a 38, do capítulo 1 de Lucas, os estudiosos interpretam o papel da Virgem Maria como a filha de Sião. "A Virgem de Nazaré, em nome de Israel, é convidada a alegrar-se (Lc 1,28; cf. Zc 2,14a; 9,9a; Sf 3,14a); ela não deve temer (Lc 1,30; cf. Sf 3,16b no hebraico). E o motivo é o seguinte: assumindo a carne em seu ventre (Lc 1,31), o Filho de Deus vem à filha de Sião e instala sua morada nela (cf. Zc 2,14b.15c; 9,9c; Sf 3,15c.17a), como rei da nova casa de Jacó (Lc 1,32-33; cf. Zc 2,15a-b; 9,9c; Sf 3,15c) e como Salvador (Lc 1,31, 'Jesus'; 2,11; cf. Zc 9,9d; Sf 3,17b). Aos olhos da primeira geração cristã, a mãe de Jesus configurava-se como a encarnação ideal da 'filha de Sião'. Nela, a pessoa singular amadurecia exemplarmente a vocação de Sião-Jerusalém e do Israel inteiro" (Aristide Serra, teólogo e professor de Bíblia).

A segunda parte da primeira antífona continua: "E Ela concebeu do Espírito Santo". Diante do anúncio do anjo de que ela seria a Mãe do Salvador, há o silêncio meditativo de Maria. Ela acolhe totalmente o mistério anunciado, mas deseja compreendê-lo, como aparece no texto de Lucas: "Maria respondeu ao anjo: 'Como acontecerá isso, seu eu não convivo com um homem?'" (1,34). Então, o anjo comunica que ela conceberá o Filho de Deus em seu útero por obra do Espírito Santo (Lc 1,35). A maternidade messiânica de Maria é dom e ação do Espírito Santo.

A segunda antífona reza: "Eis aqui a serva do Senhor. Faça-se em mim segundo a vossa palavra". Essa antífona vem da resposta de Maria diante a proposta do anjo, no Evangelho de Lucas (Lc 1,38). Aqui ela não usa um verbo ativo na primeira pessoa, "farei", mas um passivo imperativo, "faça-se". Isso significa que Maria deixa Deus agir nela. Essa atitude revela sua suprema humildade e sua grandeza. Maria é a serva do Senhor, que se coloca totalmente disponível ao projeto de Deus, assumindo-o com consentimento livre e lúcido, dentro da história da salvação.

A terceira antífona diz: "E o Verbo se fez carne. E habitou entre nós". Esse trecho pertence ao prólogo do Evangelho de São João (Jo 1,14), mostrando a força da encarnação do Verbo de Deus, mistério fundamental da fé cristã. O Filho de Deus se encarna, assume a condição humana no seio puríssimo da Virgem Maria e habita o mundo histórico, realizando o processo de salvação e revelando o projeto de Deus às pessoas humanas. Na plenitude dos tempos, "Deus enviou seu Filho. Ele nasceu de uma mulher, submetido à Lei para resgatar aqueles que estavam submetidos à Lei, a fim de que fôssemos adotados como filhos" (Gl 4,4-5). Do consentimento livre de Maria brotou a encarnação do Verbo de Deus, abrindo o caminho da nova e definitiva aliança entre Deus e a humanidade.

A encarnação tem um significado muito importante na revelação cristã. O Verbo de Deus se encarnou para que os seres humanos pudessem conhecer e experimentar o amor de Deus (cf. 1Jo 4,9; Jo 3,16). A encarnação salienta que Jesus Cristo é o modelo de santidade para seus seguidores (Mt 11,29; Jo 14,6; Mc 9,7). Ele é a medida e o exemplo da lei do amor verdadeiro (Jo 15,12). O Filho de Deus se fez carne para tornar os seres humanos participantes da natureza divina (2Pd 1,4). "Pois essa é a razão pela qual o Verbo se fez homem, e o Filho de Deus, Filho do homem: é para que o homem, entrando em comunhão com o Verbo e recebendo assim a filiação divina, torne-se filho de Deus" (Santo Irineu, bispo de Lyon e escritor antigo da Igreja).

Ao recitar o Anjo do Senhor, os cristãos são convidados a compreender e a contemplar os mistérios da fé que encerra essa prece. A meditação cristã os ajuda a rezarem tal exercício piedoso de maneira consciente e aprofundada, evitando que seja transformado num ato corriqueiro e mecânico.

Diego Velásquez

XVI ALEGRIAS E DORES DE NOSSA SENHORA

1. Alegrias de Nossa Senhora

O povo guarda e cultiva a devoção às alegrias de Maria, a Mãe de Jesus. É uma herança antiga, legada pela piedade medieval. Serve para os devotos se aproximarem de Nossa Senhora e, através dela, de Jesus Cristo, o fator primordial das alegrias de sua mãe.

No Ocidente, a partir do século XI, o povo celebrou, de forma particular, a alegria de Nossa Senhora com a recitação de duas orações marianas, de inspiração bizantina: "Alegra-te, Mãe de Deus" e "Ave-Maria". Essas orações encontravam-se no ofício da Virgem Maria, sendo muito difundidas. Invocando a Virgem Santíssima através dessas antífonas, os cristãos saudavam a Mãe de Jesus, partilhavam com ela suas alegrias e contavam com sua intercessão.

No final do século XI, surgiu a idéia de relacionar cada "Alegra-te", da oração acima citada, a um fato feliz da vida da Mãe do Cristo. Inspirando-se nas festas litúrgicas, fixou-se, bem cedo, a lista das cinco alegrias de Maria: Anunciação, Natividade, Paixão/Ressurreição, Ascensão e Assunção. As formas da devoção às alegrias de Maria foram numerosas e variadas, acompanhadas, com freqüência, de séries de Ave-Marias.

No século XII, os cristãos introduziram a adoração dos Magos e o envio do Espírito Santo, somando sete alegrias, correspondendo ao número de horas do ofício diário e aos dias da semana. Posteriormente, escolheram a Purificação ou a Visitação, por considerarem mais pertinente à piedade mariana do que a Ascensão e o Pentecostes.

No século XIII, os franciscanos aceitaram, como parte de sua espiritualidade, a devoção das sete alegrias de Maria. São Bernardino de Sena (1380-1444), famoso pregador italiano, e seus correligionários propagaram sua forma definitiva: a coroa das alegrias, que formava um rosário de 72 Ave-Marias para honrar as sete alegrias da Virgem Maria e seus anos de vida terrestre entre nós. O número de alegrias ficou assim estabelecido: Anunciação, Visitação, Nascimento de Jesus, Adoração dos Magos, Encontro de Jesus no Templo, Ressurreição e Assunção.

A expressão bonita da piedade cisterciense é a meditação sobre as 15 alegrias de Maria, de Estevão de Sallai, da diocese de York, entre os anos 1225 e 1250. Essa meditação é alimentada das Sagradas Escrituras, da liturgia e da literatura de São Bernardo de Claraval (1091-1153). Cada uma das alegrias abrange uma meditação, depois uma "alegria" dirigida a Nossa Senhora e, por fim, uma súplica seguida de uma Ave-Maria um pouco ampliada. As 15 alegrias estão dispostas em grupos de três séries de cinco, perfazendo um ritmo oracional bem estruturado.

As 15 alegrias de Maria foram propagadas numa forma simplificada pelos Livros das Horas.

No século XIII, surge a devoção às sete alegrias celestes de Nossa Senhora. São elas: a glória de Maria ultrapassa a de todos os santos; a claridade de Maria ilumina o céu; Maria é rainha do céu; sua oração é sempre atendida; Deus recompensa aqueles que a honram; ela é a mais próxima da Santíssima Trindade; e suas alegrias celestes são eternas. Antes dessa época, a glória celeste de Nossa Senhora já era invocada em diversas saudações dirigidas a ela.

Unindo cinco alegrias terrestres e sete alegrias celestes de Nossa Senhora, temos uma Coroa de 12 estrelas, em referência ao texto de Apocalipse (Ap 12,1).

A partir do século XIII, as diversas devoções às alegrias de Nossa Senhora foram completadas com a meditação de suas dores. Alain de la Roche (1435) resume essa rica piedade mariana no quadro dos 15 mistérios do "Novo Saltério da Virgem Maria", que, posteriormente, serão fixados e difundidos pelas Confrarias do Rosário.

O centro e o motivo da devoção das alegrias de Maria é a encarnação do Verbo de Deus, que assume a condição humana no seio da Virgem Maria. É em conexão com o Mistério de Cristo que Maria é saudada e invocada. Já afirmava o Papa Paulo VI: "Junto de Cristo, Maria recapitula todas as alegrias, vive a alegria perfeita prometida à Igreja, Mãe acumulada de santa alegria. E é com razão que seus filhos da terra olham para ela que é mãe da esperança e mãe da graça, invocando-a como a causa da sua alegria". Na oração "Rainha do Céu", nós nos alegramos com Maria pela ressurreição de seu Filho, nosso Salvador.

2. Dores de Nossa Senhora

A devoção às dores de Maria faz parte do patrimônio espiritual da Igreja. Em sua piedade, os cristãos procuram meditar esse aspecto mariano, buscando aprofundar seu significado e compreender seu valor.

Essa devoção é bastante popular. O nosso povo cultiva e celebra, com gosto e de maneira expressiva, as dores de Nossa Senhora em sua cultura e formas religiosas. "O povo que sofre identifica-se facilmente com os sofrimentos de Maria, a Mãe das Dores, que compreende e alivia todos os sofrimentos" (Jeam Carlos Lopes, escritor mariano).

A devoção às dores de Nossa Senhora remonta ao século XIV, mas mergulha suas raízes nos textos bíblicos e numa rica tradição espiritual.

A Bíblia atesta a participação dolorosa de Maria na obra salvadora de Jesus Cristo. Nos evangelhos, podemos perceber a presença ativa da Mãe do Salvador nos sofrimentos de seu Filho: as profecias do velho Simeão (Lc 2,25-35), a fuga para o Egito (Mt 2,13-15), a perda de Jesus aos doze anos durante a peregrinação a Jerusalém (Lc 2,41-50), o caminho do Calvário (Lc 23,26-32), Jesus na cruz (Jo 19,25-27), Jesus deposto da cruz (Mt 27,57-61) e Jesus sepultado (Jo 19,38-42). A piedade cristã associa a figura de Maria a cada cena bíblica.

Historicamente, a devoção às dores de Maria está baseada na antiga tradição espiritual da Igreja, em que os Padres da Igreja e os escritores eclesiásticos medievais fizeram comoventes considerações espirituais sobre a compaixão de Nossa Senhora. Já na época dos primeiros padres do deserto, entre os séculos IV e V, Abba Poemen, perguntado ao sair de um êxtase, dava uma resposta emocionada: "O meu pensamento estava onde se encontrava Maria, Mãe de Deus, que chorava ao pé da cruz do Salvador. E eu, eu queria chorar todo o tempo assim".

No século IV, Santo Efrém (306-373), diácono e poeta fecundo, escreveu um poema muito bonito, em que retrata a lamentação de Nossa Senhora junto da cruz onde Jesus Cristo acabava de morrer. Já no século VI, Romanos, o Melodioso, elaborou o "Hino de Maria à Cruz" em que mostra o Salvador conversando com sua Mãe e instruindo-a a respeito do mistério da cruz.

No Ocidente, Santo Ambrósio (339-397), Santo Agostinho (354-430), São Bernardo de Claraval (1091-1153) e outros fizeram profundas reflexões sobre a compaixão de Nossa Senhora. O tema foi muito difundido pelos pregadores, entre os quais se destacaram os franciscanos, os cistercienses e, principalmente, os servitas. Jacopone de Todi (1230-1306) compôs "Stabat Mater" (expressão latina que significa "Maria estava de pé"), que é um hino que recorda os sofrimentos de Maria ao pé da cruz de Jesus.

A devoção às dores de Maria nasceu no século XIV, quando foi fixado o número delas, muito embora variasse seu conteúdo e sua listagem. Os roteiros eram acompanhados de meditações e orações. A partir de 1482, Pe. Jean de Coudenberghe, pároco de Flandres, propagou a devoção às sete dores em sua forma atual. Dentro desse contexto, nasceu uma confraria de Nossa Senhora das Sete Dores, pouco depois aprovada pelo magistério eclesiástico.

Paulatinamente, a devoção às dores de Maria entrou na celebração litúrgica. O Papa Pio VII inscreveu a memória de Nossa Senhora das Dores no calendário romano em 1814. O Papa Pio X a estabeleceu para o dia 15 de setembro em 1913.

Integrando a espiritualidade cristã, a devoção às dores de Nossa Senhora tem profundo sentido teológico. Destaca a comunhão profunda de Maria com Jesus Cristo e sua cooperação fecunda na obra salvífica. Mãe e discípula, ela seguiu seu Filho tanto nos momentos de alegria como nos de dor, contribuindo para a realização da redenção do gênero humano. "Manteve fielmente sua união com o Filho até à cruz, onde esteve não sem um desígnio divino (cf. Jo 19,25). Veementemente sofreu junto com seu Unigênito. E com ânimo materno se associou a seu sacrifício, consentindo com amor na imolação da Vítima por ela gerada. Finalmente, pelo próprio Cristo Jesus, moribundo na cruz, foi dada como mãe ao discípulo com estas palavras: Mulher, eis aí teu filho (cf. Jo 19,26-27)" (Concílio Vaticano II. LG, n. 58).

A devoção às dores de Nossa Senhora não pode levar à passividade dos cristãos diante do sofrimento humano, mas, quando bem entendida e meditada, serve de estímulo para acolher, na fé, a redenção de Jesus, buscando a vida total que Ele veio trazer para todos.

XVII TÍTULOS MARIANOS

1. Significado dos títulos de Nossa Senhora

Ao longo da história da Igreja, Nossa Senhora recebeu muitos e diferentes títulos, dados pelo povo de Deus. O notável liturgista F. G. Holweck catalogou mais de 1.025 títulos marianos, de acordo com a Enciclopédia Católica (Itália). A professora Nilza Botelho Megale, historiadora, museóloga e folclorista, apresenta, em sua pesquisa, 123 invocações da Virgem Maria no Brasil.

Os títulos de Nossa Senhora são denominações que distinguem e qualificam aspectos particulares do mistério de Maria, exprimindo a devoção do povo de Deus para com Aquela que exerceu papel fundamental na história da salvação. Por que o povo honrou e honra a Virgem Santíssima com tantos títulos?

O povo conferiu muitos e diferentes títulos a Nossa Senhora, expressando seu amor filial por ela, de acordo com seus costumes, sua piedade, seus conhecimentos e seus sentimentos. Os títulos estão ligados aos diversos aspectos do mistério da vida da Mãe de Deus, à cultura do povo e, muitos deles, como resposta de Deus, através dela, às necessidades de seus devotos. "Os muitos títulos que Nossa Senhora recebeu e continua recebendo manifestam a fé da Igreja e a criatividade da piedade popular" (Dom Murilo S. R. Krieger, bispo e escritor mariano).

Nas Sagradas Escrituras encontramos vários nomes que foram dados a Maria. Ela é chamada nos Evangelhos de "Mãe de Jesus". Essa denominação aparece 25 vezes no Novo Testamento. É chamada pelo anjo Gabriel por "Cheia de Graça" (Lc 1,28). O nome de Maria é citado: 5 vezes em Mateus; 1 vez em Marcos; e 12 vezes em Lucas. Fora dos Evangelhos, apenas uma vez figura o nome de Maria: Atos dos Apóstolos (At 1,14). O evangelista João prefere mencioná-la como "Mãe de Jesus" ou "sua mãe" (Jo 2,1.3.12; 19,25-26).

Muitos títulos marianos lembram a vocação de Nossa Senhora e sua missão em relação a Jesus Cristo, nosso Salvador, e a Igreja, sacramento de salvação. Citemos, como exemplo, dois títulos clássicos: "Mãe de Deus", conferido pelo Concílio de Éfeso, em 431; e "Imaculada Conceição", dado pelo Papa Pio IX, em 8 de dezembro de 1854.

Relacionado com a Igreja, temos "Mãe da Igreja", que foi dado pelo Papa Paulo VI, no encerramento da III Sessão do Concílio Vaticano II, aos 21 de novembro de 1964. O Pontífice entende que Nossa Senhora é a Mãe de todo o povo de Deus, tanto dos fiéis como dos pastores. "Trata-se de um título que não é novo para a piedade cristã; ao contrário, é justamente esse nome de Mãe que, antes do que qualquer outro, os fiéis e a Igreja toda preferem usar quando se voltam para Maria" (Paulo VI).

Além disso, vários títulos salientam as qualidades e as virtudes de Nossa Senhora. Podemos mencionar, por exemplo, "Mãe toda Santa", "Virgem Santíssima", "Mãe Puríssima", "Virgem Prudentíssima", "Mãe Castíssima", "Mãe da Misericórdia", "Virgem Benigna", "Mãe Intacta" e "Mãe Admirável". Isso sugere o quanto podemos imitá-la e seguir seus exemplos.

Outros títulos lembram os lugares onde a Virgem Maria, por privilégio especial concedido por Deus, apareceu. Temos Nossa Senhora de Fátima, que apareceu em Portugal, em 1917. Há Nossa Senhora da Salette, que apareceu em 1846, na França; e Nossa Senhora de Lourdes, em 1858, no mesmo país. O povo cultua Nossa Senhora de Caravaggio, que apareceu no começo do século XV, na Itália.

Famosa na América Latina é Nossa Senhora de Guadalupe, cuja devoção surgiu a partir de 1531, quando ela apareceu a um índio, Juan Diego, numa colina perto da cidade do México. O culto de Nossa Senhora de Guadalupe espalhou-se rapidamente, muito contribuindo para a propagação da fé entre os indígenas. Em 1910, o Papa Pio XI a proclamou padroeira da América Latina. Em 1945, o Papa Pio XII deu-lhe o título de "Imperatriz da América". Sua festa é celebrada no dia 12 de dezembro.

No Brasil, um título mariano, que foi propagado com a chegada dos redentoristas em 1893, é Nossa Senhora do Perpétuo Socorro. É uma das invocações mais difundidas no mundo atual, sobretudo a partir de suas estampas e novenas perpétuas. O quadro de Nossa Senhora do Perpétuo Socorro é um ícone antigo que representa a Virgem da Paixão com o Menino Jesus nos braços. É uma pintura bizantina em madeira, com 54 cm de altura por 41,5 cm de largura. Procura destacar o significado da paixão de Jesus e da intercessão da Mãe de Deus em favor da humanidade. Atualmente, o quadro original encontra-se na Igreja de Santo Afonso, em Roma.

2. Nossa Senhora da Conceição Aparecida

No Brasil, entre os títulos marianos destaca-se Nossa Senhora da Conceição Aparecida. Há muitas igrejas e capelas trazem essa invocação. Atualmente, sua Imagem original encontra-se no Santuário Nacional, em Aparecida, SP.

Nossa Senhora da Conceição Aparecida é muito amada pelo povo brasileiro, porque seus devotos acreditam que a Mãe de Jesus está continuamente socorrendo-os em suas necessidades materiais e espirituais e animando a esperança de todos, principalmente daqueles que sofrem e estão desamparados.

Representada, em seu Santuário e em outras igrejas e lugares de oração, pela pequena Imagem da Virgem da Conceição, Nossa Senhora está viva e glorificada no céu, intercedendo por todos os seres humanos junto de seu Filho, Jesus Cristo. Mais de 7 milhões de brasileiros passam diante do trono de Imagem do Santuário Nacional.

A Imagem de Nossa Senhora da Conceição Aparecida é feita de terracota, um barro tipicamente paulista. É pequena e singela, medindo apenas 36 centímetros de altura, 39 com o pedestal. Pesa, aproximadamente, dois quilos e meio. De acordo com os estudiosos, foi esculpida em São Paulo, pelo ano de 1650, pelo monge beneditino Frei Agostinho de Jesus, nascido no Rio de Janeiro.

A Imagem era policromada, de várias cores. Sua negritude se deve, primeiramente, à fumaça das velas queimadas em seu louvor, e, depois, à permanência dela, durante muito tempo, no fundo lodoso do rio Paraíba do Sul, em Aparecida.

Em outubro de 1717, a Imagem foi encontrada por João Alves, Domingos Garcia e Felipe Pedroso, no rio Paraíba do Sul. Acharam primeiro o corpo e, depois, a cabeça da Imagem. Após esse encontro, os três humildes e benditos pescadores foram recompensados com uma prodigiosa pescaria. O povo deu a Imagem o nome de Aparecida para indicar as circunstâncias misteriosas de seu encontro.

Felipe Pedroso levou a Imagem para sua casa. Ele mesmo, juntando a cabeça ao corpo, colou a Imagem com cera preta. Depois colocou-a num pequeno altar, em sua casa. Sua família e vizinhos iniciaram o culto familiar diante da Imagem. Todos os sábados os primeiros devotos se reuniam para rezar o terço e cantar as ladainhas nas piedosas melodias populares da época.

Em 1733, Felipe Pedroso foi residir no Porto Itaguaçu, local onde fora achada a Imagem. Lá entregou-a a seu filho Atanásio. Esse construiu um pequeno oratório para Nossa Senhora, no próprio Porto Itaguaçu, à beira da estrada, por onde transitavam muitos viajantes. O culto mariano extrapolou os limites locais, propagando-se para outras regiões.

Percebendo a importância e a expansão da devoção mariana, o Pe. José Vilela, pároco da Paróquia de Guaratinguetá, construiu, no Morro dos Coqueiros, a primeira capela de Nossa Senhora da Conceição Aparecida. Em 26 de julho de 1745, benzeu e inaugurou solenemente a nova igreja. A seu redor surgiu o povoado, que deu origem à cidade de Aparecida. A primitiva igreja era simples, feita de taipa de pilão, com barro socado e madeira. De 1760 a 1770, a capela foi reformada e ampliada. A fachada recebeu duas torres e parte da taipa foi substituída por alvenaria.

Um século depois, para atender a demanda sempre crescente dos peregrinos, o Cônego Joaquim do Monte Carmelo ampliou e reconstruiu, praticamente, a igreja mariana. Fez construção das naves e do presbitério, com fino acabamento arquitetônico e artístico. Em janeiro de 1888, conseguiu concluir o novo templo mariano, ostentando estilo barroco, fachada e torres de pedra, o restante de tijolos, com seu altar-mor de mármore de Carrara, com portais e molduras douradas e lavradas em madeira.

Em 24 de junho de 1888, a nova e artística igreja foi solenemente benta e inaugurada por Dom Lino Deodato Rodrigues de Carvalho, bispo de São Paulo. Em 1908, o Papa Pio X lhe concedeu o título de Basílica Menor. É o mesmo templo que hoje conhecemos como Basílica Velha.

A pedido dos bispos brasileiros, os redentoristas assumiram o atendimento pastoral do Santuário mariano em 1895. Eles haviam chegado a 28 de outubro do ano anterior. Imprimiram um caráter missionário ao trabalho pastoral junto aos devotos e aparecidenses.

Com a autorização do Papa Pio X, aos 8 de setembro de 1904, a Imagem foi solenemente coroada com a presença de 14 bispos, centenas de sacerdotes e religiosos e cerca de 15 mil devotos. Foi um espetáculo grandioso na história religiosa do Brasil, tanto pela participação de prelados como pela concorrência de fiéis. A coroa de ouro, cravejada de rubis e diamantes, foi doada pela Princesa Isabel no final do século XIX.

Em 31 de maio de 1931, a proclamação de Nossa Senhora da Conceição Aparecida como Padroeira do Brasil foi realizada no Rio de Janeiro, antiga capital, diante de uma multidão de um milhão de pessoas, do Presidente da República, Dr. Getúlio Vargas, do Corpo Diplomático, de 25 bispos e de autoridades civis e militares. O Arcebispo do Rio de Janeiro, Dom Sebastião Cardeal Leme, consagrou oficialmente o Brasil à proteção de Nossa Senhora. Esse privilégio foi concedido pelo Papa Pio XI.

Ao longo do século XX, tendo em vista que a Basílica Velha ficara pequena para comportar o número expressivo de romarias, que vinham de várias partes do Brasil, os bispos e os redentoristas resolveram construir o Santuário Novo, com a capacidade de acolher, aproximadamente, 40 mil peregrinos. Em 1955 foram iniciadas as obras de construção. Em 1980 o Papa João Paulo II lhe deu o título de Basílica Menor. Em 1984 a Conferência Nacional dos Bispos do Brasil a elevou a Santuário Nacional. Hoje é um grande centro mariano de evangelização.

3. Mensagem de Aparecida

Nossa Senhora da Conceição Aparecida é a grande catequista do povo brasileiro. Essa expressão não surgiu arbitrariamente, mas foi formulada pelos bispos brasileiros. No documento 26, "Catequese Renovada", aprovado em sua 21ª Assembléia Geral aos 15 de abril de 1983, eles assim se expressam: "Pensando na multidão dos pobres e simples que têm verdadeira sede de Deus, recordamos agradecidos o papel de Nossa Senhora sob o título de Aparecida – a grande catequista que sustenta a fé e a esperança do povo brasileiro".

Como catequista, Nossa Senhora da Conceição Aparecida transmite a seus devotos uma bela e profunda mensagem de fé e de esperança, que os orienta em sua caminhada humana e cristã. Não há visões nem palavras da Padroeira do Brasil. Sua mensagem brota de sua própria Imagem, de seu simbolismo e de seu contexto histórico em que ela apareceu no Rio Paraíba do Sul, em 1717. Sua mensagem é muito rica em significados para a vida dos cristãos, mas destacamos apenas alguns aspectos relevantes.

Nossa Senhora da Conceição Aparecida representa a Mãe de Deus que traz à humanidade Jesus Cristo, o Salvador. Sua pequena Imagem constitui uma escultura da Imaculada Conceição. Ela aparece grávida porque a missão de Maria é oferecer ao seres humanos Jesus, fruto bendito de seu ventre.

Nossa Senhora é a Mãe da unidade, que reúne os discípulos de seu Filho em comunidade. Quando foi encontrada, a Imagem tinha a cabeça separada do corpo. Como a Virgem Maria é imagem da Igreja, essa separação representa simbolicamente o Povo de Deus, como corpo, e o próprio Jesus como cabeça dessa nova humanidade, que nasce de sua copiosa salvação. A cabeça foi colada no corpo por um dos pescadores. É preciso unir a cabeça e o corpo para que o povo se torne Corpo Místico de Cristo.

Nossa Senhora chama os cristãos a ser Igreja. Encontrada no Rio Paraíba do Sul, a Imagem é colocada pelos pescadores dentro de uma pequena barca, muito simples e pobre. Nas Sagradas Escrituras, a barca é o símbolo da Igreja de Jesus (Mt 14,22-33; Mc 4,35-41; Lc 5,1-11). "Em imagens que sempre reaparecem, os Padres da Igreja descrevem o barco da Igreja, no qual os fiéis atravessam em segurança o mar do mundo" (Manfred Lurker, escritor cristão). Portanto, a Mãe de Jesus convida os cristãos a viverem dentro da Igreja, como participantes fiéis, ativos e comprometidos com a evangelização.

Nossa Senhora convida a todos à prática da oração. Estando de pé, a Imagem tem as mãos postas em oração, revelando seu papel de intercessora junto de Deus por todos os seres humanos. "Maria não vela apenas pela Igreja: tem coração tão grande quanto o mundo, e intercede ante o Senhor da História por todos os povos" (CNBB. Catequese Renovada, n. 232). Ela convida a todos a se unirem com ela em oração, suplicando pela humanidade.

Nossa Senhora ensina os devotos a serem humildes. A Imagem dela é muito pequena, de apenas 36 cm, que quase se esconde dentro do imenso Santuário Nacional. Olhando para sua condição humilde e pequena, o Todo-poderoso fez nela grandes maravilhas (Lc 1,46-49). Para que o Senhor atue em suas vidas, é preciso que os seres humanos sejam humildes, longe da ambição e da soberba.

Nossa Senhora é achada nas águas. "O seu encontro nas águas simboliza a água do batismo pelo qual nascemos para Deus pelo Espírito Santo e formamos a Igreja de Cristo, sinal de sua presença no mundo" (Pe. Júlio J. Brustoloni, historiador redentorista). A água também simboliza a purificação. Esse elemento lembra a importância do sacramento da reconciliação, como purificação e perdão.

Nossa Senhora é solidária com os simples e sofredores. Em sua Imagem, faz-se "pescar" por três pescadores pobres e trabalhadores. A pesca prodigiosa, após o encontro da Imagem, liberta-os da ameaça dos poderosos. A casa de um dos pescadores torna-se o primeiro templo da Mãe Aparecida. Seu olhar aberto e compassivo mostra sua bondade e misericórdia para com os necessitados.

De maneira particular, Nossa Senhora é sensível para com os negros. A cor negra da Imagem traduz a solidariedade de Maria com a raça negra, tão injustamente escravizada e marginalizada no país. Sua cor denuncia o pecado do preconceito racial e anuncia a esperança de libertação. É um convite para a fraternidade do povo brasileiro formado pela miscigenação de diversas raças e culturas. Aponta para que os seres humanos lutem para construir uma sociedade da inclusão e da integração.

foto: Vera de Souza

XVIII DEVOÇÃO A NOSSA SENHORA

foto: Vera de Souza

1. Devoção mariana, elemento importante na vida cristã

A devoção mariana é o culto que nós prestamos a Nossa Senhora, a Mãe de Jesus e nossa Mãe. Nós honramos Maria com culto especial. "Por graça de Deus exaltada depois do Filho acima de todos os anjos e homens, como Mãe Santíssima de Deus, Maria esteve presente aos mistérios de Cristo e é merecidamente honrada com culto especial pela Igreja" (Concílio Vaticano II. LG, n. 66).

A devoção mariana faz parte da vida e da espiritualidade da Igreja. Desde os primeiros tempos da história da Igreja, Maria é venerada pelos cristãos com o título de Mãe de Deus, sob cuja proteção se refugiam. A partir do Concílio de Éfeso (421), o culto do povo a Nossa Senhora cresceu muito em veneração e amor, invocação e imitação. Mãe do Redentor, a Virgem Santíssima "está unida de modo especial com a Igreja, que o Senhor constitui como seu corpo" (João Paulo II. Redemptoris Mater, n. 66).

A devoção mariana difere-se da adoração. Enquanto a adoração constitui o culto tributado exclusivamente a Deus, reconhecendo nele o Criador, o Senhor e o Salvador, a devoção mariana é a veneração especial que fazemos a Maria, dentro da comunhão dos santos. Essa devoção mariana "difere essencialmente do culto de adoração que se presta ao Verbo encarnado e igualmente ao Pai e ao Espírito Santo, e o favorece poderosamente" (Concílio Vaticano II. LG, n. 156).

A devoção dos cristãos a Nossa Senhora não consiste num sentimento estéril e passageiro, nem numa vã credulidade, mas brota da autêntica fé, pela qual somos levados a reconhecer o papel singular de Maria na história da salvação e nos impulsiona a um amor filial para com nossa Mãe e a imitar suas virtudes. Maria é o caminho seguro que nos conduz a Jesus Cristo e nos aponta seu seguimento dócil e fiel. Ela é Mãe e Modelo de Igreja. Como comunidade cristã, nós contemplamos e reproduzimos a fé, a esperança e a caridade que tão bem viveu Nossa Senhora em sua época. "Enquanto peregrinamos, Maria será a mãe educadora da fé" (Doc. Puebla, n. 290).

A devoção mariana expressa-se por muitos atos de piedade, aprovados pela Igreja. Entre eles, o rosário é recitado pelos papas, bispos, sacerdotes, diáconos, religiosos e leigos com muito fervor e constância. A "Igreja mantém, em toda a sua vida, uma ligação com a Mãe de Deus que abraça, no mistério salvífico, o passado, o presente e o futuro; e venera-a como Mãe espiritual da humanidade e Advogada na ordem da graça" (João Paulo II. Redemptoris Mater, n. 66). O próprio Papa João Paulo II, devoto de Maria, defende, em seus escritos, a oração do rosário. Ele mesmo aparece muitas vezes rezando o terço com amor e concentração.

A consagração a Nossa Senhora é uma expressão forte da devoção mariana. Pais consagram seus filhos a Maria. Várias pessoas são consagradas a ela. O próprio Papa Pio XII consagrou o mundo todo ao Coração Imaculado de Maria no dia 31 de outubro de 1942. A consagração mariana tem Jesus Cristo como fim último. Uma pessoa "consagra-se simultaneamente à Santíssima Virgem e a Jesus Cristo; à Virgem Maria como a um meio perfeito que Jesus escolheu para se unir a nós e nos unir a si; e a Nosso Senhor como nosso fim último ao qual devemos tudo o que somos como nosso Redentor e nosso Deus" (São Luís Maria de Montfort. Tratado da Verdadeira Devoção à Santíssima Virgem, n. 125). A devoção mariana é elemento muito importante em nossa vida de cristãos.

2. Atitudes do devoto diante da Mãe de Jesus

A devoção mariana exprime o relacionamento do ser humano com a Virgem Santíssima. O devoto demonstra seu culto para com a Mãe de Jesus através de atitudes, sentimento e gestos, próprios de sua piedade e cultura.

Uma primeira atitude do devoto é sua veneração por Nossa Senhora. Essa veneração é um aspecto importante do culto mariano. Após sua vida de amor a Deus e de serviço aos homens, Maria, que viveu sua santidade na terra, está junto de Deus. Reina com Jesus Cristo e merece a lembrança carinhosa dos cristãos. A "veneração lhe é devida pela sua dignidade e santidade, pelo seu compromisso no seguimento de Cristo, pelo seu serviço prestado na história da salvação durante toda a sua vida" (Salvadore Meo, professor de Teologia e de Mariologia).

O devoto venera Nossa Senhora mediante orações e tendo palavra de honra e respeito a ela nos lábios. Procura participar ativamente das festas litúrgicas em louvor da Virgem Maria e dedica sua homenagem a ela através de imagens e de seus ícones. Cultua-a peregrinando, quer sozinho ou em grupo, aos santuários e a outros lugares marianos de oração.

Outra atitude do devoto é a de amor e gratidão a Nossa Senhora. Ele tem carinho por ela e lhe agradece em virtude de sua contribuição singular para a redenção da humanidade. Como Mãe, ofereceu Jesus Cristo aos homens. Sua caridade imensa é continuada por sua maternidade espiritual. Ela a Mãe dos homens na ordem da graça.

O devoto demonstra sua gratidão e seu amor pela Mãe do Salvador de maneira interior, com sua inteligência e vontade. Suas idéias e decisões, bem orientadas, manifestam seu desvelo por ela. Também comunica esse seu amor exteriormente, por suas palavras e obras.

A invocação de Nossa Senhora também caracteriza a atitude do devoto. Durante sua história, ele se dirige à Virgem Santíssima e suplica sua intercessão e auxílio, confiando nela e em sua bondade maternal. A base de sustentação desse aspecto é a comunhão dos santos. O que significa isso? "Todo aquele que crê vive em Cristo como criatura nova já nesta terra. Quem está unido a Cristo está, outrossim, em comunhão, por meio dele e nele, com todos os remidos de todos os lugares e de todos os tempos. A comunhão dos santos é a comunhão pela qual vivemos ligados a todos os cristãos vivos no mundo e àqueles que já morreram e que agora vivem conosco em Cristo Ressuscitado, embora não mais na terra. Esses, também em Cristo, estão ligados a nós e intercedem por nós. Por essa razão, o povo cristão, desde o início, cultivou a devoção aos santos e sempre consagrou uma especial devoção à Virgem Maria" (Diogo Luiz Fuitem, franciscano conventual e escritor católico).

Por causa da confiança que nutre na dedicada obra materna de Maria junto aos homens e em benefício deles, o devoto invoca sua ajuda, tanto nas necessidades materiais como espirituais. Ele espera contar com sua intercessão também na hora de sua morte.

Outrossim, o devoto exprime seu relacionamento para com Nossa Senhora através da imitação, traço muito caro e expressivo da espiritualidade cristã. Maria é modelo dos cristãos porque os estimula no seguimento de Jesus Cristo. Com seus exemplos bem concretos, ela mostra como buscar a perfeição na vivência do Evangelho. "Maria é o modelo perfeito a imitar e o símbolo de nossa esperança na eternidade" (Pe. John A. Hardon, escritor catequético).

São Gregório de Nissa (335-395), antigo escritor eclesiástico, já dizia com muita razão: "A verdadeira devoção consiste em imitar aquele a quem veneramos". Se o cristão venera a Mãe de Deus, procura imitar as virtudes que ela tão bem viveu.

Paulatinamente, o devoto vai aprofundando seu relacionamento com Nossa Senhora mediante seu amor, sua invocação, sua imitação e sua veneração para com aquela que o orienta para Deus, princípio e fundamento do culto cristão. Sua devoção há de ser sempre baseada na fé, excluindo todo o sentimentalismo alienante e toda credulidade vã. Há de ser também gratuita e desinteressada, movida por seu vínculo afetuoso com Maria e não pela busca de benefícios mesquinhos e egoístas.

Para ser verdadeira, a devoção mariana do cristão há de ser constante, terna e expressiva, ajudando-o a aprofundar seu seguimento de Jesus. "Maria é caminho para Deus; a devoção para com ela deve levar-nos a aproximar de Cristo; deve integrar-se no culto geral que a Igreja dedica a Deus, fonte de toda a graça, ao qual se deve toda a honra e louvor" (Vidal Ayala, escritor mariano).

BIBLIOGRAFIA

AARDWEG, E. *Maria Mãe. Tudo no coração.* 2ª ed., SP, O Recado Ed., 1997.

ACCATINO, O. *Essa mãe chamada Maria.* Aparecida-SP, Ed. Santuário, 1996.

ADUCCI, E. *Maria e seus títulos gloriosos.* SP, Ed. Loyola, 1998.

AGOSTINHO (Santo). *A Virgem Maria. Cem textos marianos com comentários.* SP, Ed. Paulus, 1996.

ALFORO, J. *Maria, a bem-aventurada porque acreditou.* SP, Ed. Loyola, 1986.

ALMEIDA, L. DE PAULA. *Maria, feliz és tu que acreditaste.* Vol. IV, BH, Ed. Lutador, 1999.

ALONSO, S. *A vida consagrada.* SP, Ed. Ave Maria, 1991.

ALTEMEYER, F. *Aparecida, caminhos da fé.* SP, E. Loyola, 1998.

ALTEMEYER, F. *Maria, Filha Predileta do Pai e Modelo de Caridade.* Aparecida-SP, Ed. Santuário/Academia Marial de Aparecida, 2000.

ALVES DA MOTA, S. *Pequeno Vocabulário Prático de Liturgia.* SP, Ed. Paulus, 1999.

ALVES, J. *Os santos de cada dia.* SP, Ed. Paulinas, 1990.

AMARAL, E. G. *O Rosário da Virgem Maria para o povo de Deus.* SP, Ed. Loyola, 2002.

ANGELOZZI, G. A. *Aparecida: a Senhora dos esquecidos.* Petrópolis-RJ, Ed. Vozes, 1997.

ANNUNCIAÇÃO, C. A . *A peregrinação na vida atual da Igreja latino-americana.* Aparecida-SP, Editora Santuário/Academia Marial de Aparecida, 1988.

AQUINO, F. R. Q. DE. *A mulher do Apocalipse.* Cachoeira Paulista-SP, Ed. Loyola/Canção Nova, 1995.

AQUINO, T. de. *Suma Teológica.* III, questões 27-35.

ARDUINI, J. *Horizonte de esperança: teologia da libertação.* SP, Ed. Paulinas, 1986.

ARMELIN, S. *Maria, primeiro evangelho do Espírito Santo.* 2ª ed., SP, Ed. Paulinas, 1956.

ASIAÍN, J. *Maria Hoje? Lendo o Evangelho*. SP, Ed. Loyola, 1975.

ATTWAER, D. *Dicionário de Santos*. SP, Art Ed., 1991.

AUTRAN, A. M. *A Humilde Virgem Maria*. SP, Ed. Loyola, 1982.

AUTRAN, A. M. *Maria apresentada aos jovens*. BH, Manual "Ano Jubilar da Redenção", 1983.

AUTRAN, A. M. *Maria na Bíblia*. SP, Ed. Ave Maria, 1992.

AVEDILLO, F. M. *O Catecismo da Igreja Católica em perguntas e respostas*. Lisboa, Portugal, Ed. São Paulo, 1994.

AYALA, V. *Celebrações Marianas*. Portugal, Porto, Ed. Perpétuo Socorro, 1993.

AZEVEDO, M. Q. DE. *O Culto a Maria no Brasil: história e teologia*. Aparecida-SP, Ed. Santuário, 2001.

BALEN, C. V. *Maria: reflexão, prece, revisão*. Petrópolis-RJ, Ed. Vozes.

BARAÚNA, G. (Dir.). *A Igreja do Vaticano II*. Petrópolis-RJ, Ed. Vozes, 1965.

BARROS, D. *O ícone Nossa Senhora do Perpétuo Socorro*. Impresso da CSsR, RJ, 1995.

BART, A. *Maria Nossa Mãe*. Petrópolis-RJ, Ed. Vozes, 1997.

BASADONNA, G. – SANTARELLI, G. *As ladainhas de Nossa Senhora*. SP, Loyola, 2000.

BATTISTINI, F. *Caminho da felicidade*. Petrópolis-RJ, Ed. Vozes, 1998.

BECKHÄUSER, A . *Celebrar a vida cristã*. Petrópolis-RJ, Ed. Vozes, 1988.

BECKHÄUSER, A. *O sentido da Liturgia das Horas*. Petrópolis-RJ, Ed. Vozes, 1985.

BEINERT, W. (Org.). *O culto a Maria hoje*. SP, Ed. Paulus, 1980.

BELTRÃO, C. *O Mundo Bizantino*. SP, FTD, 2000.

BETTENCOURT, E. T. *Curso de Mariologia*. RJ, Escola "Mater Ecclesiae", 1995.

BETTENCOURT, E. T. *Curso de Novíssimos (Escatologia)*. RJ, Escola "Mater Ecclesiae", 1995.

BETTENCOURT, E. T. *Visões e Aparições de Nossa Senhora*. Aparecida-SP, Ed. Santuário/Academia Marial de Aparecida, 1999.

BISINOTO, E. A . – MORAES, M. I. – RIBEIRO, Z. A . *Catecismo de Nossa Senhora*. Aparecida-SP, Ed. Santuário/Academia Marial de Aparecida/ Centro de Pastoral Popular, 2000.

BISINOTO, E. A. (Coord. e Redator). *Santuário de Aparecida, Centro Mariano de Evangelização*. Aparecida-SP, Ed. Santuário/Academia Marial de Aparecida, 2000.

BISINOTO, E. A. *As dores de Nossa Senhora.* Aparecida-SP, Ed. Santuário/Academia Marial de Aparecida, 1999.

BISINOTO, E. A. *Quadro de Nossa Senhora do Perpétuo Socorro: um dos ícones mais conhecidos.* Aparecida-SP, Ed. Santuário/Academia Marial de Aparecida, 2004.

BOFF, C. *Introdução à Mariologia.* Petrópolis-RJ, Ed. Vozes, 2004.

BOFF, C. *Maria na cultura brasileira. Aparecida, Iemanjá, N. S. da Libertação.* Petrópolis-RJ, Ed. Vozes, 1995.

BOFF, C. *O cotidiano de Maria de Nazaré.* SP, Ed. Salesiana, 2003.

BOFF, L. *A Ave Maria – O feminino e o Espírito Santo.* 6ª ed., Petrópolis-RJ, Ed. Vozes, 1998.

BOFF, L. *Maria e o feminino de Deus.* SP, Ed. Paulus, 1997.

BOFF, L. *Maria na vida do povo – Ensaios de Mariologia na ótica latino-americana e cribenha.* SP, Ed. Paulus, 2001.

BOFF, L. *O rosto materno de Deus. Ensaio interdisciplinar sobre o feminino e suas formas religiosas.* Petrópolis-RJ, Ed. Vozes, 1979.

BOGAZ, A . S. *Nos passos de Maria: para meditar o rosário a cada dia.* SP, Ed. Paulinas, 2003.

BOJORGE, H. *A figura de Maria através dos evangelistas.* SP, Ed. Loyola, 1997.

BONETTI, A. *As dores de Nossa Senhora.* Aparecida-SP, Ed. Santuário, 1996 .

BRAZÃO, S. M. *A Ave-Maria.* SP, Ed. Ave Maria, 1995.

BRAZÃO, S. M. *A Salve-Rainha.* SP, Ed. Ave Maria, 1995.

BRINI, W. *Maria e o Pai – Reflexões para o mês de maio.* SP, Ed. Recado, 2003.

BROSSE, O. L. e outros. *Dicionário de termos da fé.* Aparecida-SP, Ed. Santuário, 1995.

BROWN, R. (Org.). *Maria no Novo Testamento.* SP, Ed. Paulus, 1985.

BRUSTOLIN, L. A. *Maria, símbolo do cuidado de Deus: aparição de Nossa Senhora em Caravaggio.* SP, Ed. Paulinas, 2004.

BRUSTOLONI, J. J. História de *Nossa Senhora da Conceição Aparecida: a imagem, o santuário e as romarias.* Aparecida-SP, Ed. Santuário, 1998.

BRUSTOLONI, J. J. *Nossa Senhora Aparecida: sua imagem e seu santuário.* Aparecida-SP, Ed. Santuário, 1998.

BUONFIGLIO, M. *Virgem Maria, a Rainha dos Anjos.* SP, Ed. Mônica Buonfiglio Ltda., 2003.

CALIMAN, C. (Org.). *Teologia e devoção mariana no Brasil.* SP, Ed. Paulinas, 1989.

CALVOCORESSI, P. *Quem é quem na Bíblia.* RJ, Ed. José Olympio, 1998.

CAMILO JR., L. *As sete dores de Maria Mãe de Jesus*. Aparecida-SP, Ed. Santuário, 2002.

CAMPANHA, J. A . *Maria na América Latina antes e depois do Concílio Vaticano II: devoção, teologia e magistério episcopal*. Roma, Pont. Fac. Theologica S. Bonaventurae, 1999.

CAMPOS, J. N. DE. *O lugar de Maria na fé*. SP, Ed. Paulus, 1997.

CANTALAMESSA, R. *Maria, um espelho para a Igreja*. Aparecida-SP, Ed. Santuário, 1992.

CAPPIO, L. F. *Água Viva – Catecismo Popular*. Aparecida-SP, Ed. Santuário, 1979.

CARAVIAS, J. C. – SOUZA, M. B. *Coisas da Bíblia. Guia bíblico para as comunidades eclesiais*. SP, Ed. Paulinas, 1991.

CARRETO, C. *Maria, a mulher que acreditou*. SP, Ed. Paulus, 1980.

CARVALHO, J. G. V. *Temas Marianos*. Viçosa-MG, Ed. Folha de Viçosa, 1986.

CATÃO, F. *O que é teologia da libertação*. SP, Ed. Brasiliense, 1986.

CATECISMO DA IGREJA CATÓLICA. Edição revisada de acordo com o texto oficial em latim. Petrópolis-RJ, Ed. Vozes e outras, 1999.

CAZELLES, H. e outros. *Dicionário Mariano*. Portugal, Porto, Ed. Perpétuo Socorro, 1988.

CECHINATO, L. *Nossa fé segundo o Catecismo da Igreja Católica*. Aparecida-SP, Ed. Santuário, 2000.

CEGALA, J. *Maria, a mulher da libertação*. Aparecida-SP, Ed. Santuário, 1984.

CENTRO CATEQUÉTICO DIOCESANO DE OSASCO. *O fenômeno religioso – Ser católico no meio do pluralismo religioso*. Col. Cadernos Catequéticos, SP, Ed. Paulus, 1996.

CLARAVAL, B. DE (São). *Sermões para as festas de Nossa Senhora*. Petrópolis-RJ, Ed. Vozes, 1999.

CNBB. *17º. Plano Bienal de Atividades do Secretariado Nacional*. Doc. 73, SP, Ed. Paulinas, 2004.

CNBB. *A Sagrada Liturgia – 40 anos depois*. Estudos 97, São Paulo, Ed. Paulus, 2002.

CNBB. *Catequese Renovada*. Doc. 26, São Paulo, Ed. Paulinas, 1983.

CNBB. *Com Maria, Rumo ao Novo Milênio. A Mãe de Jesus, na devoção, na Bíblia e nos dogmas*. SP, Ed. Paulinas, 1998.

CNBB. *Diretrizes gerais da ação evangelizadora da Igreja no Brasil (2003-2006)*. Doc. 71, SP, Ed. Paulinas, 2003.

CNBB. *Projeto Nacional de Evangelização (2004-2007) – "Queremos ver Jesus – Caminho, Verdade e Vida"*. Doc. 72, SP, Ed. Paulinas, 2004.

CNBB. *Rumo ao Novo Milênio – Projeto de Evangelização da Igreja no Brasil em Preparação ao Grande Jubileu do Ano 2000*. Doc. 56, SP, Ed. Paulinas, 1996.

CÓDIGO DE DIREITO CANÔNICO. SP, Ed. Loyola, 1987.

CODINA, V. – ZEVALLOS. *Vida Religiosa: história e teologia*. Petrópolis-RJ, Ed. Vozes, 1987.

COMBLIN, J. *Breve Curso de Teologia*. 4 vols., SP, Ed. Paulinas, 1986.

COMPÊNDIO DO CONCÍLIO VATICANO II. Petrópolis-RJ, Ed. Vozes.

CONGREGAÇÃO MARIANA. *Marianinhos: uma experiência de renovação*. RJ, Confederação Nacional das Congregações Marianas do Brasil.

CONTI, S. *O santo do dia*. Petrópolis-RJ, Ed. Vozes, 1997.

COPPI, P. de (Coord.). *Por uma Igreja toda Missionária*. Florianópolis-SC, PIME.

COSTA, L. G. *Maria na vida do casal – Meditações diárias para casais*. 5ª ed., Petrópolis-RJ, Ed. Vozes, 1989.

COYLE, K. *Maria na tradição cristã: a partir da perspectiva contemporânea*. SP, Ed. Paulus, 1999.

DELCLOS, A. O. *Olhar para Maria*. SP, Ed. Quadrante, 1992.

DELGADO, J. L. M. (Dir.). *A Realeza de Maria – I Congresso Mariológico de Aparecida*. Aparecida-SP, Ed. Santuário/Academia Marial de Aparecida, 2004.

DIRETÓRIO SOBRE PIEDADE POPULAR E LITURGIA – PRINCÍPIOS E ORIENTAÇÕES. Congregação para o Culto Divino e a Disciplina dos Sacramentos. SP, Ed. Paulinas, 2003.

DOCUMENTO DE MEDELLÍN. CONCLUSÕES DA II CONFERÊNCIA GERAL DO EPISCOPADO LATINO-AMERICANO. Petrópolis-RJ, Ed. Vozes, 1968.

DOCUMENTO DE PUEBLA. CONCLUSÕES DA III CONFERÊNCIA GERAL DO EPISCOPADO LATINO-AMERICANO. SP, Ed. Paulinas, 1979.

DOCUMENTO DE SANTO DOMINGO. CONCLUSÕES DA IV CONFERÊNCIA GERAL DO EPISCOPADO LATINO-AMERICANO. SP, Ed. Loyola, 1992.

DORADO, A. G. *De Maria conquistadora a Maria libertadora. Mariologia popular latino-americana*. SP, Ed. Loyola, 1992.

ÉNARD, A. *Alegra-te, Maria – Introdução à prece marial*. SP, Ed. Loyola, 1987.

ESPEJA, J. *Espiritualidade Cristã*. Petrópolis-RJ, Ed. Vozes, 1985.

FARANO, V. M. *Com Maria a Mãe de Jesus*. Porto Alegre-RS, Esc. Sup. de Teologia São Lourenço de Brindes, 1983.

FERERO, F. *Santa Maria del Perpetuo Socorro – Un icono de la Santa Madre de Dios, Virgen de la Pasion*. Madrid, Espanha, Editorial Perpetuo Socorro, 1994 .

FERRAZ, O. *Maria, Mãe de Deus: títulos que honram Nossa Senhora*. Curitiba-PR, Ed. Novo Rumo, 2003.

FERREIRA, J. L. M. *Maria – Introdução à Mariologia*. Aparecida-SP, Ed. Santuário, 2000.

FINKLER, P. *Miriam*. SP, Ed. Loyola, 1987.

FIORES, S. D. – MEO, S. (Dir.). *Dicionário de Mariologia*. SP, Ed. Paulus, 1995.

FORTE, B. *Maria, a mulher ícone do mistério*. SP, Ed. Paulus, 1991.

FRIES, H. (Dir.) *Dicionário de Teologia*. SP, Ed. Loyola, 1970.

FUITEM, D. L. *A fé católica em perguntas e respostas*. SP, Ed. Loyola, 2000.

GALDEANO, J. G. *Com flores a Maria*. Porto, Portugal, Ed. Perpétuo Socorro, 1985.

GALVÃO, A. M. *Curso básico de teologia*. Guarapuava-PR, Ed. Pão e Vinho, 2003.

GALVÃO, A. M. *O rosto de Maria*. SP, Ed. Ave Maria, 1992.

GAMBARINI, A. Maria, a mensageira do céu. Itapecerica da Serra-SP, Ed. Ágape, 2000.

GARCIA PAZ, A. *Santa Maria del Perpetuo Socorro*. Madrid, Espanha, Editorial Perpetuo Socorro, 1998.

GEBARA, I. – BINGEMER, M. C. *Maria, Mãe de Deus e Mãe dos Pobres*. 4ª ed., Petrópolis-RJ, Ed. Vozes, 1994.

GIOIA, F. *Maria Mãe da Palavra – Modelo de diálogo entre as religiões*. SP, Ed. Ave Maria, 1998.

GIORDANI, I. *Maria, modelo de vida interior*. SP, Cidade Nova, 1988.

GONZÁLEZ, C. I. *Maria, evangelizada e evangelizadora*. SP, Ed. Loyola, 1990.

GRUEN, W. *Pequeno Vocabulário da Bíblia*. SP, Ed. Paulinas, 1994.

GRZYVACZ, J. *Nossa Senhora do Perpétuo Socorro – História, Interpretação e Teologia*. PUC-Salvador, 1991.

GUIMARÃES, D. T. (Org.). *Dicionário Jurídico*. SP, Ed. Rideel, 2004.

GUITTON, J. *A Virgem Maria, Nossa Senhora*. Portugal/Brasil, Livraria Tavares Martins, 1959.

HARDON, J. A. *A fé – Guia baseado no Catecismo da Igreja Católica*. SP, Ed. Loyola, 1995.

HETTER, J. A. W. *Eis a tua Mãe: Lectio Divina*. SP, Ed. Paulinas, 2004.

IDÍGORAS, J. L. *Vocabulário teológico para a América Latina*. SP, Ed. Paulinas, 1983.

JOÃO PAULO II. *A Virgem Maria – 58 Catequeses do Papa sobre Nossa Senhora*. Lorena-SP, Ed. Cléofas, 2000.

JOÃO PAULO II. *Familiaris Consortio*. 1989.

JOÃO PAULO II. *Redemptoris Mater*. 1989.

JOÃO PAULO II. *Redemptoris Missio*. 1990.

JOÃO PAULO II. *Rosarium Virginis Mariae*. 2002.

JOÃO PAULO II. *Sollicitudo Rei Socialis*.1987.

JOÃO PAULO II. *Tertio Millennio Adveniente*. 1994.

JORGE, J. A . *Dicionário Informativo Bíblico, Teológico e Litúrg*ico. Campinas, Ed. Átomo, 1999.

JOURNET, C. *Pequeno catecismo da Virgem Santíssima*. SP, Ed. Ave Maria, 1996.

KALA, T. *Meditações sobre os ícones*. SP, Ed. Paulus, 1995.

KIRCHNER, L. *Santo Afonso: uma espiritualidade para hoje*. Aparecida-SP, Ed. Santuário, 1997.

KLINGE, G. D. *Dicionário Rio Medellín Puebla*. SP, Ed. Loyola, 1992.

KLOPPENBURG, B. *A fé do cristão católico hoje*. Petrópolis-RJ, Ed. Vozes, 2001.

KLOPPENBURG, B. *Virtudes: frutos que o Pai espera*. Petrópolis-RJ, Ed. Vozes, 2001.

KRIEGER, M. S. R. *Com Maria, a Mãe de Jesus*. SP, Ed. Paulinas, 2001.

KRIEGER, M. S. R. *Um mês com Maria: reflexões para o dia-a-dia*. SP, Ed. Paulinas, 2003.

LARRAÑAGA, I. *O silêncio de Maria*. SP, Ed. Paulinas, 1987.

LAURENTIN, R. *Breve Tratado de Teologia Mariana*. Petrópolis-RJ, Ed. Vozes, 1965.

LÉON-DUFOUR, X. *Vocabulário de Teologia Bíblica*. Petrópolis–RJ, Ed. Vozes, 1984.

LICATI, A. *A caminho com Maria*. Aparecida-SP, Ed. Santuário, 2002.

LIGÓRIO, A. M. DE. *Glórias de Maria*. Aparecida-SP, Ed. Santuário, 1989.

LIMA, A. L. S. *Festas Marianas seguindo os passos de Maria*. SP, Ed. Paulus, 1993.

LIMA, R. A. DE. *Santo Afonso, o servo de Maria*. Aparecida-SP, Ed. Santuário/Academia Marial, 2000.

LODI, E. *Os santos do calendário romano.* SP, Ed. Paulus, 2001.

LONDOÑO, N. – CEBALLOS, F. – ARIAS, L. A. *Nossa Senhora do Perpétuo Socorro.* Roma, CSSR, 1997.

LOPES, J. C. *Terço das Sete Dores de Nossa Senhora.* SP, Ed. Paulus, 1998.

LORENA, I. *Nossa Senhora de casa em casa.* SP, Ed. Paulus, 1976.

LORSCHEIDER, A. *A fé da Virgem Maria.* Caderno Mariano 2, Aparecida-SP, Ed. Santuário/Academia Marial de Aparecida, 1999.

LOWERY, D. *Santo Afonso e sua espiritualidade.* Aparecida-SP, Ed. Santuário, 1975.

LUTERO, M. *O louvor de Maria. O Magnificat.* São Leopoldo/Porto Alegre-RS, Ed. Sinodal/Concórdia, 1999.

MACHADO, H. L. R. *Espírito Santo: graças, virtudes, dons e frutos.* Aparecida-SP, Ed. Santuário, 1999.

MACHADO, H. L. R. *Mariologia.* São José dos Campos-SP, Ed. Com Deus, 1998.

MACIEL, J. M. *Imaculada Conceição de Maria Santíssima: aspectos históricos.* Aparecida-SP, Ed. Santuário/Academia Marial de Aparecida, 1999.

MAGGI, A. *Nossa Senhora dos heréticos*: Maria e Nazaré. SP, Ed. Paulinas, 1990.

MAGGIONI, C. *Maria na Igreja em oração.* SP, Ed. Paulus, 1998.

MAIA, A. *História de Nossa Senhora.* Círculo de Estudos, RJ, Companhia Brasileira de Artes Gráficas, 1989.

MAIA, A. *Pequeno Dicionário de Nossa Senhora.* Círculo de Estudos, RJ, Companhia Brasileira de Artes Gráficas, 1986.

MANELLI, E. M. *Maria: mulher que encanta – Devoção a Nossa Senhora.* Petrópolis-RJ, Ed. Vozes,1995.

MANELLI, S. M. *A devoção a Nossa Senhora. Vida Mariana na Escola dos Santos.* Anápolis-GO, Ed. Casa Mariana Nossa Senhora Aparecida / Serviço de Animação Eucarística Mariana, 2003.

MARTINI, C. M. – BARRETTE, G. – BROVELLI, F. *Maria e a dimensão afetiva da fé.* Petrópolis-RJ, Ed. Vozes, 1995.

MASINI, M. *Maria, o Espírito e a Palavra.* SP, Ed. Paulinas, 2002.

MCKENZIE, J. L. *Dicionário bíblico.* SP, Ed. Paulus, 1983.

MEGALE, J. B. *A palavra e a rosa. A Mãe de Jesus na luz da Palavra de Deus.* SP, Ed. Ave Maria, 2003.

MEGALE, J. B. *Eis a Rosa. A Maria, a mulher mais louvada.* SP, Ed. Paulinas, 1999.

MEGALE, N. B. (Textos). *Nossa Senhora: invocações da Virgem Maria.* RJ, Ed. Marques Saraiva, 2002.

MEGALE, N. B. *Invocações da Virgem Maria no Brasil.* 5ª ed., Petrópolis-RJ, Ed. Vozes, 1998 .

MEHLER, L. *Ave-Maria: oração da Mãe do Senhor.* SP, ARTPRESS, 2003.

MESTES, C. *Maria, Mãe de Jesus.* 10ª, Petrópolis-RJ, Ed. Vozes, 1997.

MICHEL, J. C. *Quem és tu, Maria? Maria na Bíblia.* SP, Ed. Ave Maria, 1996.

MIRANDA, A. A. *Maria, Esposa do Espírito Santo e Modelo de Esperança.* Aparecida-SP, Ed. Santuário/Academia Marial de Aparecida, 1999.

MONFORT, L. M. G. *O segredo de Maria.* Aparecida-SP, Ed. Santuário, 1993.

MONFORT, L. M. G. *Tratado da verdadeira devoção à Santíssima Virgem.* 18ª, Petrópolis-RJ, Ed. Vozes, 1992.

MONLOUBOU, L. – BUIT, F. M. DU. *Dicionário bíblico universal.* Aparecida-SP/Petrópolis-RJ, Ed. Santuário/Ed. Vozes, 1996.

MORALDI, L. *Evangelhos Apócrifos.* SP, Ed. Paulus, 1999.

MOSER, A. – LEERS, B. *Teologia Moral: impasses e alternativas.* Petrópolis-RJ, Ed. Vozes, 1987.

MOSER, H. *Caminhando com Maria rumo ao Novo Milênio.* 3ª, SP, Ed. Salesiana, 1998.

MUNARI, T. *Uma Mãe para o homem do Terceiro Milênio.* SP, Ed. Paulus, 1999.

MURAD, A. *Quem é essa mulher?: Maria na Bíblia.* SP, Ed. Paulinas, 1996.

MURAD, A. *Visões e Aparições. Deus continua falando.* Petrópolis-RJ, Ed. Vozes, 1997.

OLIVEIRA, B. DE. *Maria Figura e Títulos.* Volta Redonda-RJ, C. N. B. da Sociedade de São Vicente de Paula, 1999.

OLIVEIRA, L. C. *Celebrações Redentoristas.* Aparecida-SP, CERESP, 2000.

OLIVEIRA, L. C. *Continuar o Redentor: dimensões da Espiritualidade Redentorista.* Aparecida-SP, Ed. Santuário, 1996.

OLIVEIRA, O. DE. *Virgem Maria, Mãe de Deus e Mãe dos Homens. Mariana.* Ed. Dom Viçoso, 1968.

OLIVEIRA, R. M. DE. *Vocabulário de Pastoral Catequética.* SP, Ed. Loyola, 1982.

OSANNA, T. F. *Maria nossa irmã.* SP, Ed. Paulinas, 1992.

PACOMIO, L. – MANCUSO, V. (Org.). *Lexicon. Dicionário Teológico Enciclopédico.* SP, Loyola, 2003.

PAREDES, J. C. R. G. *A verdadeira história de Maria*. 7ª., SP, Ed. Ave Maria, 2000.

PAREDES, J. C. R. G. *Maria, a mulher do Reino de Deus*. SP, Ed. Ave Maria, 1997.

PAULO VI. *Evangelii Nuntiandi*. 1975.

PAULO VI. *Marialis Cultus*. 1974.

PÈLACH, E. *Catecismo Breve*. São Paulo, Ed. Quadrante, 1977.

PELIKAN, J. *Maria através dos séculos. Seu papel na história da cultura*. SP, Ed. Companhia das Letras, 2000.

PENÁN, J. M. *O que Maria guardava em seu coração*. 2ª ed., SP, Ed. Loyola, 1983.

PINKUS, L. *O mito de Maria – Uma abordagem simbólica*. SP, Ed. Paulinas, 1991.

POLEK, D. *A misteriosa mulher de Nazaré. Maria nas Sagradas Escrituras*. Aparecida-SP, Ed. Santuário, 1995.

PONTIFÍCIO CONSELHO PARA PASTORAL DOS MIGRANTES E ITINERANTES. *O Santuário: Memória, Presença e Profecia do Deus Vivo*. Aparecida-SP, Ed. Santuário/Academia Marial de Aparecida, 1999.

RAMOS, L. *A Padroeira: origem do culto à Senhora Aparecida*. SP, Ed. Paulinas, 1992.

RANGEL, P. *Maria, Maria... Ladainha: invocações e metáforas feitas para louvar*. BH, Ed. O Lutador, 1991.

REIS, E. S. *Maria Padroeira da América Latina e suas invocações*. Aparecida-SP, Ed. Santuário, 2000.

REY, J. *Nossa Senhora à luz do Concílio*. Porto, Potugal, Ed. Perpétuo Socorro, 1968.

RIBEIRO, Z. *Da Sempre Rainha Nossa Senhora Aparecida. História e Acontecimentos*. Aparecida-SP, Ed. Santuário, 2004.

RIBOLLA, J. *O jeito de Maria de Nazaré*. Aparecida-SP, Ed. Santuário, 1991.

RIOS, M. G. *Afonso Liguori, amigo do povo pobre*. Roma, Ed. du Signe, 1996.

ROCHA, A. P. DA. *Catecismo do Enfermo: Evangelho da Esperança*. SP, Ed. Loyola, 1989.

RODRIGUES, A. A. – CASAS, J. C. *Dicionário Teológico da Vida Consagrada*. SP, Ed. Paulus, 1994.

ROMAN, E. N. *Aparições de Nossa Senhora: suas mensagens e milagres*. SP, Ed. Paulus, 2001.

ROSAGE, D. E. *Maria, Estrela do Novo Milênio*. SP, Ed. Loyola, 2000.

ROUET, A. *Maria*. SP, Ed. Paulinas, 1977.

SALVADOR, C. C. – EMBIL, J. M. U (Dir.). *Dicionário de Direito Canônico*. SP, Ed. Loyola, 1993.

SALVAGET, L. *Maria de todas as graças*. RJ, Ed. Bertrand Brasil, 1997.

SANTANA, A. *Maria: conheça melhor, ame mais Nossa Senhora*. BH, Ed. O Arauto, 1988.

SANTIDRIÁN, P. R. *Breve dicionário de pensadores cristãos*. Aparecida-SP, Ed. Santuário, 1997.

SANTOS, A. A. DOS. *Nossa Senhora Desatadora dos Nós – Devoção muito indicada para os fiéis de nossos dias*. SP, Artpress, 2002.

SARTORE, D. – TRIACCA, A . M. *Dicionário de Liturgia*. SP, Ed. Paulinas/Ed. Paulistas, 1992.

SCHELKLE, K. H. *A Mãe do Salvador*. SP, Ed. Paulinas, 1972.

SCHEPER, W. *Salve, cheia de graça*. Petrópolis-RJ, Ed. Vozes, 1989.

SCHILLEBEECKX, E. *Maria, Mãe da Redenção*. 2ª ed., Petrópolis-RJ, Ed. Vozes, 1968.

SCHLESINGER, H. – PORTO, H. *Dicionário Enciclopédico das Religiões*. SP, Ed. Vozes, 1995, 2 vols.

SCHNEIDER, A . *Nossa Senhora do Perpétuo Socorro – História, Culto e Devoção*. Aparecida-SP, Ed. Santuário, 1991.

SCIADINI, P. *Maria de todos nós*. 7ª ed., SP, Ed. Paulus, 1978.

SCIADINI, P. *Na Escola de Maria... conhecemos* Jesus. SP, Ed. Loyola, 2003.

SÉGALEN, J. M. *Rezar com Afonso de Ligório*. Aparecida-SP, Secretariado Vocacional Redentorista, 2001.

SETTI, E. L. *Catequese marial ao alcance de todos*. SP, Ed. FTD, 1990.

SETTI, E. L. *Celebrações Mariais*. SP, Ed. Loyola, 1993.

SHLAEPFER, C. F. – OROFINO, F. R. – MAZZAROLO, I. *A Bíblia: introdução historiográfica e literária*. Petrópolis-RJ, Ed. Vozes, 2004.

SIERRA, A. M. *Maria, caminho do homem*. SP, Ed. Paulus, 1991.

SILVA, D. B. P. DA. *Nossa Senhora Maria*. SP, Ed. Ave Maria, 1994.

SILVA, D. M. DA. *A Ladainha de Nossa Senhora em Sonetos*. Franca-SP, Cristal Gráfica Editora e Fotolito Ltda., 2002.

SIMÃO, J. R. *Quem é Maria de Nazaré?: Jovens falam a outros jovens por meio de depoimentos*. SP, Ed. FTD, 1997.

SIQUEIRA, A. M. A. DE. *Consagração a Nossa Senhora*. Aparecida-SP, Ed. Santuário, 1982.

SOLIMEO, G. A. – SOLIMEO, L. S. *Rainha do Brasil – A maravilhosa história e os milagres de Nossa Senhora da Conceição Aparecida.* 8ª ed., SP, Artpresses Indústria Gráfica e Ed. Ltda., 1995.

SOUZA, A. C. S. *As festas de Nossa Senhora.* Folheto "Nós e nós", Aparecida-SP, Ed. Santuário.

STRADA, A . L. *Maria: um exemplo de Mulher.* SP, Ed. Ave Maria, 1999.

TANNUS, R. A. *E os irmãos de Jesus?.* Aparecida-SP, Ed. Santuário, 2003.

TAVARD, G. H. *As múltiplas faces da Virgem Maria.* SP, Ed. Paulus,1999.

TOTH, V. *Jovens fortes na fé.* SP, Ed. Ave Maria, 1996.

TOTH, V. *Louvores à Virgem Maria.* SP, Ed. Ave Maria, 1993.

V.V.A.A. *Dicionário cultural da Bíblia.* SP, Ed. Loyola, 1998.

V.V.A.A. *Dicionário cultural do Cristianismo.* SP, Ed. Loyola, 1999.

V.V.A.A. *Homilias especiais.* Porto, Portugal, Ed. Perpétuo Socorro, 1976.

V.V.A.A. *Maria Mãe de Jesus.* Lisboa, Portugal, Ed. Paulistas, 1988.

V.V.A.A. *Maria Mãe dos homens.* Lisboa, Portugal, Ed. Paulistas, 1989.

V.V.A.A. *Nossa Senhora: invocações da Virgem Maria.* RJ, Ed. Marques Saraiva, 2002.

V.V.A.A. *O culto a Maria hoje.* SP, Ed. Paulinas, 1979.

VEIGA, A. M. *Dimensões fundamentais da vida cristã.* Porto, Portugal, Ed. Perpétuo Socorro, 1995.

VEIGA, A. M. *Nossa Senhora do Perpétuo Socorro – Mensagem, História e Novena.* Porto, Portugal, Editorial Perpétuo Socorro, 1987.

VIDAL, M. *Para conhecer a ética cristã.* SP, Ed. Paulinas, 1993.

VIDIGAL DE CARVALHO, J. G. *Temas Marianos.* Viçosa-MG, Ed. Folha de Viçosa, 2002.

VIGIL, J. M. *Maria de Nazaré – Subsídios pastorais para a comunidade cristã.* SP, Ed. Paulinas, 1987.

WILGES, I. *Cultura religiosa: as religiões no mundo.* 6ª ed., Petrópolis-RJ, Ed. Vozes, 1994.

WILLAN, F. M. *Vida de Maria, Mãe de Jesus.* Petrópolis-RJ, Ed. Vozes, 1936.

ZILES, U. *Religiões: crenças e crendices.* 3ª ed., Porto Alegre-RS, EDIPUCRS, 2002.